Let's talk German

P. J. Sutton, MA (Cantab), FIL

Headway • Hodder & Stoughton

ISBN 0 340 40811 1

First published 1978
Second edition 1987
Fourth impression 1989
Copyright © 1978 and 1987 P. J. Sutton

Typeset by Macmillan India Ltd
Printed in Great Britain for Hodder
and Stoughton Educational, a division
of Hodder and Stoughton Ltd, Mill Road,
Dunton Green, Sevenoaks, Kent by
St Edmundsbury Press Ltd, Bury St Edmunds, Suffolk

LIST OF CONTENTS

INTRODUCTION TO THE REVISED EDITION

For whom is this book written?

This course is designed for students of any age who set out to learn German for social, holiday, business and casual purposes in an adult environment. It satisfies the requirements of adult non-examination classes and of non-specialist courses within further and higher education and commerce. Although not specifically an examination course, it also covers the bulk of the syllabus for GCSE, for RSA Levels I and II, and for intermediate graded objectives. All of these, with their underlying communicative methodology, have been taken into consideration in the preparation of this edition. The List of contents shows exactly which grammatical points, linguistic functions and themes are included. Individual learners will find that there is sufficient English explanation in the text for them to follow the course independently, especially if they know a little German, and they will be helped by the key to selected exercises and the accompanying cassette.

Notes for learners

This book will give you a solid foundation on which to build, so that you can understand and use language encountered elsewhere. It will also teach you the words and phrases you need for everyday life in a German-speaking country. But remember that at first you will only be able to say things very simply, and to copy what you have been taught: you may not always be understood if you try to construct a complicated sentence. Do not worry if you make mistakes. Few Germans speak with perfect grammar, and it is more important in German to put words in the right order than to have the correct endings on them. Listen to the cassette if you have it, without trying to translate everything inside your head, and presently the German words will come to have a meaning of their own. Practise by describing what you do or see each day, even if this means talking to yourself. Finally, accept that English may have one way of saying something, while German has another, and that neither seems odd once you are used to it.

Content of the course

The contents of the book have been tested with adult classes before publication. The aim has been to provide a wide variety of topics and situations, combined with a clearly defined grammatical progression. The exercises challenge students to think about what they are saying and writing, and encourage the active use of language; in the early stages there is great emphasis on students asking questions as well as answering them. The vocabulary of over 2000 words is built up gradually, the meaning of many words being evident from the context.

The chapters do not follow a standard pattern, but are designed to present and practise each point in the most appropriate way. They become progressively longer and weightier. In all, students will probably need an average of 150 hours to cover all the material. Chapters 1–10 concentrate on eliciting information necessary for brief visits, with very simple grammar. Chapters 11–20 complete a basic minimum knowledge for holding simple conversations, and include the perfect tense. Chapters 21–30 add considerably to the range of situations that can be coped with, and to the capacity for grammatically correct expression. Chapters 31–40 complete the essential grammar of the language, include the imperfect, and introduce the future and *würde*. By the end of the book, students should be able to communicate freely and accurately, using and understanding a wide range of expression in social, domestic and commercial use. There are revision exercises after every ten chapters.

Notes for teachers

For comprehension and pronunciation practice teachers may wish to use the accompanying cassette, of which the script is printed at the back of this book, although the course is designed for the most sparsely equipped classroom as well as for that which boasts plentiful teaching aids. Other materials in the various media may be exploited to illustrate topics in this book, but it must be borne in mind that this course is based not only on linguistic functions and communicative needs in given situations, but also on a formal grammatical structure to ensure the eventual transferability of the language learnt. Each teacher will find his or her own way to use the material offered to best advantage, but the following guidelines are recommended.

1   Teach the new structures and practise the questions of each lesson orally before letting students look at that lesson in the book. Exercises should not be attempted until they have been thoroughly prepared.

2   Keep to the order in which the grammar is presented in the book. This is absolutely essential to the presentation of gender and case, where students are easily confused by unexplained anomalies. For example, the accusative indefinite article (*einen*) is given first in Lesson 2, while the nominative (*ein*) waits until Lesson 16. The accusative is used more than the nominative in the sort of situation the beginner is likely to meet, i.e. asking for things, so it is logical to teach it first. It also clearly identifies gender. The difficult grammatical difference is best left until the student achieves some confidence. In the meantime, examples where students would have to use the masculine *ein* are best avoided.

3   Do not regard exercises to be filled in as optional homework. Except for the *Wiederholungen*, it is best to ensure that each student can understand and complete each exercise orally and in writing before continuing, even if this means taking longer over the course.

4   The literal truth is not required in answer to personal questions. To elicit particular replies from students, it is useful to distribute pieces of paper or card telling them how they go to work, what their job is, where they were at the weekend, etc.

5   Do not translate, except to give or check the meaning of individual words or phrases.

6   Use mime and play-acting. To avoid translation, and to introduce the new structures orally, Chapter 1 might begin:

Teacher (pointing at his/her name): *Ich heiße* Jack(ie) Brown.
Repeated several times.
Class repeats *'ich heiße.'*
Each student then gives his or her name: *Ich heiße* Jo(e) Black.
Teacher then asks question several times: *Wie heißen Sie?*
Class repeats the question.
A rolling question can then be begun. Teacher asks student A: *Wie heißen Sie?*
Student A replies: *Ich heiße* Phil White. Following the teacher's gesture, student A then asks student B: *Wie heißen Sie?* Student B replies and asks student C, and so on.

Similar methods can be used for *wohnen, arbeiten* and *Kinder haben*. If the teacher says: *Ich wohne in* (the name of the next town) and draws a house in the air or on the blackboard, it is obvious what is meant.

7   Use plenty of visual aids. It is helpful to come prepared with cards, or old envelopes, on which are drawings or pictures of trains, boats, glasses of wine, etc. These can be used in front of the whole class, or distributed to individual students. Failing this, drawings on the blackboard will help. The quality of drawing does not matter, as long as some cue is given to prompt the student to say what the teacher wants him or her to say. Ideally, real things can be brought into the classroom to be asked for, given, bought, etc., but this may not always be practicable. It is therefore recommended that teachers decide in advance what materials to use to teach each new lesson. Materials associated with a particular structure may later be used to revise that structure.

When using the maps and plans in the book, it is best to start off with similar plans on the board or an overhead projector transparency, perhaps used in conjunction with a set of cards bearing the names of buildings, so that students can ask questions about them. The texts which begin at Chaper 15 may be told first to the class in simplified form, showing a picture, item or word associated with each step in the narrative. The class then retells the text orally when prompted by being shown these cues in order. Then the text can be read.

Acknowledgments

I should like to thank all the students who cheerfully suffered the original unpublished versions of this course, and those whose use of the first edition has led to improvements and amendments here. I am indebted to Lore Arthur, Odilia Schuetz and Annette Seiberlich for their careful checking of this edition, and for their many helpful suggestions. I should also like to thank the teachers who have made comments and recommendations over the last eight years.

For permission to reproduce photographs and advertisements I am grateful to
  Stadt Frankenthal (pp. 12, 190, 205)
  Deutsche Bundesbahn (pp. 94, 95)
  Stadt Baden-Baden (p. 181)
  Stadt Rüdesheim am Rhein (pp. 88, 90)
and the advertisers shown in Chapters 3 and 23.

P. J. S.

ERSTES KAPITEL

Persönliche Fragen *Personal questions*

Guten Morgen!
Guten Tag!
Guten Abend!

Ich heiße Else Krämer.
Ich wohne in Düsseldorf.
Ich arbeite in Köln.

Ich habe drei Kinder.
Ich habe eine Wohnung in Düsseldorf.

Ich heiße Norbert Schön.
Ich habe keine Kinder.

Ich habe ein Haus in Ulm.

Aufgabe A *Exercise A*

Antworten Sie. *Answer.*

1 Wie heißen Sie? . . .

2 Wo wohnen Sie? . . .

3 Haben Sie Kinder? Ja, ich . . .
                     Nein, ich . . .

4 Haben Sie eine Wohnung oder ein Haus? . . .

Grammatik *Grammar*

Ich *means 'I' and* Sie *means 'you'.*
Notice the regular pattern of endings on the verb.

ich heiße	Sie heißen
wohne	wohnen
arbeite	arbeiten
habe	haben

If the meanings of words are not obvious, check in the vocabulary at the back of the book.

Nummern   *Numbers*

1 ein (Kind)	7 sieben
2 zwei (Kinder)	8 acht
3 drei	9 neun
4 vier	10 zehn
5 fünf	11 elf
6 sechs	12 zwölf

Ich heiße Ulrike Bauer.
Ich bin Frau Bauer.
Ich bin nicht berufstätig – ich arbeite nicht mehr.
Ich bin Rentnerin.

Ich bin Gerhard Neumann.
Ich bin Herr Neumann.
Ich arbeite auch nicht mehr – ich bin Rentner.

Ich bin Petra Schlösser.
Ich bin Fräulein Schlösser.
Ich bin Studentin.

Ich heiße Gerd Wagner.
Ich bin Student.

Ich heiße Richard Heintz.
Ich arbeite nicht.
Ich bin arbeitslos.

Ich heiße Erika Meidner.
Ich bin Frau Meidner.
Ich bin Hausfrau – ich arbeite zu Hause.

Ich heiße Michael Breitfuß.
Ich arbeite auch zu Hause.

Aufgabe B *Exercise B*

Antworten Sie. *Answer.*

1 Sind Sie berufstätig? . . .

2 Wo arbeiten Sie? . . .

3 Wo wohnen Sie? . . .

4 Wie heißen Sie? . . .

Aufgabe C *Exercise C*

Fragen Sie. *Ask questions.*

1 . . .? Ich heiße Erich Baumann.

2 . . .? Ich wohne in Meldorf.

3 . . .? Ich arbeite in Kiel.

4 . . .? Ja, ich habe zwei Kinder.

5 . . .? Ich habe eine Wohnung.

6 . . .? Nein, ich bin arbeitslos.
    Ich arbeite nicht.

Aufgabe D *Exercise D*

Wie viele Kinder? *How many children?*

1 . . .   5 . . .

2 . . .   6 . . .

3 . . .   7 . . .

4 . . .   8 . . .

Grammatik *Grammar*	
ich bin	Sie sind
I am	*you are*

ZWEITES KAPITEL

In der Bar   *In the bar*

Kellner	Bitte schön?
Sie	Ich möchte bitte einen Rotwein.
Kellner	Und Sie?
Fritz	Ich möchte eine Tasse Tee.
Kellner	Und Sie?
Maria	Ich möchte bitte ein Bier.
Kellner	Bitte schön.

Kellner	Hier haben Sie einen Rotwein.
Sie	Danke schön.
Kellner	Bitte schön. Und eine Tasse Tee.
Fritz	Danke schön.
Kellner	Bitte schön. Und ein Bier.
Maria	Danke schön.
Kellner	Bitte schön.

einen Rotwein

einen Weißwein

einen Whisky

einen Kognak

 einen Apfelsaft

 eine Tasse Tee

eine Tasse Kaffee

eine Tasse Schokolade

eine Flasche Bier

 eine Limonade

ein Bier

ein Glas Wein

ein Glas Milch

ein Kännchen Kaffee

Grammatik   *Grammar*

There are three words for 'a' in German: einen, eine *and* ein. *When you learn a new word, you should learn which one it takes:* einen *shows that the word is 'masculine',* eine *'feminine', and* ein *'neuter'. Things as well as people can be masculine or feminine.*

einen Apfelsaft	eine Flasche	ein Glas
einen Weißwein	eine Wohnung	ein Haus

Aufgabe A *Exercise A*

Antworten Sie. *Answer.*

Was möchten Sie?   Was trinken Sie?

1 Ich möchte einen . . .   6 Ich trinke eine . . .

2 Ich möchte eine . . .   7 Ich trinke einen . . .

3 Ich möchte ein . . .   8 Ich trinke eine . . .

4 Ich möchte eine . . .   9 Ich trinke ein . . .

5 Ich möchte einen . . .   10 Ich trinke einen . . .

Was trinken Sie?

−Trinken Sie einen Whisky?
−Nein, ich trinke keinen Whisky, ich trinke einen Kognak.

−Trinken Sie eine Tasse Tee?
−Nein, ich trinke keine Tasse Tee, ich trinke eine Tasse Kaffee.

−Trinken Sie ein Bier?
−Nein, ich trinke kein Bier, ich trinke ein Glas Milch.

Grammatik *Grammar*

Keinen/keine/kein *means 'not a' or 'no', but it is often used just to say that you don't do something. Thus* ich trinke keinen Kaffee *can mean 'I don't drink coffee' or 'I'm not drinking coffee' or 'I won't have a coffee'.*
There are three forms, like einen/eine/ein:

keinen Apfelsaft   keine Wohnung   kein Kännchen

Remember the two forms of the verb, -e and -en:

−Was möchten Sie?   Ich möchte . . .
What would you like?

−Was trinken Sie?   Ich trinke . . .
What are you drinking?

Aufgabe B *Exercise B*

Antworten Sie. *Answer.*

1 – Haben Sie eine Wohnung? – Ja, ich . . .

  Nein, ich . . .

2 – Haben Sie ein Haus? – Ja, ich . . .

  Nein, ich . . .

3 – Trinken Sie einen Weißwein? – Nein, ich . . .

4 – Trinken Sie ein Kännchen Kaffee? – Nein, ich . . .

5 – Haben Sie eine Flasche Whisky? – Nein, . . .

6 – Möchten Sie ein Glas Wein? – Nein, . . .

7 – Möchten Sie eine Limonade? – Nein, . . .

8 – Trinken Sie einen Rotwein? – Nein, . . .

Aufgabe C *Exercise C*

Antworten Sie. *Answer.*

1 Was trinken Sie? . . .

2 Was möchten Sie? . . .

3 Was trinken Sie? . . .

4 Was trinken Sie? . . .

5 Was trinken Sie? . . .

6 Was möchten Sie? . . .

Aufgabe D *Exercise D*

Fragen Sie. *Ask questions.*

1 . . . ? Ich trinke ein Bier.   4 . . . ? Ich heiße Julius Richter.

2 . . . ? Ich arbeite in Duisburg.   5 . . . ? Ich möchte bitte ein Bier.

3 . . . ? Nein, ich habe kein Haus.   6 . . . ? Ich wohne in Limburg.

DRITTES KAPITEL

Im Hotel *At the hotel*

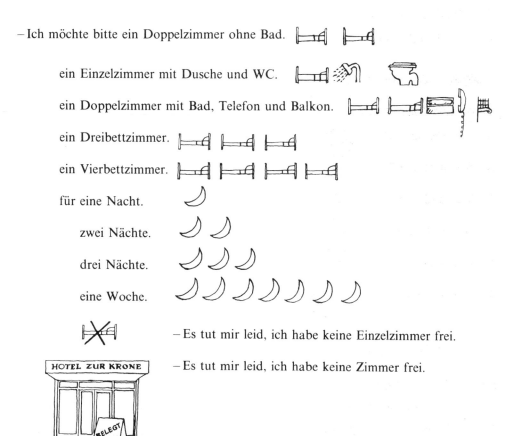

−Ich möchte bitte ein Doppelzimmer ohne Bad.

ein Einzelzimmer mit Dusche und WC.

ein Doppelzimmer mit Bad, Telefon und Balkon.

ein Dreibettzimmer.

ein Vierbettzimmer.

für eine Nacht.

zwei Nächte.

drei Nächte.

eine Woche.

−Es tut mir leid, ich habe keine Einzelzimmer frei.

−Es tut mir leid, ich habe keine Zimmer frei.

Aufgabe A *Exercise A*

Ergänzen Sie. *Complete.*

1 Ich möchte bitte ein . . .

2 Ich möchte bitte ein . . .

3 Haben Sie ein . . . bitte?

4 Ich möchte ein . . . bitte.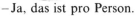

5 . . .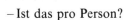

6 . . .

Was kostet das? *How much is it?*

—Was kostet das Zimmer?

—Ist das mit Frühstück?

—Was kostet das mit Frühstück?

—Ist das pro Person?

—Ist das inklusive?

—Vierzig Mark.

—Nein, das ist ohne Frühstück.

—Mit Frühstück, fünfzig Mark.

—Ja, das ist pro Person.

50   50

—Ja, das ist inklusive.

—OK, ich nehme es.
—oder: Es tut mir leid, das ist etwas zu teuer. Auf Wiedersehen!

Anmerkungen *Notes*

When booking a room, either at a hotel or through the local tourist office (Verkehrsamt), *you naturally need to specify the type of room and the number of nights* (Nacht/Nächte), *though in lists you may see prices given per day* (Tag). *Usually the price is per person and includes breakfast, but it is safest to check.*

Ich nehme es. *I'll take it.*
Das ist etwas zu teuer. *That's a bit too expensive.*
Es tut mir leid. *I'm sorry.*

Aufgabe B *Exercise B*

Ergänzen Sie. *Complete the conversation.*

Sie	. . .	Sie	. . ., bitte. Was . . .?
Hotelier	Guten Tag. Bitte schön?	Hotelier	. . . Mark.
Sie	Haben Sie Zimmer frei?	Sie	. . . Frühstück?
Hotelier	Ja.	Hotelier	Ja, das ist mit Frühstück.
Sie	. . .	Sie	Ist das pro . . .?
Hotelier	Ein Doppelzimmer für eine Nacht. Hmmm. Ich habe ein Zimmer mit Bad und ein Zimmer ohne Bad.	Hotelier	Nein, das ist zusammen.
		Sie	. . .?
		Hotelier	Ja, das ist inklusive.
		Sie	. . .

Was hat das Hotel? *What has the hotel got?*

	Zimmer	mit Bad	Parkplatz	Garage	Restaurant	Bar	Zentralheizung	Schwimmbad	Tennis	Garten	Discothek	Preis pro Person Übernachtung mit Frühstück	Halbpension	Vollpension
Hotel Flora	127	76		×	×	×	×	×	×		×	120.—	150.—	175.—
Gasthaus zur Post	25	3	×		×	×	×					70.—	95.—	115.—
Pension Haus Waldeck	11						×			×		50.—		

Anmerkungen *Notes*

Übernachtung mit Frühstück   *bed and breakfast*
Halbpension   *half board*
Vollpension   *full board*

Aufgabe C *Exercise C*

Antworten Sie. *Answer.*

1 Hat das Hotel Flora einen Garten? Nein, das Hotel hat . . .

2 Hat das Gasthaus zur Post ein Restaurant? Ja, . . .

3 Hat das Haus Waldeck eine Garage? . . .

4 Hat das Gasthaus zur Post einen Parkplatz? . . .

5 Hat das Hotel Flora Zentralheizung? . . .

6 Hat das Haus Waldeck einen Tennisplatz? . . .

7 Gibt es eine Discothek im Gasthaus? . . .

8 Gibt es ein Schwimmbad im Hotel Flora? . . .

9 Gibt es eine Bar im Haus Waldeck? . . .

10 Wie viele Zimmer hat das Gasthaus zur Post? . . .

Grammatik *Grammar*

hat	ist	gibt es . . .?
has	*is*	*is there/are there . . .?*

Aufgabe D *Exercise D*   Wo ist das?   *Where is it?*

Antworten Sie. *Answer.*

1 Wo ist das Bad: rechts oder links? . . .

2 Wo ist das Restaurant: oben oder unten? . . .

3 Wo ist Zimmer Nummer zwölf? . . .

4 Wo ist das Telefon? . . .

5 Wo ist das Schwimmbad? . . .

6 Wo ist Zimmer Nummer sechzehn? . . .

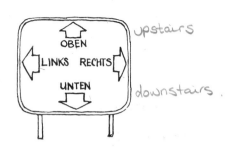

Nummern *Numbers*

13 dreizehn	20 zwanzig	28 achtundzwanzig	44 vierundvierzig
14 vierzehn	21 einundzwanzig	29 neunundzwanzig	50 fünfzig
15 fünfzehn	22 zweiundzwanzig	30 dreißig	60 sechzig
16 sechzehn	23 dreiundzwanzig	31 einunddreißig	70 siebzig
17 siebzehn	24 vierundzwanzig	32 zweiunddreißig	80 achtzig
18 achtzehn	25 fünfundzwanzig	33 dreiunddreißig	90 neunzig
19 neunzehn	26 sechsundzwanzig	40 vierzig	100 hundert
	27 siebenundzwanzig		

Aufgabe E *Exercise E*

Antworten Sie. *Answer.*

1 Wie viele Kinder habe ich? . . .

3 Wie heißen Sie? . . .

3 Sind Sie berufstätig? . . .

4 Was trinken Sie? . . .

5 Wo ist das Haus? . . .

6 Was möchten Sie? . . .

7 Haben Sie ein Doppelzimmer frei? *BELEGT* . . .

8 Was hat das Hotel Flora? . . .

VIERTES KAPITEL

Im Geschäft *In the shop*

Sie   Guten Tag!

Verkäufer   Guten Tag. Bitte schön? Was
             darf es sein?

Sie   Haben Sie bitte einen Film für
             diesen Apparat?

oder:

Ich suche eine englische Zeitung.

oder:

Ich möchte ein Stück Seife, bitte.

Verkäufer   Sonst noch etwas?

Sie   Nein, danke. Das ist alles.
             Was macht das?

Verkäufer   Das macht elf Mark fünfund-
             neunzig. Danke schön. Auf
             Wiedersehen!

Sie   Auf Wiedersehen!

einen Film	**eine** Zeitung	**ein** Stück Seife
Regenschirm	Postkarte	Stück Schwarzwälder
Stadtplan	Briefmarke	Kirschtorte
Kugelschreiber	Wanderkarte	Pfund Käse
	Handtasche	Kilo Äpfel
	Tragetasche	Liter Milch
	Schachtel Streichhölzer	Brot
	Sammelkarte	Päckchen
	Cola	Tempotaschentücher
	Flasche Mineralwasser	

Anmerkungen *Notes*

Bitte schön *is an invitation to you to speak, when it means 'What can I do for you?' It is also used to mean 'You're welcome' in response to* Danke schön.

   Was darf es sein? *means approximately 'What can I get you?'*

   Sonst noch etwas? *Anything else?*

Aufgabe A *Exercise A*

Was kostet das? *How much is that?* **Geben Sie die Preise.** *Give the prices.*

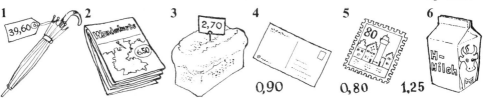

Aufgabe B *Exercise B*
Ergänzen Sie. *Complete the conversation.*

Sie   . . .

Verkäufer   Guten Tag. Was darf es sein?

Sie   . . .

Verkäufer   Sonst noch etwas?

Sie   . . .

Verkäufer   . . .

Sie   . . .

Verkäufer   . . .

Sie   . . .

Verkäufer   . . .

Sie   . . . Was macht das?

Verkäufer   . . . Danke schön. Auf Wiedersehen.

Aufgabe C *Exercise C*

Was macht das? *What does that come to?*

1	20,45	2	13,40	3	17,62	4	6,30
	2,90		10,55		1,28		2,74
	─────		─────		─────		─────
	. . .		. . .		. . .		. . .

5	50,05	6	62,60	7	49,75	8	37,60
	41,45		23,25		14,80		33,90
	─────		─────		─────		─────
	. . .		. . .		. . .		. . .

Aufgabe D *Exercise D*

Antworten Sie. *Answer.*

1   Was möchte er?   . . .

2   Was sucht sie? . . .

3   Was möchte sie? . . .

4   Was möchte er? . . .

5 Was möchte sie? . . .

6 Was möchte er? . . .

7 Was sucht er? . . .

8 Was möchte sie? . . .

Anmerkung *Note*

Eine Sammelkarte *is one word used for a multiple ticket for public transport. There is usually a flat fare in towns and cities, with reductions for multiple rides, and one ride may include a change of bus lines, or from bus to tram. Tickets are available from kiosks and machines. If in doubt, ask at the tourist office (usually at the main railway station or town hall). Other types of ticket may be* eine 24-Stundenkarte *(a 24-hour rover ticket),* eine Touristenkarte *(a tourist ticket valid for 2 or 3 days),* eine Monatskarte *(a monthly rover ticket) or* eine Jahresnetzkarte *(an annual rover ticket).*

Aufgabe E *Exercise E*

Antworten Sie. *Answer.*

 1 Dresden. Wo wohnt er? . . .

 2 Zürich. Wo arbeitet sie? . . .

 3 Salzburg. Wo arbeitet er? . . .

 **4** Kiel. Wo wohnt sie? . . .

 5 Luise Schmidt. Wie heißt sie? . . .

 6 Karl Müller. Wie heißt er? . . .

7 Wo wohnen Sie? . . .

8 Wo arbeiten Sie? . . .

Grammatik *Grammar*

er *means 'he'*   sie *means 'she'*
Note that the verb usually ends in -t *when used with* er/sie:

ich heiße	er/sie heißt	Sie heißen
arbeite	arbeitet	arbeiten
wohne	wohnt	wohnen
brauche	braucht	brauchen
suche	sucht	suchen
habe	hat	haben
möchte	möchte	möchten
bin	ist	sind

Aufgabe F *Exercise F*

Fragen Sie. *Ask questions.*

1 . . . ? Das kostet vier Mark siebzig.

2 . . . ? Ich möchte einen Regenschirm.

3 . . . ? Das macht dreiundachtzig Mark neunzig.

4 . . . ? Sie sucht ein Glas.

5 . . . ? Ich suche eine Tragetasche.

6 . . . ? Er möchte eine Postkarte.

7 . . . ? Nein, das Hotel hat keinen Garten.

8 . . . ? Das Bad ist unten.

9 . . . ? Ja, es gibt eine Bar im Hotel.

10 . . . ? Das Hotel hat achtundzwanzig Zimmer.

11 . . . ? Ich habe zwei Kinder.

12 . . . ? Nein, er ist arbeitslos.

13 . . . ? Sie wohnt in Kärnten.

14 . . . ? Ich trinke eine Limonade.

15 . . . ? Nein, ich habe ein Haus.

16 . . . ? Ich möchte ein Bier.

FÜNFTES KAPITEL

Essen und Trinken   *Food and drink*

CAFÉ »AM MARKT«

GETRÄNKE

Tasse Tee		
(mit Milch o. Zitrone)		2,50
Tasse Kaffee		2,40
Kännchen Kaffee		4,80
Limonade o. Cola	0,2 l.	2,20
Mineralwasser	0,2 l.	2,--
Apfelsaft o. Traubensaft	0,2 l.	2,80

Bier: Pils vom Faß	0,33 l.	2,80
Export	0,3 Fl.	3,20
Glas Weißwein	0,25 l.	4,80
Glas Rotwein	0,25 l.	5,20

KUCHENAUSWAHL AM BUFFET

Obsttorte	3,--
Käsekuchen	3,30
Erdbeerkuchen	3,30
Apfelkuchen	3,30
Kirschkuchen	3,30
Schwarzwälder Kirschtorte	3,90
Portion Sahne	1,20

EIS

Gemischtes Eis (Vanille, Mokka, Erdbeer, 2 Kugeln)	3,20
Eiskaffee mit Sahne	5,--
Birne Helene	6,--
Eisbecher »am Markt«	6,50

MITTAGSTISCH

Russische Eier	7,50
Rühreier oder Spiegeleier mit Brot und Butter	6,80
Bauernomelett mit Salat	9,90
Käsebrot	8,--
Schinkenbrot	8,50

Sie	Haben Sie einen Tisch für drei Personen?
Kellner	Ja, bitte schön. Und die Speisekarte, bitte schön.
Kellner	Haben Sie gewählt?
Sie	Ja. Ein Stück Erdbeerkuchen mit Sahne und zwei Stück Käsekuchen, einmal mit Sahne und einmal ohne Sahne.
Kellner	Möchten Sie etwas trinken?
Sie	Ein Kännchen Tee mit Zitrone, ein Kännchen Kaffee und einen Traubensaft, bitte.
Sie	Herr Ober! Zahlen, bitte.
	oder: Fräulein!
Kellner	Alles zusammen?
Sie	Ja, bitte.
	oder: Nein, getrennt bitte.
Kellner	Das macht vierundzwanzig Mark neunzig.
	Danke schön. Auf Wiedersehen!
Sie	Auf Wiedersehen!

Aufgabe A *Exercise A*

Ergänzen Sie.   *Complete the conversation.*

Sie	Guten . . ., haben Sie . . . Tisch . . .?
Kellner	Ja, bitte schön.
Sie	Ein Stück . . . mit . . ., ein . . . ohne . . ., ein . . . und ein . . . bitte.
Sie	. . .!
Kellner	Alles zusammen?
Sie	Nein, . . .
Kellner	Das macht . . . Mark, und . . . Mark, bitte. Danke sehr, auf Wiedersehen!

Im Restaurant

Sie	Entschuldigen Sie bitte, ist hier frei?
Eine Dame	Ja, bitte.
Kellnerin	Haben Sie gewählt?
Sie	Einmal Wurstsalat, einmal Zwiebelsuppe, dann zweimal Jägerschnitzel, bitte.
Sie	Fräulein, zahlen bitte!
Kellnerin	Alles zusammen?
Sie	Ja, bitte.
Kellnerin	Das macht fünfunddreißig Mark zehn.
	Hat's geschmeckt?
Sie	Ja, ausgezeichnet, danke.
	oder: Ja, sehr gut, danke.

Restaurant

Odenwald-Stuben

Speisekarte

Vorspeisen

Wurstsalat mit Butter und Bauernbrot	4,90
Schinkenröllchen mit Spargel	7,60

Suppen

Tagessuppe	3,--
Kraftbrühe mit Einlage	3,20
Zwiebelsuppe	4,20

Fischgerichte

Matjesfilet 'Hausfrauen Art'	12,20
Blaue Forelle mit Salzkartoffeln u. Salat	14,--

Warme Speisen und Pfannengerichte

Eisbein mit Sauerkraut	11,50
Kasseler Braten mit Sauerkraut und Salzkartoffeln	13,--
Schweinekotelett mit Rotkohl u. Pommes Frites	13,50
Brathähnchen mit Reis und Erbsen	13,20
Jägerschnitzel, Pommes Frites und Salat	13,--
Kalbslendchen mit Gemüse u. Bratkartoffeln	14,80
Rumpsteak m. Champignons, Grilltomate u. Bratkartoffeln	14,80
Rinderbraten, Pommes Frites und Salat	15,--

Spezialitäten

Rehbraten, Spätzle und Salat	18,50
Wildschweinbraten 'Gärtnerin Art' (Erbsen, grüne Bohnen	
Rosenkohl, Blumenkohl, Schnittlauch, Pilze u. Spinat)	22,--

Nachspeisen

Gemischtes Kompott	4,--
Obstsalat mit Sahne	5,--
Apfelstrudel	4,50
Schokoladencreme	4,--

Inklusivpreise: Bedienung und Mehrwertsteuer inbegriffen

Aufgabe B *Exercise B*

Was bestellen Sie? *What do you order?*

1 Für vier Personen im Café. . . .

2 Für zwei Personen in der Imbißstube. . . .

3 Für drei Personen im Restaurant. . . .

Anmerkungen *Notes*

einmal ⎫
zweimal ⎬ Wiener Schnitzel
dreimal ⎪
viermal ⎭

This system of ordering is used for main dishes and to specify 'one with, one without', but the simple numbers ein, zwei, drei *may be used for drinks, cakes and snacks, e.g.* zwei Stück Apfelkuchen.

In some cafés there will be a menu for cakes, but in many places customers select from the counter before sitting down, and give the ticket they have received to the waiter. Coffee and cakes are a long-standing tradition: if you are invited to Kaffeetrinken, *you can assume this means in the afternoon.*

Noch einen/eine/ein *means 'another'.*

Möchten Sie noch etwas? *Would you like anything else?*

  Bringen Sie mir bitte noch ein Pils!

 Geben Sie uns noch drei Stück Kuchen, bitte.

  Ich möchte eine Portion Vanilleeis.

  Bringen Sie uns etwas Senf, bitte.

Aufgabe C *Exercise C*

Ergänzen Sie. *Complete.*

1 etwas Salz   Bringen Sie uns . . .
2 etwas Pfeffer   Geben Sie mir . . .
3 etwas Milch . . .
4 etwas Zucker . . .
5 . . .
6 . . .
7 . . .
8 . . .

Aufgabe D *Exercise D*

Schreiben Sie die Rechnung mit Preisen aus. *Write out the bill with prices.*

1 zweimal Suppe . . .

2 . . .

3 . . .

4 . . .

5 Was macht das? . . .

RECHNUNG	
2 × Suppe	4,20
1 × Omelette u. Salat	10,00
2 × Eisbein	14,40
3 × Weißwein	9,90
	38,50

SECHSTES KAPITEL

Wie spät ist es?   *What is the time?*

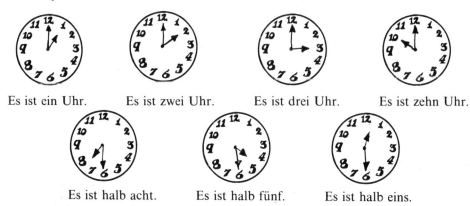

Es ist ein Uhr.   Es ist zwei Uhr.   Es ist drei Uhr.   Es ist zehn Uhr.

Es ist halb acht.   Es ist halb fünf.   Es ist halb eins.

Aufgabe A

Wie spät ist es? Antworten Sie.

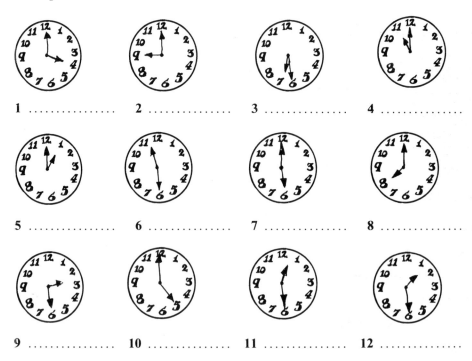

1 . . . .   2 . . . .   3 . . . .   4 . . . .

5 . . . .   6 . . . .   7 . . . .   8 . . . .

9 . . . .   10 . . . .   11 . . . .   12 . . . .

Aufgabe B

Um wieviel Uhr? *At what time?*

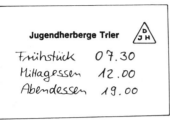

Jugendherberge Trier

Frühstück   07.30
Mittagessen   12.00
Abendessen   19.00

1 Um wieviel Uhr gibt es Frühstück? . . .

2 Um wieviel Uhr gibt es Mittagessen? . . .

3 Um wieviel Uhr gibt es Abendessen? . . .

Aufgabe C

Noch etwas Rechnen *Some more arithmetic*

1	11 +19	**2**	65 +32	**3**	43 +12	**4**	26 +38	**5**	16 +10	**6**	27 +51
	. . .		. . .		. . .		. . .		. . .		. . .

Verkehrsmittel   *Means of transport*

Der Zug fährt um drei Uhr.

Der Bus fährt um halb zehn.

Die Straßenbahn fährt um halb elf.

Die U-Bahn fährt um sieben Uhr.

Das Schiff fährt um halb drei.

Aufgabe D

Wann? *When?*

1 Wann fährt der Zug? . . .

2 Wann fährt die Straßenbahn? . . .

3 Wann fährt das Schiff? . . .

4 Wann fährt die U-Bahn? . . .

5 Um wieviel Uhr fährt der Bus? . . .

Grammatik *Grammar*

Just as there were three words for 'a', so there are three words for 'the': der (*indicating a 'masculine' word*), die (*'feminine'*) and das (*'neuter'*). *You should in fact learn* der/die/das *with every new noun in preference to* einen/eine/ein. *Remember that things are masculine and feminine, as well as neuter.*

der Zug	die Straßenbahn	das Schiff
der Garten	die Pension	das Hotel
der Wein	die Briefmarke	das Kind

Wie spät ist es?

Es ist viertel vor eins.   Es ist fünf vor vier.

Es ist viertel nach drei.   Es ist zehn nach acht.

Es ist zwanzig vor neun.   Es ist fünf vor halb fünf.

Es ist zwanzig nach zwölf.   Est ist fünf nach halb elf.

Es ist genau zehn vor sieben.   Es ist fast zwölf Uhr.

Aufgabe E

Wie spät ist es?

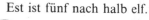

1 ....   2 ....   3 ....   4 ....

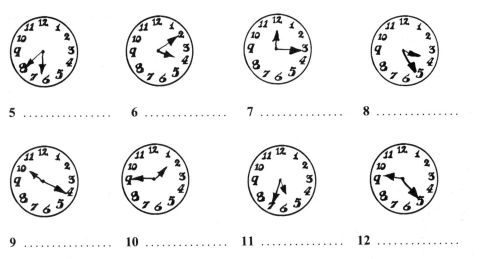

5 .... 6 .... 7 .... 8 ....

9 .... 10 .... 11 .... 12 ....

Aufgabe F

Wie spät ist es?

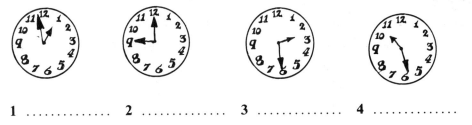

1 .... 2 .... 3 .... 4 ....

Aufgabe G

Fragen Sie.

1 ... ? Es ist genau halb zehn.
2 ... ? Der Bus fährt um zwanzig vor drei.
3 ... ? Frühstück gibt es um viertel vor acht.
4 ... ? Nein, ich habe keinen Erdbeerkuchen mehr.
5 ... ? Nein danke, ohne Sahne.
6 ... ? Ja. Zweimal Schweinekotelett und zwei Glas Weißwein, bitte.
7 ... ? Ja. Ausgezeichnet.
8 ... ? Nein, getrennt bitte.

SIEBTES KAPITEL

Wohin? *Where to?*

Der Zug fährt nach Koblenz.

Der Bus fährt nach Hamburg.

Die Straßenbahn fährt nach Bonn.

Die U-Bahn fährt nach Spandau.

Das Schiff fährt um viertel nach eins nach Basel.

Aufgabe A

Wohin?

1 Wohin fährt die Straßenbahn? . . .

2 Wohin fährt der Bus? . . .

3 Wohin fährt das Schiff um viertel nach eins? . . .

4 Fährt der Zug nach Münster? . . .

5 Fährt die U-Bahn nach Wedding? . . .

Aufgabe B

Sagen Sie, was passiert. *Say what is happening.*

1 → 10.00 Mainz . . .

2 → 11.45 Dortmund . . .

3 → 3.25 Wien . . .

4 → 7.55 Ruhleben . . .

5 → 1.15 Bremerhaven . . .

Fahrkarten *Tickets*

Zweimal Stuttgart bitte, einfach. →
oder:
Einmal Coburg bitte, hin und zurück. ⇆

Aufgabe C

Was sagen Sie? *What do you say?*

1   Freiburg → . . .

2   Innsbruck ⇆ . . .

3   Berlin ⇆ . . .

4   Baden-Baden → . . .

Wann fährt d. . . nächste? *When's the next. . .?*

– Wann fährt der nächste Bus nach Fulda?
– Um sechzehn Uhr fünfundzwanzig (16.25).

– Wann fährt die nächste Straßenbahn nach Ludwigshafen?
– Um zehn Uhr dreiundvierzig (10.43).

Anmerkung *Note*

So far we have used only the twelve-hour clock, but in timetables, broadcasts and other public announcements the 24-hour system is used, as seen in the above examples.

Aufgabe D

Wann fährt d . . . nächste . . . ? Ergänzen Sie die Fragen, und antworten Sie.
Complete the questions, and answer.

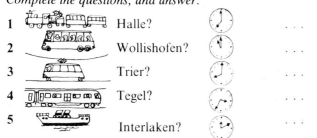

1   Halle?   . . .

2   Wollishofen?   . . .

3   Trier?   . . .

4   Tegel?   . . .

5   Interlaken?   . . .

Zu früh oder zu spät?   *Too early or too late?*

– Um sieben Uhr? – Das ist zu früh.
– Um elf Uhr? – Das ist zu spät.
– Um acht Uhr? – Das ist in Ordnung.

Wann fahren Sie?   *When are you going?*

– Frau Weber, wann fahren Sie nach Kassel?
– Ich fahre um neun Uhr nach Kassel.

– Wann fährt sie?
– Sie fährt um neun.

– Herr Kunze, wohin fahren Sie?
– Ich fahre nach Innsbruck.

– Wohin fährt er?
– Er fährt nach Innsbruck.

Aufgabe E

Sagen Sie, was passiert. *Say what is happening.*

1   ich → 11.50 Leipzig . . .

2   Sie → 3.20 Zürich . . .

3   er → 12.45 Lüneburg . . .

4   ich → 6.00 Rostock . . .

5   Sie → 4.30 Heidelberg . . .

6   sie → 10.25 Flensburg . . .

Aufgabe F

Ergänzen Sie.

1   Wohin . . . Sie?

2   Wann . . . er?

3   Wohin . . . der Bus?

4   Wann . . . ich?

5   Wohin . . . sie?

6   Wohin . . . das Schiff?

Grammatik *Grammar*

ich fahre   er fährt   Sie fahren
sie fährt
der Zug fährt

In a few cases there is a small difference in the vowel sound in the er/sie *part of the verb. This is so with* fahren, *which adds the* umlaut *(printed as two dots or written by hand as two short vertical lines). Notice that* Sie *(you) is written with a capital letter,* sie *(she) without, and that the verb form will be different.*

    e.g. Haben Sie Kinder?
         Hat sie Kinder?

Wie lange? *How long?*

Parkhotel

September

5	Montag
6	Dienstag
7	Mittwoch
8	Donnerstag
9	Freitag
10	Samstag
11	Sonntag

Wie lange bleiben Sie?

  Von Montag bis Mittwoch.

 Bis Freitag.

   Von Donnerstag bis Sonntag.

VERKEHRSAMT

Öffnungszeiten
09.30–12.30
14.00–18.15

Das Verkehrsamt ist geöffnet von neun Uhr dreißig bis zwölf Uhr dreißig und von vierzehn Uhr bis achtzehn Uhr fünfzehn.
Es ist geschlossen von zwölf Uhr dreißig bis vierzehn Uhr.

Aufgabe G

Antworten Sie.

Kalender

Montag
Dienstag
Mittwoch
Donnerstag } ich
Freitag
Samstag
Sonntag

} sie
} er

1 Wie lange bleiben Sie im Hotel? . . .

2 Wie lange bleibt sie? . . .

3 Wie lange bleibt er? . . .

1/ Ich bleibe im Hotel von Dienstag bis Samstag.

2/ Sie bleiben im Hotel von Montag bis Mittwoch.

3/ Er bleibt im Hotel von Mittwoch bis Samstag.

Restaurant – Hotel
»Aachener Hof«
über den Dächern
von Frankenthal

Ostring 17–21
Geöffnet täglich von 12.00 bis 14.00
und 18.00 bis 23.00 Uhr

---

4 Wann ist das Restaurant geöffnet? . . .

Das Restaurant geöffnet von 12.00 bis 14.00 Uhrs.

Pension

Haus Nibelungen

MITTAGESSEN

---

5 Wann gibt es Mittagessen? . . .

Von 12.00 Uhr bis 2-45 Uhr.

SCHWIMMBAD

GESCHLOSSEN

BIS

6 Wie lange bleibt das Schwimmbad geschlossen? . . .

3-45 Uhr.

ACHTES KAPITEL

Wie weit? *How far?*

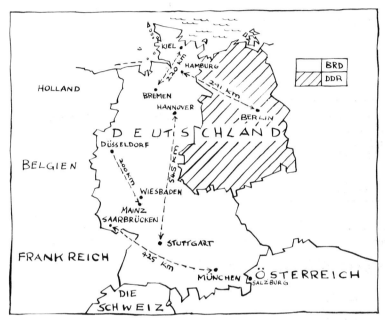

Düsseldorf ist genau zweihundert Kilometer von Mainz.
Hamburg ist fast dreihundert Kilometer von Berlin.
Saarbrücken ist vierhundertfünfundzwanzig Kilometer von München.

Aufgabe A

Antworten Sie.

1 Wie weit ist Bremen von Kiel? ... Bremen ist zweihundertzwanzig kilometer von Kiel.

2 Ist das weit? ... ganz in der Nähe.

3 Wie weit ist Mainz von Düsseldorf? Mainz ist zweihundert Kilometer von Düsseldorf.

4 Ist das weit? ... nicht weit.

5 Wie weit ist Stuttgart von Hannover? Stuttgart ist fünfhundertfünfundvierzig kilometer von Hannover.

6 Ist das weit? ... Sehr weit

7 Wie weit ist München von Saarbrücken? München ist vierhundertfünfundzwanzig kilometer von Saarbrücken.

8 Ist das weit? ... sehr weit.

9 Wie weit ist Wiesbaden von Mainz? ... Wiesbaden ist ganz in der Nähe.

10 Wie weit ist Wien von hier? ... Wien ist ziemlich weit.

11 Wie weit ist New York von hier? . New York ist sehr weit.

12 Wie weit ist Moskau von Berlin? Moskau ist sehr weit.

Anmerkungen *Notes*

Here are some ways of expressing distance.

———————————————————→ sehr weit

———————————————————→ ziemlich weit

—————————————————→ nicht sehr weit

————————————→ nicht weit

——————————→ ein paar Kilometer

—————→ ganz in der Nähe

The towns given on the map are the capitals of the Länder *(provinces) of the* Bundesrepublik Deutschland *(Federal Republic of Germany), and Berlin. West Berlin is part of the* Bundesrepublik, *while East Berlin is the capital of the* Deutsche Demokratische Republik *(German Democratic Republic), which is divided into* Bezirke. *Austria also has* Länder, *and Switzerland is divided into* Kantone *(cantons).*

Nummern

100	hundert	200	zweihundert
101	hunderteins	300	dreihundert
102	hundertzwei	1000	tausend
189	hundertneunundachtzig	3408	dreitausendvierhundertacht

In der Stadt *In the town*

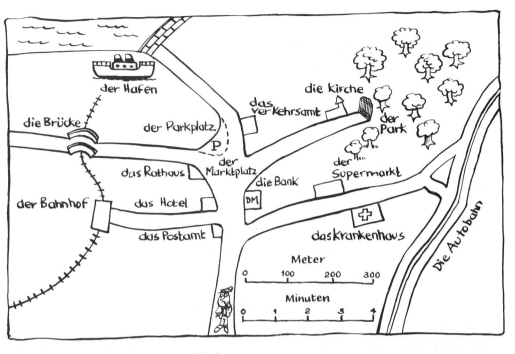

—Wie weit ist das Rathaus von hier?
—Das Rathaus ist etwa dreihundert Meter von hier.
—Wie weit ist der Bahnhof von hier?
—Der Bahnhof liegt nur fünf Minuten von hier.

Aufgabe B

Ergänzen Sie die Fragen, und antworten Sie. *Complete the questions, and answer.*

1 Wie weit ist . . . Hotel von hier? . . .

2 Wie weit ist . . . Bank von hier? . . .

3 Wie weit ist . . . Park von hier? . . .

4 Wie weit ist . . . Autobahn von hier? . . .

5 Wie weit ist . . . Verkehrsamt von hier? . . .

6 Wie weit ist . . . Parkplatz von hier? . . .

7 Wie weit ist . . . Brücke von hier? . . .

8 Was hat die Stadt? Die Stadt hat einen . . . , und eine . . . , und ein . . .

Grammatik *Grammar*

der Supermarkt	die Kirche	das Rathaus
einen Supermarkt	eine Kirche	ein Rathaus

Once you have learnt a new word with the correct form of 'the': der, die or das, you will know whether to use einen, eine or ein.

Aufgabe C

Fragen Sie

1   . . . ?   Das Abendessen ist um sieben Uhr.

2   . . . ?   Nein, das Hotel hat keine Garage.

3   . . . ?   Der Parkplatz liegt links.

4   . . . ?   Sie fahren um zehn nach zehn nach Wesel.

5   . . . ?   Ich heiße Walter.

6   . . . ?   Ich trinke einen Schnaps.

7   . . . ?   Sie sucht die Zeitung.

8   . . . ?   Es gibt hier zweiunddreißig Zimmer.

9   . . . ?   Ich arbeite unten.

10   . . . ?   Die Straßenbahn fährt nach Oberhausen.

11   . . . ?   Es tut mir leid, ich habe keine Dreibettzimmer frei.

12   . . . ?   Von Sonntag bis Dienstag.

Wie fahren Sie?   *How are you going?*

−Wie fahren Sie? −Ich fahre mit der U-Bahn.

−Wie fahren Sie? −Ich fahre mit dem Auto.

− Wie fährt er? −Er fährt mit dem Schiff.

−Wie fahren Sie? −Ich fahre mit der Straßenbahn.

−Wie fährt sie? −Sie fährt mit dem Zug.

−Wie fahren Sie? −Ich fahre mit dem Bus.

−Wie fahren Sie? −Ich fliege.

Aufgabe D

Antworten Sie.

1 Wie fahren Sie? ... *fliege*

2 Wie fahren Sie nach Bern? ... *mit dem Zug*

3 Wie fahren Sie nach Dresden? ...*mit dem Auto*

4 Wie fahren Sie von hier nach Graz? *mit der U Bahn*

5 Wie fahren Sie von Bremen nach Bremerhaven? ...*mit dem Schiff*

6 Wie fahren Sie nach Bukarest? ... *mit dem Bus.*

Grammatik *Grammar*

After mit *the word for 'the' changes:*

der Zug	mit dem Zug
die U-Bahn	mit der U-Bahn
das Auto	mit dem Auto

NEUNTES KAPITEL

In der Stadtmitte — *In the town centre*

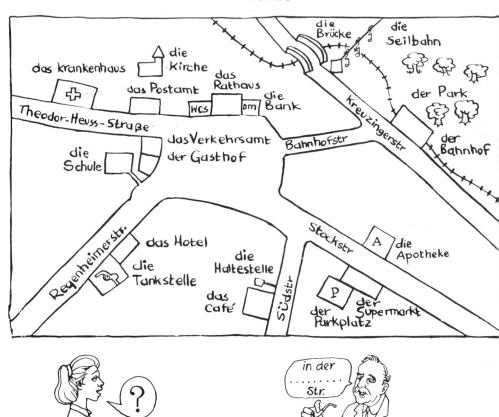

- Entschuldigen Sie bitte, wo ist hier das Rathaus?
- Das Rathaus ist in der Stadtmitte.
- Entschuldigen Sie bitte, gibt es hier eine Apotheke?
- Die Apotheke ist in der Stockstraße.
- Entschuldigen Sie bitte, wo ist hier der Bahnhof?
- Der Bahnhof liegt in der Kreuzingerstraße.
- Entschuldigen Sie bitte, gibt es hier eine Tankstelle in der Nähe?
- Ja, es gibt eine Tankstelle in der Regenheimerstraße neben dem Hotel.
- Entschuldigen Sie bitte, ist das Schwimmbad hier in der Nähe?
- Es tut mir leid, ich weiß es nicht. Ich bin hier fremd.

I am a stranger, here

Der Supermarkt ist in der Stockstraße.
Der Parkplatz liegt hinter dem Supermarkt.
Das Postamt ist vor der Kirche, gegenüber dem Verkehrsamt.
Die Bank ist neben dem Rathaus.

−Wo sind die Toiletten? −Die Toiletten sind neben dem Rathaus.

 DAMEN HERREN

Anmerkungen *Notes*

Ist das ein Freibad oder ein Hallenbad?
Is it an open-air pool *or an indoor pool?*

The tourist office may be called der Verkehrsverein *or* das Verkehrsbüro *as well as* das Verkehrsamt.

Aufgabe A

Antworten Sie.

1 Wo ist das Hotel? …

2 Wo ist die Schule? …

3 Wo ist die Seilbahn? …

4 Wo ist das Verkehrsamt? …

5 Gibt es einen Supermarkt? Wo? …

6 Wo liegt Godesdorf? Es tut mir leid,…

Aufgabe B

Fragen Sie.

1 … ? Hinter dem Postamt.

2 … ? Neben dem Café.

3 … ? In der Theodor-Heuss-Straße.

4 … ? Vor der Schule.

5 … ? Gegenüber dem Supermarkt.

6 … ? In der Kreuzingerstraße, neben der Seilbahn.

Grammatik *Grammar*

Remember the means of transport:

der Bus	die Seilbahn	das Schiff
mit dem Bus	mit der Seilbahn	mit dem Schiff

Other words indicating location (prepositions) have the same effect on der/die/das:

der Gasthof	die Kirche	das Postamt
neben dem Gasthof	vor der Kirche	hinter dem Postamt

der Parkplatz	die Straße	das Rathaus
vor dem Parkplatz	in der Straße	gegenüber dem Rathaus

mit

in

vor

dem	**der**	**dem**

hinter

neben

gegenüber

The changed form of the word for 'the' is called the dative case.

Aufgabe C

Antworten Sie.

1 Gibt es eine Autobahn in der Stadt? . . .

2 Gibt es ein Schwimmbad in der Stadt? . . .

3 Gibt es einen Hafen in der Stadt? . . .

4 Gibt es ein Restaurant in der Stadt? . . .

5 Gibt es eine Straßenbahn in der Stadt? . . .

6 Gibt es ein Museum in der Stadt? . . .

7 Was gibt es in der Stadt? Es . . .

Er, sie, es *It*

−Wohin fährt der Bus? −Er fährt nach Wuppertal.
−Wann fährt die Straßenbahn? −Sie fährt alle zehn Minuten.
−Wann fährt das Schiff nach Sylt? −Es fährt um elf Uhr.

Grammatik *Grammar*

There are properly three words for 'it': er, sie, es. Which one is used depends on whether the thing for which it stands is masculine, feminine or neuter. Use er *for* der *words*, sie *for* die *words, and* es *for* das *words. Er* and *sie* also mean he and she, of course.*

der Bus − er
die Straßenbahn − sie
das Schiff − es

Aufgabe D

Antworten Sie.

chemist.

1 Wo liegt der Parkplatz? Er . . .

2 Wo ist die Tankstelle? . . .

3 Wo ist das Café? . . .

4 Wo ist die Apotheke? . . .

5 Wo ist das Postamt? . . .

6 Wo ist die Bank? . . .

Aufgabe E

Wo oder wohin? Wo *or* wohin?

1 . . . wohnen Sie?

2 . . . fahren Sie?

3 . . . fliegt er?

4 . . . sind die Toiletten?

5 . . . liegt der Garten?

6 . . . ist der Zug nach Duisburg?

Aufgabe F

Sagen Sie, was passiert. *Say what is happening.*

1	ich → 7.45		Braunschweig . . .
2	er → 11.20		Karlsruhe . . .
3	Sie → 1.05		Göschenen . . .
4	sie → 5.40		Linz . . .
5	Sie → 1.00		Celle . . .
6	ich → 4.25		Bielefeld . . .

Grammatik *Grammar*

Within a German sentence, expressions of time, manner (how you do something) and place always appear in that fixed order, with time first.

1   **2**   **3**

e.g. Frau Pfau fährt um zwei Uhr mit der U-Bahn zum Bahnhof.

ZEHNTES KAPITEL

Berufe *Jobs*

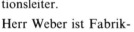

Guten Tag. Mein Name ist Krämer.
Was sind Sie von Beruf, Frau Krämer?
Ich bin Angestellte. Ich arbeite im Rathaus.

Herr Irmler ist Arzt.
Herr Fernandez ist Krankenpfleger.

KRANKENHAUS

Frau Szedlak ist Ärztin.
Fräulein Romberg ist
Krankenschwester.

Herr Albert ist Beamter.
Herr Held ist Angestellter.

RATHAUS

Frau Otto ist Beamtin.
Frau Krämer ist
Angestellte.

Herr Türküm ist
Verkäufer.

KAUFHAUS

Frau Kraft ist Verkäuferin.

BITTE SCHÖN

Herr Zoller ist Produk-
tionsleiter.

Herr Weber ist Fabrik-
arbeiter.

FABRIK

Frau Tukic ist Produk-
tionsleiterin.

Fräulein Stibig ist Fabrikarbeiterin.

Herr Theuer ist Lehrer.

SCHULE

Frau Kälber ist Lehrerin.

DER DIE DAS

Herr Heintz ist arbeitslos.

Herr Wagner ist Student.

Wolfgang Schneider ist
Schüler.

Herr Neumann ist Rentner.

NICHT BERUFSTÄTIG

Frau Willert ist arbeitslos.

Fräulein Schlösser ist
Studentin.

Renate Jung ist Schülerin.

Frau Bauer ist Rentnerin.

Frau Meidner ist
Hausfrau.

Herr Fernandez arbeitet im Krankenhaus.
Fräulein Romberg arbeitet auch im Krankenhaus.
Herr Heintz und Frau Willert sind arbeitslos.
Fräulein Jung und Herr Neumann sind auch nicht berufstätig.
Herr Theuer und Frau Kälber arbeiten in der Schule.

Anmerkung *Note*

In German-speaking countries much emphasis is put on vocational training, and many people will therefore say, for example, 'Ich bin Einzelhandelskaufmann' (retail assistant qualified by examinations of the Chamber of Commerce) rather than 'Ich bin Verkäufer'.

Aufgabe A

Antworten Sie.

1 Was ist Frau Kälber von Beruf?   ...

2 Und Herr Weber?   ...

3 Wo arbeitet Herr Albert?   ...

4 Wo arbeiten Fräulein Stibig und Frau Tukic?   ...

5 Was ist Frau Kraft von Beruf?   ...

6 Wo arbeitet Herr Türküm?   ...

Aufgabe B

Antworten Sie.

1 Wer arbeitet in der Schule?   ...

2 Wer arbeitet im Kaufhaus?   ...

3 Wer arbeitet in der Fabrik?   ...

4 Wer arbeitet im Krankenhaus?   ...

5 Wer ist nicht berufstätig?   ...

6 Wer arbeitet nicht?   ...

Grammatik *Grammar*

The plural form of the verb is the same as that for 'you':
   Herr Albert und Herr Held arbeiten im Rathaus.
   Frau Meidner und Herr Wagner sind nicht berufstätig.
   Wo arbeiten sie? *Where do they work?*
   Wo arbeiten Sie? *Where do you work?*
   Sie arbeiten im Supermarkt. *You/They work in the supermarket.*

Sie *meaning 'you' always has a capital letter; you can also tell from the context whether 'you' or 'they' is meant.*

Aufgabe C

Fragen Sie.

1 ... ? Sie ist Krankenschwester.

2 ... ? Sie arbeitet im Kaufhaus.

3 ... ? Er ist Arzt.

4 ... ? Er arbeitet in der Fabrik.

5 ... ? Er arbeitet auch in der Fabrik.

6 ... ? Sie arbeiten im Kaufhaus.

7 ... ? Er wohnt in der Finkstraße.

8 ... ? Ich wohne in Neuhausen.

Aufgabe D

Antworten Sie.

1 Sind Sie berufstätig? Was sind Sie von Beruf? ...

2 Wo arbeiten Sie? ...

3 Wo wohnen Sie? ...

4 Wo lernen Sie Deutsch? ...

Um wieviel Uhr? *At what time?*

Frau Szedlak fährt um sieben Uhr zum Krankenhaus.
Herr Zoller fährt um fünf vor halb acht zur Fabrik.
Frau Otto fährt um viertel vor acht zum Rathaus.
Herr Theuer fährt auch um viertel vor acht zur Arbeit.

Aufgabe E

Antworten Sie.

1 Um wieviel Uhr fährt Herr Held zum Rathaus? ...

2 Um wieviel Uhr fährt Frau Tukic zur Fabrik? ...

3 Um wieviel Uhr fährt Fräulein Jung zur Schule? . . .

4 Um wieviel Uhr fährt Herr Irmler zum Krankenhaus? . . .

Aufgabe F

Sagen Sie, was passiert. *Say what is happening.*

1 Frau Hansen → 11.00 Kaufhaus: . . .

2 Herr Brenner → 10.20 Gasthof: . . .

3 Ich → 1.00 Tankstelle: . . .

4 Die Straßenbahn → 3.45 Bahnhof: . . .

Grammatik *Grammar*

In *can combine with* dem *to give* im.
Zu *can combine with* dem *to give* zum
and with der *to give* zur.

der Gasthof	die Schule	das Kaufhaus
im Gasthof	in der Schule	im Kaufhaus
= in dem Gasthof		= in dem Kaufhaus
zum Gasthof	zur Schule	zum Kaufhaus
= zu dem Gasthof	= zu der Schule	= zu dem Kaufhaus

WIEDERHOLUNGEN – Revision

Aufgabe A Persönliche Fragen

1 . . . ? Ich heiße Ruth Wörres.

2 . . . ? Nein, ich habe eine Wohnung.

3 . . . ? Nein, ich bin Rentnerin.

4 . . . ? Ja, zwei.

5 . . . ? Er arbeitet in der Friedrichstraße.

6 . . . ? Sie ist Lehrerin.

Aufgabe B Im Hotel

1 . . . frei?

2   Haben . . . ?

3   Ich . . .

4 Ist . . . Frühstück?

5 . . . Person?

6 . . . Restaurant?

7 Um . . . Abendessen?

8 . . . ? Rechts.

9 Wie . . . ? Von . . . bis . . .

10 Es tut mir leid, . . .

Aufgabe C Im Geschäft

1 Ich . . . einen . . . , eine . . . und ein . . .

2 . . . ? Das kostet DM 29,70.

3 Sonst noch etwas? . . .

4   . . . ? Er möchte einen Stadtplan.

5   . . . ? Sie sucht eine Tragetasche.

6   . . . ? Ich möchte ein Pfund Äpfel.

Aufgabe D   Im Restaurant

1   Ent. . . frei?

3   Einmal . . . , einmal . . . und zweimal . . . , bitte.

3   Ein Glas . . . und . . . bitte.

4   Herr . . . bitte. Was macht das?

5      . . . bitte.

6      . . . bitte.

Aufgabe E   Die Uhrzeit

1   Wann . . . Restaurant . . . ?

2   Wie . . . ?

3

4

Aufgabe F Die Uhrzeit

Beispiel/*Example*   11.30 = elf Uhr dreißig

1 12.15 . . .		**5** 23.20 . . .
2 1.08 . . .		**6** 14.23 . . .
3 17.52 . . .		**7** 7.49 . . .
4 24.01 . . .		**8** 00.35 . . . .

Aufgabe G   Verkehrsmittel

1   . . . ? Der Bus fährt nach Salzburg.

2   . . . Straßenbahn? Um zwanzig vor vier.

3   . . . Schiff? Nach Rotterdam.

4   . . . ? In zwanzig Minuten.

Aufgabe H   Fahrkarten

1   → Ostende . . .

2   ↹ Neustadt . . .

3   → Bregenz . . .

4   ↹ Chur . . .

Aufgabe I   Verkehrsmittel

1   ich ⟶ 7.30   Schule . . .

2   Sie ⟶ 16.35   Emden . . .

3   ⟶ 1.50 Wittenberg . . .

4   Fräulein Motz ⟶ 12.15   Villach . . .

Aufgabe J   Entfernungen

1   . . . ? Wien ist etwa achthundert Kilometer von Basel.

2   . . . ? Ja, das ist ziemlich weit.

3   389 . . . 400 km.

4   . . . ? Die Stadtmitte . . . 5 Minuten . . .

Aufgabe K   In der Stadt

(Sehen Sie auf Seite 38!)

1   Ent . . . hier . . . Tankstelle?

2   Ent . . . Rathaus . . . Nähe?

3   Wo ist das Verkehrsamt? . . .

4   Wo ist der Park? . . .

5   Wo ist die Seilbahn? . . .

6   Wo ist die Schule? . . .

7   Wo ist das Hotel? . . .

8   Wo ist der Supermarkt? . . .

9   Gibt es ein Kaufhaus in der Stadt? . . .

10 Wo liegt Eschendorf? Es . . . nicht.

ELFTES KAPITEL

Begegnungen *Encounters*

–Guten Tag! Mein Name ist Schön!

–Guten Abend. Krämer.

Pleased, Im
–Freut mich, Frau Krämer.
–Ich heiße Breitfuß.

–Guten Abend, Frau Bauer!
–Abend, Herr Neumann. Wie geht es Ihnen?

–Gut danke, und Ihnen?
–Mir geht es auch gut, danke.

also.

–Mir geht es nicht so gut.
–Es tut mir leid, Herr Heintz.

Anmerkung *Note*

It is common for people to introduce themselves by giving just their surname as they shake hands: Guten Tag. Schmidt. *You naturally then address them as* Herr *or* Frau Schmidt.

Sprechen Sie Deutsch? *Do you speak German?*

–Sind Sie Deutscher/Deutsche? – Nein, ich bin Engländer/Engländerin.
Amerikaner/Amerikanerin.
Australier/Australierin.
Franzose/Französin.
Ausländer/Ausländerin. *foreigner*

–Sie sprechen aber gut Deutsch!

–Sprechen Sie Deutsch? – Ja, ich spreche gut Deutsch.
oder: Nicht viel. *not much*
oder: Nur ein wenig. *only a little*
oder: Nein, ich spreche kein Deutsch. Sprechen Sie Englisch?
oder: Ein wenig. Können Sie bitte langsamer sprechen? *A little* *slow speak*

understand
–Verstehen Sie? –Ja, . . .
oder: Nein, ich verstehe nicht. Können Sie bitte langsamer
sprechen?
oder: Wie, bitte? *I beg your pardon.*
oder: Was bedeutet „* = !& / %* " ?
–Sie verstehen nicht? *you don't understand. What does it mean?*
–Es tut mir leid. *Im sorry.*

Aufgabe A

Antworten Sie.

1 Wie ist Ihr Name, bitte? . . .

2 Wie geht es Ihnen? . . .

3 Sind Sie Deutsche(r)? . . .

4 Sprechen Sie gut Deutsch? . . .

5 Verstehen Sie ein wenig Deutsch? . . .

6 Wo wohnen Sie? . . .

7 Sind Sie berufstätig? ... work.

8 Haben Sie Kinder? ...

9 Sind Sie verheiratet? ...

10 ?&-@*;;../=+? ...

11 Wie ist Ihre Adresse? ...

12 Wie ist Ihre Telefonnummer? ...

Familienstand *Marital status*

Sie sind verheiratet.   Er ist Witwer. widower   Sie ist Witwe. widow.

Herr Breitfuß ist geschieden.   Fräulein Schlösser ist ledig.

Aufgabe B

Ergänzen Sie. *Complete.*

1 ... ? Nein, sie ist Österreicherin.

2 ... ? Nein, ich bin ledig.

3 ... ? Gut, danke.

4 ... ? Sie ist geschieden.

5 ... ? Ich arbeite hier in der Nähe.

6 ... ? Er ist Lehrer.

7 ... ? Es tut mir leid. Ich spreche langsamer.

8 ... ? Freut mich, Frau Wörner.

Kalender *Diaries*

Am Montag bin ich zu Hause.
Am Dienstag lese ich einen Roman.
Am Mittwoch kaufe ich ein Geschenk für Tante Ulla.
Am Donnerstag besuche ich Tante Ulla.

Am Freitag bleibe ich zu Hause.
Am Samstag fahre ich nach Siegen.
Am Sonntag arbeite ich im Garten.

Am Montag spielt Gerd Karten mit Ulli.
Am Dienstag geht er zur Kneipe.
Am Mittwoch trinkt er mit Kai.

Am Donnerstag kommt er spät nach Hause.
Am Freitag sieht er fern.
Am Samstag sucht er eine Wohnung.
Am Sonntag macht er nichts Besonderes.

Aufgabe C

Was machen wir? *What do we do?*

1 Am Montag . . . wir . . .

2 Am Dienstag . . . wir . . .

3 . . .

4 . . .

5 . . .

6 . . .

7 . . .

Frau Erika und Dieter Meidner machen alles zusammen!

Aufgabe D

Was machen sie? *What do they do?*

1 Am Montag . . . sie . . .

2 Am . . .

3 . . .

4 . . .

5 . . .

6 . . .

7 . . .

Gerd und Axel machen auch alles zusammen.

Aufgabe E

Sie sind Axel: was machen Sie? *You are Axel: What do you do?*

1 Am Montag . . . ich . . .

2 . . .

3 . . .

4 . . .

5 . . .

6 . . .

7 . . .

Aufgabe F

Was macht Frau Meidner? *What does Frau Meidner do?*

1 Am Montag . . . sie . . .

2 . . .

3 . . .

4 . . .

5 . . .

6 . . .

7 . . .

Grammatik *Grammar*

You have now met the correct form of the verb for I, he/she/it, we, you (the polite form) and they. There are a few irregularities, which are shown here.

ich	er/sie/es	wir/Sie/sie
arbeite	arbeitet	arbeiten
wohne	wohnt	wohnen
suche	sucht	suchen
kaufe	kauft	kaufen
besuche	besucht	besuchen
lerne	lernt	lernen
spiele	spielt	spielen
bleibe	bleibt	bleiben
komme	kommt	kommen
gehe	geht	gehen
habe	hat	haben
fahre	fährt	fahren
sehe	sieht	sehen
lese	liest	lesen
gebe	gibt	geben
möchte	möchte	möchten
bin	ist	sind

ZWÖLFTES KAPITEL

In der Stadt

Aufgabe A

Antworten Sie (zum/zur).

1 Sie möchten etwas Geld. Wohin gehen Sie? . . .

2 Er sucht ein Hotelzimmer. Wohin geht er? . . .

3 Sie brauchen Käse und Brot. Wohin gehen sie? . . .

4 Sie brauchen eine Briefmarke. Wohin gehen Sie? . . .

5 Wir brauchen Benzin. Wohin gehen wir? . . .

6 Sie fährt mit dem Zug nach Aachen. Wohin geht sie? . . .

7 Sie fahren mit dem Bus nach Köln. Wohin gehen Sie? . . .

8 Wir möchten einen Stadtplan. Wohin gehen wir? . . .

Wie komme ich zum/zur. . .? *How do I get to the . . .?*

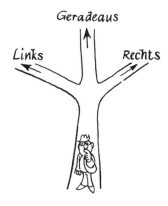

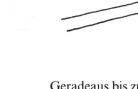

Entschuldigen Sie bitte,
    wie komme ich zum Strand?
    wie komme ich zur Pension Seeblick?

    wie komme ich nach Passau?

Geradeaus bis zur Ampel und dann rechts.
Geradeaus bis zum Marktplatz und dort links.
Geradeaus bis zur Autobahn.

Wie kommen wir am besten ~~best.~~

    zur Marienkirche?   Mit dem Bus, Linie elf.

    zum Hafen?   Mit der Straßenbahn, Linie 26.

    zur Post?   Das ist nur fünf Minuten zu Fuß.

Aufgabe B

Fragen Sie, und antworten Sie.

1 Wie komme ich . . . Autobahn?   . . .

2 . . . Lutherkirche?   . . .

3 . . . Rathaus?   . . .

4 . . . Café Hügel?   . . .

5 . . . wir . . . Verkehrsamt?   . . .

6 . . . Gasthaus „zur Traube"?   . . .

7 . . . Hotel Dorflinde?   . . .

8 . . . Post?   . . .

Anmerkung *Note*

Both die Post *and* das Postamt *may be used to mean the post office.*

Im Kaufhaus

Sie brauchen Geschenke für Ihre Familie und gehen zum K..fhaus. Da gibt es alles.

–Was kaufen Sie für Ihren Bruder?
–Für meinen Bruder kaufe ich Zigarren.
–Was kaufen Sie für Ihre Schwester?
–Für meine Schwester kaufe ich Seife.
–Kaufen Sie auch etwas für Ihr Haus?
–Für mein Haus kaufe ich nichts.
–Kaufen Sie sonst noch etwas?
–Ja. Ich kaufe:

etwas für die Küche	eine Strumpfhose	einen Bierkrug
Parfüm	einen Kalender	eine Puppe
Spielsachen	eine Kerze	und eine Brieftasche

Aufgabe C

Antworten Sie mit den o.a. Waren. *Answer using the above goods.*

1   **a)** Was kaufen Sie für Ihren Mann/Ihren Freund? . . .

   b) Oder für Ihre Frau/Ihre Freundin? . . .

2   Und für Ihre Mutter? . . .

3   Und für Ihren Vater? . . .

4   Und für Ihren Sohn? . . .

5   Und für Ihre Tochter? . . .

6   Und für Ihre Kinder? . . .

7   Und für Tante Heidi? . . .

8   Und für Frau Kroll? . . .

Grammatik *Grammar*

After für (*for*), *the words* mein (*my*) *and* Ihr (*your*) *have endings just like* ein *and* kein:

für einen Freund	für eine Freundin	für ein Auto	(keine Kinder)
für meinen Freund	für meine Freundin	für mein Auto	für meine Kinder
für Ihren Freund	für Ihre Freundin	für Ihr Auto	für Ihre Kinder

Aufgabe D

Ergänzen Sie die Antworten. *Complete the answers.*

Kaufen Sie auch:

1 einen Kugelschreiber? Ja, . . .

2 eine Flasche Wein? Ja, . . .

3 einen Kuchen? Nein, . . .

4 eine Vase? Nein, . . .

5 ein Buch? Nein, . . .

6 eine Handtasche? . . .

Aufgabe E

Ergänzen Sie.

Beispiel *Example* Ich habe keine Brieftasche. Ich brauche eine Brieftasche.

1 Er hat . . . Hemd. Er . . .

2 Wir . . . Handtuch. Wir . . .

3 Sie haben . . . Mantel. . . .

4 Sie hat . . . Uhr. . . .

5 Ich . . . Heft. . . .

6 Sie haben . . . Füller. . . .

7 Ich . . . Wanderkarte. . . .

8 Er . . . Gabel. . . .

DREIZEHNTES KAPITEL

Im Kaufhaus

Wir suchen einen Koffer.

einen Koffer, Rock, Pulli, Mantel, Blumenstrauß, Schlips

[handwritten: suit case, skirt, pollover, coat, bunch of flowers, bowtie]

oder:

Wir möchten bitte eine Schallplatte.

eine Schallplatte, Flasche Kölnisch Wasser, Schachtel Bonbons, Uhr, Brieftasche, Jacke, Bluse, Hose

[handwritten: record, eau de cologne, sweets, watch, case, jacket, blouse, trousers]

oder:

Wir hätten gerne ein Radio.

ein Radio, Handtuch, Heft, Ringbuch, Hemd, Kleid, Paar Schuhe

[handwritten: towel, notebook, folder, shirt, dress, pair of shoes]

Sie	Guten Tag. Haben Sie eine Schallplatte von Udo Jürgens?
Verkäufer	Es tut mir leid, wir haben keine.

oder:

Sie	Guten Tag. Ich hätte gerne eine Flasche Kölnisch Wasser.
Verkäufer	Bitte schön. Die kostet 21,50.
Sie	Die ist zu groß. Haben Sie etwas anderes? *[handwritten: another, different.]*
Verkäufer	Ja, die kostet 13,20.
Sie	Na ja, ich nehme die.
Verkäufer	Ist das ein Geschenk? *[handwritten: present]*
Sie	Ja, ich möchte bitte eine Geschenkpackung. *[handwritten: giftwrapped.]*
Verkäufer	Bitte schön. Sonst noch etwas? *[handwritten: anything else]*
Sie	Nein, danke. Das ist alles.
Verkäufer	Danke schön. Auf Wiedersehen.
Sie	Auf Wiedersehen.

Grammatik *Grammar*

Der, die, das *can mean 'this one' or 'that one', and are sometimes used where we would say 'it'.*
—Was kostet der Koffer?
—Der kostet hundert Mark.
—Was kostet die Schachtel?
—Die kostet zehn Mark.
—Die ist zu groß.

—Was kostet das Handtuch?
—Vierzig Mark.
—Und das? *and that*
—Dreißig.
—Ich nehme das. *I take that.*

Hätte(n) gerne *has the same meaning in shopping as* möchte(n).

ich möchte	er möchte	wir möchten
ich hätte gerne	sie hätte gerne	Sie hätten gerne

Aufgabe A

Was möchten Sie?

1 Ich m . . .   2 Ich h . . .   3 Ich m . . .

4 Wir h . . .   5 Wir m . . .   6 Wir h . . .

Aufgabe B

Antworten Sie mit der/die/das. *Answer using* der/die/das.

1 Was kostet der Koffer? Der . . .

2 Und die Schachtel Zigaretten? . . .

3 Und das Paar Schuhe? . . .

4 Und die Uhr? . . .

5 Und der Schlips? . . .

6 Und das Ringbuch? . . .

Zu groß und zu klein

Die ist zu groß!   Die ist zu klein!   Die ist zu teuer!
Haben Sie etwas anderes? Haben Sie etwas anderes? Haben Sie nichts anderes?

Die ist sehr schön und nicht zu teuer. Ich nehme die.

Aufgabe C

Sie kaufen einen Blumenstrauß. *You are buying a bunch of flowers.* **Antworten Sie.**

1 Ist das zu viel?   2 Ist das zu wenig?
Nein, das . . .   Nein, das . . .

3 Stimmt das?
Ja, . . .

Farben

– Ich hätte gerne eine Hose.
– Welche Farbe möchten Sie? Rot, blau, grün, braun, grau, schwarz – oder gelb? *grey.* *yellow.*
– Danke, weiß bitte.
– Ach so.

Aufgabe D

Bemalen Sie. *Colour in.*

1 Der Bus ist Rot

2 Der Garten ist grün

3 Das Haus ist braun.

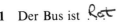

4 Die Tasche ist braun

5 Der Baum ist grün

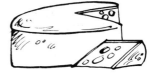

6 Der Käse ist gelb.

7 Die Wurst ist braun

8 Das Eis ist blau

9 Die Jacke ist Schwarz.

Mehrzahl *Plurals*

Ich kaufe eine Strumpfhose, aber ich brauche noch eine.
Ich kaufe zwei Strumpfhosen.

Aufgabe E

Antworten Sie.

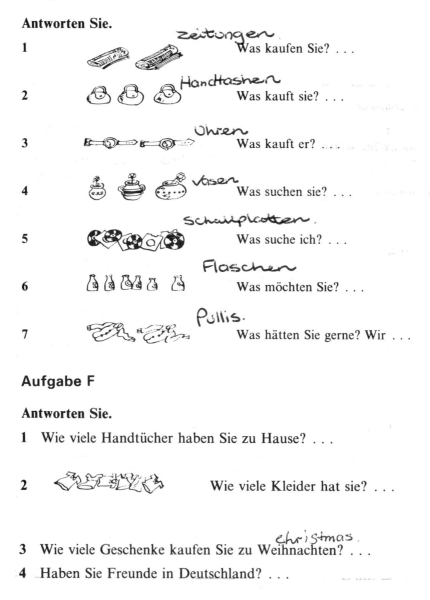

1 *Zeitungen.* Was kaufen Sie? . . .

2 *Handtashen* Was kauft sie? . . .

3 *Uhren* Was kauft er? . . .

4 *vasen* Was suchen sie? . . .

5 *Schallplatten.* Was suche ich? . . .

6 *Flaschen* Was möchten Sie? . . .

7 *Pullis.* Was hätten Sie gerne? Wir . . .

Aufgabe F

Antworten Sie.

1 Wie viele Handtücher haben Sie zu Hause? . . .

2 Wie viele Kleider hat sie? . . .

3 Wie viele Geschenke kaufen Sie zu Weihnachten? *christmas.* . . .

4 Haben Sie Freunde in Deutschland? . . .

5   *Regenschirme*   Was möchten Sie? Ich hätte . . .

6   *Ringbücher*   Was möchten Sie? Wir hätten . . .

7   Wie viele Kinder haben Sie? . . .

8   Wie viele Zimmer gibt es im Hotel? . . .

Grammatik *Grammar*

To make German nouns plural, a variety of endings are used. In one group an umlaut (¨) is also added, affecting the pronunciation, while another group shows no change at all; -s is only added to recently imported words. A few rules are given on p. 240, but it is best to try to learn plurals as you meet them. The plural form is shown in brackets in the vocabulary list at the back of the book.

Mehrzahl *Plurals*

-en/-n		-er		-e	
Hose	Hosen	Kleid	Kleider	Geschenk	Geschenke
Jacke	Jacken	Kind	Kinder	Heft	Hefte *booklet*
Bluse	Blusen	Bild	Bilder	Schiff	Schiffe
Tasche	Taschen			Freund	Freunde
Flasche	Flaschen			Schlips	Schlipse *tie*
Blume	Blumen	¨er		Regenschirm	Regenschirme
Kerze	Kerzen *candles*	Tuch	Tücher *cloth*		
Zigarette	Zigaretten	Buch	Bücher		
Vase	Vasen			—	
Karte	Karten *cards*	-s		Zimmer	Zimmer
Zeitung	Zeitungen	Radio	Radios	Füller	Füller *fountain pen*
Puppe	Puppen *dolls*	Pulli	Pullis	Koffer	Koffer
Schallplatte	Schallplatten	Auto	Autos	Kalender	Kalender
Uhr	Uhren	Hotel	Hotels	Kugelschreiber	Kugel-
Schachtel	Schachteln	Park	Parks		schreiber
Gabel	Gabeln *fork*			Teller	Teller *plate*
Hemd	Hemden			Messer	Messer
				Löffel	Löffel *spoon*
				Mädchen	Mädchen
				Päckchen	Päckchen

VIERZEHNTES KAPITEL

Im Kaufhaus

		KAUFHAUS	
		GRUBER	
4	Et.	Gartenmöbel	~~Garden~~ Furniture.
3	Et.	Schuhe u. Spielsachen	shoes toys.
2	Et.	Herrenkleidung	Mens clothing
I	Et.	WCs Damenkleidung	toilets + womens clothing.
ground floor. Erdgeschoß		Blumen Geschenke Zeitungen	Flowers Presents/Gifts papers
basement. Untergeschoß		Elektrowaren u. Möbel	Elect. goods Furniture

Aufgabe A

Antworten Sie.

1   Was gibt es im Untergeschoß? . . .

2   Was gibt es im ersten Stock? . . .

3   Wo finden Sie eine englische Zeitung? . . .

4   Was gibt es im dritten Stock? . . .

5   Was gibt es im vierten Stock? . . .

6   Wo finden Sie etwas für Ihre Kinder? . . .

7   Was gibt es im zweiten Stock? . . .

8   Wo sind die Toiletten? . . .

Anmerkung *Note*

Both der Stock *and* die Etage *are used for the upper floors of a building. Note that while you say* im Erdgeschoß *or* im ersten Stock, *you say* in der ersten Etage.

Aufgabe B

Antworten Sie. *glasses.*

Sie kaufen sechs Gläser. Die kosten DM14,60.

1 `20Dm` `20Dm` Ist das zu viel? . . . 2 `10Dm` `10Dm` Ist das zu wenig? . . .

3 `10Dm` `10Dm` ⑤ *enough.* Ist das genug? . . . 4 `10Dm` `10Dm` ㊿ ② ② ⑩ Stimmt das? . . .

town plan.
Sie kaufen zwei Stadtpläne. Die kosten DM11,20.

5 `10Dm` `10Dm` ① Stimmt das? . . . 6 `10Dm` `10Dm` Ist das genug? . . .

7 `20Dm` `20Dm` Ist das zu viel? . . . 8 `10Dm` `10Dm` ① ⑩ ⑩ Ist das zu wenig? . . .

Blouses.
Sie kaufen drei Blusen. Die kosten DM27,00.

9   Ist das genug? . . . 10   Ist das zu viel? . . .

11   Ist das zu wenig? . . . 12 `20Dm` `20Dm` ⑤ ② Stimmt das? . . .

Grammatik *Grammar*

Die *can mean 'they', just as* der/die/das *can mean 'it'*.
  Die sind zu groß!
  Die kosten tausend Schilling.
  Ich nehme die.

The plural form of 'the' is also die:

Der Rock ist zu lang.	Die Röcke sind zu lang.	der ⎤
Die Stadt ist zu groß.	Die Städte sind zu groß.	die ⎬ →die
Das Haus ist zu klein.	Die Häuser sind zu klein.	das ⎦

Mehrzahl *Plurals*

-en		-̈er		-̈e	
Tasse	Tassen	Haus	Häuser	Stadt	Städte
Schule	Schulen	Glas	Gläser	Rock	Röcke
Kirche	Kirchen	Postamt	Postämter	Zug	Züge
Garage	Garagen			Bahnhof	Bahnhöfe
Toilette	Toiletten			Stadtplan	Stadtpläne
Fabrik	Fabriken		**-e**	Parkplatz	Parkplätze
Dame	Damen	Schuh	Schuhe		—
Herr	Herren	Geschäft	Geschäfte	Fräulein	Fräulein
		Hund	Hunde	Kännchen	Kännchen
-̈					
Garten	Gärten		**-s**		
Mantel	Mäntel	Bonbon	Bonbons		
		Restaurant	Restaurants		

Aufgabe C

Ergänzen Sie die Fragen und Antworten. *Complete the questions and answers.* **Benutzen Sie**/*Use* sehr/ganz/ziemlich/nicht sehr/nicht so/nicht.

1 Wie alt ist d . . . Haus? . . .

2 Wie gut sind . . . Bonbons? . . .

3 Wie hübsch . . . das Mädchen? . . .

4 Wie neu . . . Gärten? . . .

5 Wie schön . . . Schuhe? . . .

6 Wie modern . . . Geschäfte? . . .

7 Wie kurz . . . Bluse? . . .

8 Wie jung . . . Hund? . . .

9 Wie freundlich . . . Kirchen? . . .

10 Wie klein . . . Handtücher . . .

11 Wie billig . . . Tassen? . . .

12 Wie teuer . . . die Kännchen? . . .

Aufgabe D

Ergänzen Sie die Antworten. *Complete the answers.*

Beispiel/*Example* Was bringe ich? Bringen Sie Ihren Mantel!

1 Bringen Sie . . . Handtuch!

2 . . . Uhr!

3 . . . Pulli!

4 . . . Jacke!

5 . . . Stadtplan!

6 . . . Auto!

7 . . . Radio!

8 . . . Fahrkarte!

Aufgabe E

Ergänzen Sie.

Beispiel/*Example* Ich habe keine Hose. Ich suche meine Hose.

1 Ich habe . . . Rock. Ich suche . . . Rock.

2 Ich . . . Kleid. Ich . . .

3 Ich . . . Hemd. Ich . . .

4 Ich . . . Koffer. Ich . . .

5 Ich . . . Glas. Ich . . .

6 Ich . . . Strumpfhose. Ich . . .

7 Ich . . . Gabel. Ich . . .

8 Ich . . . Seife. Ich . . .

FÜNFZEHNTES KAPITEL

Unser Haus *Our house*

Unser Haus ist ganz typisch: es hat vier Wohnungen. Es ist nicht so modern, aber es ist bequem und ruhig, und die Wohnungen sind groß genug.

Die Familie Türkas wohnt im dritten Stock. Herr Türkas ist Schlosser und arbeitet in der Pumpenfabrik. Seine Frau ist auch sehr freundlich und arbeitet in der Stadtmitte im Elektrogeschäft. Ihre Tochter ist noch in der Schule, aber ihr Sohn ist Kellner im Burg-Hotel.

Im zweiten Stock wohnen die Hayns. Er ist Polizist. Er geht sehr früh zum Polizeigebäude und kommt auch spät nach Hause. Seine Frau ist Stadtbeamtin im Rathaus. Sein Vater wohnt auch im Haus: er ist Rentner und Witwer. Die Hayns haben keine Kinder.

Frau Anneliese und Herr Winifred Korte wohnen im ersten Stock. Sie sind beide Ärzte, und ihr Büro ist in der Erzberger Straße. Ihre Tochter Sabine ist Lehrerin in Recklinghausen, aber ihr Sohn Richard ist noch ohne Arbeitsplatz. Die Kortes sind sehr musikalisch. Frau Korte spielt Klavier, und ihr Mann spielt Geige.

Im Erdgeschoß wohnen wir. Wir heißen Meyer und sind beide im Ruhestand. Wir sind nicht so alt, erst neunundsechzig und einundsechzig. Unser Sohn wohnt in Remscheid, etwa dreißig Kilometer von uns, und unsere Tochter wohnt in Hagen. Das ist auch nicht so weit. Die Stadtmitte liegt ganz nahe. Wir gehen zusammen zum Supermarkt oder zum Kaufhaus. Wir lesen viel, wir schreiben Briefe, wir spielen Karten. Wir hören Musik oder sehen fern. Wir haben viele Freunde, und es gibt auch ein Theater und zwei Kinos in der Stadt. Unser Auto ist alt, aber wir haben ein wenig Geld, und wir essen genug.

Im Keller haben die vier Familien auch Platz für alles. Da spielen wir alle Tischtennis.

Aufgabe A

Antworten Sie.

1 Wie viele Personen wohnen im Haus? . . .

2 Wer arbeitet nicht mehr? . . .

3 Hat Fräulein Türkas einen Beruf? . . .

4 Wer ist arbeitslos? . . .

5 Wer arbeitet im Rathaus? . . .

6 Wie heißt die Ärztin? . . .

7 Wohnt die Lehrerin im Haus? . . .

8 Wo arbeitet Frau Türkas? . . .

9 Haben alle Familien Kinder? . . .

10 Wie alt ist Herr Meyer? . . .

Unsere Wohnung

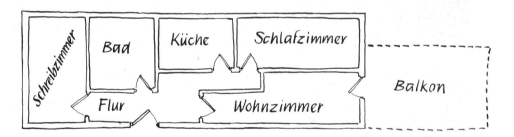

Wir haben einen Balkon vor dem Wohnzimmer.
Das Bad ist zwischen dem Schreibzimmer und der Küche.

Aufgabe B

Antworten Sie.

1 Wo ist die Küche? . . .

2 Wo ist das Wohnzimmer? . . .

3 Wo ist das Schreibzimmer? . . .

4 Wo ist das Schlafzimmer? . . .

5 Wo ist das Telefon?. . .

6 Wo ist die Dusche? . . .

7 Was machen wir im Wohnzimmer? . . .

Aufgabe C

Antworten Sie.

1 Was machen Sie zu Hause? . . .

2 Wo lernen Sie Deutsch? . . .

3 Wie alt sind Sie? . . .

4 Sind Sie groß oder klein? . . .

Aufgabe D

Ergänzen Sie die Fragen und Antworten.

1 Name: . . . ? . . .

2 Adresse: . . . ? . . .

3 Beruf: . . . ? . . .

4 Kinder: . . . Kinder? . . .

5 Deutsch: . . . Deutsch? . . .

6 Nationalität: . . . Deutsche(r)? . . .

Grammatik *Grammar*

There are three forms of 'our', 'his' and 'her'/'their' for masculine, feminine and neuter genders. Note that ihr(e) *can mean 'her' or 'their' according to context, just as* sie *can be 'she' or 'they'.*

der Sohn	die Tochter	das Haus
unser Sohn	unsere Tochter	unser Haus
sein Sohn	seine Tochter	sein Haus
ihr Sohn	ihre Tochter	ihr Haus

Aufgabe E

Ergänzen Sie mit/*Complete with* unser(e), ihr(e), sein(e)

Beispiel/*Example*   Frau Teufel ist nett. Ihr Mann ist auch nett.

1   Wir sind jung. . . . Tochter ist auch jung.   *Unsere*

2   Frau Issler ist schön. . . . Kleid ist auch schön.   *Ihre*

3   Herr Lübke ist klein. . . . Geschäft ist auch klein.   *Ihr*

4   Fräulein Maier ist hübsch. . . . Freundin ist auch hübsch.   *Ihre*

5   Wir sind alt. . . . Bild ist auch alt.   *Unser*

6   Herr Meckler ist groß. . . . Jacke ist auch groß.   *Ihr*

7   Herr Dietz ist freundlich. . . . Sohn ist auch freundlich.   *Ihr*

8   Wir sind dick. . . . Hund ist auch dick.   *unser*

Eine Familie

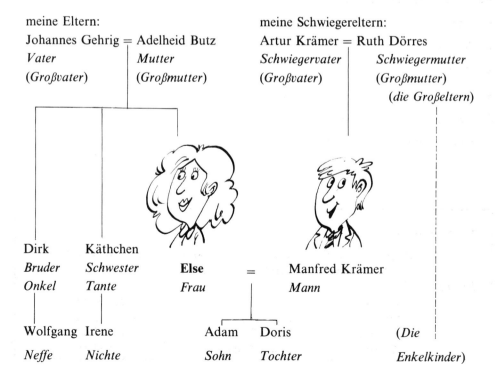

meine Eltern:
Johannes Gehrig = Adelheid Butz
Vater   *Mutter*
(*Großvater*)   (*Großmutter*)

meine Schwiegereltern:
Artur Krämer = Ruth Dörres
Schwiegervater   *Schwiegermutter*
(*Großvater*)   (*Großmutter*)
                      (*die Großeltern*)

Dirk   Käthchen
Bruder   *Schwester*   **Else**   =   Manfred Krämer
Onkel   *Tante*   *Frau*   *Mann*

Wolfgang Irene   Adam   Doris   (*Die*
Neffe   *Nichte*   *Sohn* *Tochter*   *Enkelkinder*)

Darf ich vorstellen? Das ist mein Mann, Manfred.

Das ist mein Vater.

Das ist mein Bruder, Dirk.

Das ist mein Schwiegervater, Herr Krämer.

Das ist mein Neffe, Wolfgang.

Das ist meine Mutter.

Das ist meine Schwester Käthchen.

Das ist meine Schwiegermutter, Frau Krämer.

Das ist meine Nichte, Irene.

Aufgabe F

Zeichnen Sie Ihren Familienstammbaum! *Draw your family tree.*

Grammatik *Grammar*

In previous chapters we have used only meinen *and* Ihren *with masculine words*: Ich kaufe eine Flasche Wein für meinen Bruder. *There is also the form* mein, *to be used after the verb 'to be'*: Das ist mein Schlips, *or when it is the subject of the sentence, i.e. when* mein (Vater, Regenschirm *etc.) is doing whatever is happening in the sentence*:

	Mein Regenschirm liegt im Büro.	
	Mein Vater wohnt in Herne.	
Das ist mein Sohn.	meine Tochter	mein Auto
	Mein Sohn ist groß.	meine Tochter mein Auto
Sehen Sie meinen Sohn?	meine Tochter	mein Auto
Ich kaufe etwas für meinen Sohn.	meine Tochter	mein Auto
Ist das Ihr Sohn?	Ihre Tochter	Ihr Auto
Sehen Sie Ihren Sohn?	Ihre Tochter	Ihr Auto
Ich kaufe etwas für Ihren Sohn.	Ihre Tochter	Ihr Auto

Aufgabe G

Ergänzen Sie mit/*Complete with* meinen/meine/mein **und**/*and* rot/teuer/billig/braun/weiß/lang/schön/dick.

Beispiel/*Example* Haben Sie meinen Pulli? Mein Pulli ist schwarz.

1 Haben Sie . . . Mantel? . . . Mantel ist . . .

2 Haben Sie . . . Brieftasche? . . .

3 Haben Sie . . . Kugelschreiber? . . .

4 Haben Sie . . . Zeitung? . . .

5 Haben Sie . . . Brot? . . .

6 Haben Sie . . . Wurst? . . .

7 Haben Sie . . . Geschenk? . . .

8 Haben Sie . . . Blumenstrauß? . . .

Aufgabe H

Antworten Sie, und beschreiben Sie näher. *Answer and describe more precisely.*

1 **a** Haben Sie ein Haus oder eine Wohnung? . . .

    b **(i)** Wie ist Ihr Haus? . . .

        (ii) Wie ist Ihre Wohnung? . . .

    c Ist Ihr Haus (Ihre Wohnung) in der Stadt? . . .

    d Wie weit ist Ihr Haus (Ihre Wohnung) von der Stadtmitte? . . .

2 **a** Haben Sie ein Auto? . . .

    b Wie ist Ihr Auto? . . .

3 **a** Haben Sie eine Garage? . . .

    b Wie ist Ihre Garage? . . .

4 **a** Haben Sie einen Garten? . . .

    b Wie ist Ihr Garten? . . .

5 **a** Haben Sie einen Hund? . . .

    b Wie ist Ihr Hund? . . .

6 **a** Haben Sie einen Sohn? . . .

    b Ist Ihr Sohn groß oder klein? . . . .

7 **a** Haben Sie eine Tochter? . . .

    b Wie ist Ihre Tochter? . . .

SECHZEHNTES KAPITEL

Der Alltag *Every day life.*

Herr Schröder ist Automechaniker. Er arbeitet in der Autoreparaturwerkstatt in der Mailandstraße hinter dem Bahnhof. Um sechs Uhr steht er auf. Dann ißt er sein Frühstück: Brot mit Käse, Konfitüre oder Wurst und vielleicht ein Ei. Seine Frau steht um halb sieben auf, und sie trinken zusammen eine Tasse Kaffee. Sein Kollege, Herr Kraushaar, hat ein Auto, und sie fahren zusammen zur Werkstatt. Ihr Arbeitstag beginnt um viertel nach sieben. Herr Schröder nimmt Butterbrote mit: zwischen viertel nach neun und halb zehn ißt er sein zweites Frühstück.

Nikolaus Bauer + Sohn
KAROSSERIEBAU + FAHRZEUGBAU
Probleme mit Ihrem Auto?
Mailandstraße 29
Ruf 27 58 49

Mittags geht Herr Schröder zum Lokal neben dem Bahnhof. Da ißt er etwas, und er trinkt ein Bier. Er spielt vielleicht Karten oder liest seine Zeitung. Sein Bruder arbeitet im Bahnhof. Manchmal ist er auch im Lokal. In der Werkstatt raucht Herr Schröder nicht, aber dort kauft er eine Schachtel Zigaretten. Nachmittags arbeitet er von eins bis halb fünf, aber manchmal macht er Überstunden und bleibt bis halb sechs oder sechs. Dann kommt er nach Hause.

Abends essen die Schröders um sieben. Ihr Sohn schreibt nachmittags die Schulaufgaben und sieht abends fern. Manchmal besucht Frau Schröder ihre Schwester. Vielleicht kommt ihr Mann mit, manchmal auch ihr Sohn.

Die Schröders wohnen in der Albertstr. 34, oben im dritten Stock. Ihre Wohnung ist relativ klein: sie hat nur zwei Zimmer, Bad und Küche. Im Wohnzimmer gibt es ein Sofa, zwei Sessel, einen Tisch und fünf Stühle. Ein Schrank steht hinter dem Tisch. Ein Kassettenrecorder ist neben dem Sofa, und ein Fernseher steht in der Ecke. Es gibt auch eine Lampe.

Grammatik *Grammar*

Note the verb forms:

ich esse	er/sie/es ißt	wir/Sie/sie essen
nehme	nimmt	nehmen

Aufgabe A

Antworten Sie.

1 Wann stehen Sie auf? . . .

2 Was essen Sie zum Frühstück? . . .

3 Wo essen Sie mittags? . . .

4 Und abends? . . .

5 Sind Sie berufstätig? . . .

Wenn „Ja"

a Wann beginnt Ihr Arbeitstag? . . .

b Nehmen Sie auch ein zweites Frühstück mit? . . .

c Wie lange arbeiten Sie vormittags? . . .

d Und nachmittags? . . .

e Arbeiten Sie auch abends oder nachts? . . .

Wenn „Nein"

f Was machen Sie tagsüber? . . .

6 Was machen Sie abends? . . .

Anmerkung *Note*

Morgens *usually means first thing in the morning, while* vormittags *means before noon and often corresponds more exactly to 'in the morning'.*
morgens – vormittags – mittags – nachmittags – abends – nachts

Schröders Wohnung

Im Schlafzimmer sind die Betten. Es gibt auch einen Schrank, einen Nachttisch und zwei Stühle. Im Wohnzimmer gibt es einen Tisch und einen Schrank. Die Schröders haben auch einen Kassettenrecorder, einen Fernseher, eine Lampe und ein Sofa.

Grammatik *Grammar*

Notice the difference between ein *and* einen, sein *and* seinen:
  Es gibt einen Schrank.
  Unser Vater hat einen Fernseher.
But Ein Schrank steht hinter dem Tisch.
  Ein Fernseher steht in der Ecke.

  Ich kaufe etwas für seinen Bruder.
  Wir besuchen seinen Bruder.
But Sein Bruder fährt mit dem Zug zur Arbeit.

There are in fact two masculine forms of each of the following, according to whether it is the subject of the sentence or not (see also p. 74):

ein/einen	Regenschirm	eine Tasche	ein Buch
kein/keinen		keine	kein
mein/meinen		meine	mein
sein/seinen		seine	sein
ihr/ihren		ihre	ihr
unser/unseren		unsere	unser
Ihr/Ihren		Ihre	Ihr
ihr/ihren		ihre	ihr

Aufgabe B

Ergänzen Sie.

1 Ih. . . Tasche ist zu klein.

2 Ich kaufe ei. . . Mantel für mei. . . Frau.

3 Gibt es hier ei. . . Parkplatz?

4 Wo liegt sei. . . Fabrik?

5 Wer hat mei. . . Uhr?

6 Uns. . . Garten ist ganz grün.

7 Ei. . . Zug steht im Bahnhof.

8 Bringen Sie Ih. . . Heft!

9 Sie trinken mei. . . Kaffee!

10 Hier ist ei. . . Koffer. Ist das Ih. . . Koffer?

11 Wir brauchen uns. . . Auto.

12 Kei. . . Engländer steht früh auf.

13 Er sucht sei. . . Kalender.

14 Wer ißt mei. . . Butterbrot?

15 Am Sonntag schreibe ich uns. . . Brief. Wo gibt es ei. . . Füller?

16 Sei. . . Onkel möchte ei. . . Zigarre.

Aufgabe C

Schreiben Sie den Text mit/*Write the text with* ich, mein/meinen/meine, wir, unser/unseren/unser. **Beginnen Sie**/*Begin* „Ich bin Automechaniker. Ich arbeite . . .“

Die Stadt, wo die Schröders wohnen

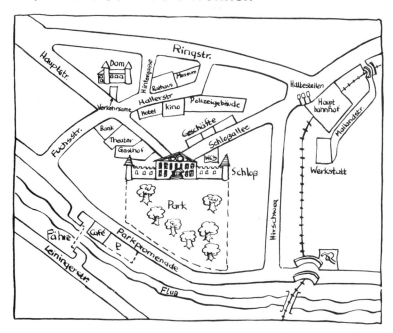

Grammatik *Grammar*

An *(by or at)* can combine with dem *to give* am.

    Das Café ist am Fluß. river

    Die Tankstelle ist an der Brücke.

    Die Toiletten sind am Schloß. palace/castle

Aufgabe D

Antworten Sie (Nr. 1–10 mit der/die/das).

1 Wo ist die Werkstatt? . . .

2 Wo ist das Stadttheater? . . .

3 Wo liegt der Schloßpark? . . .

4 Wo ist das Museum? . . .

5 Wo sind die Geschäfte? . . .

6 Wo ist der Parkplatz? . . .

7 Wo sind die Haltestellen? . . .

8 Wo ist das Kino? . . .

9 Wo liegt der Dom? . . .

10 Wo ist die Fähre? . . . *ferry.*

11 Hat Ihre Stadt auch einen Dom, ein Schloß, ein Theater, ein Kino und ein Museum? . . .

Auf der Post

Was kostet ein Brief
eine Postkarte nach (England), bitte?

oder: Eine Briefmarke für einen Brief
eine Postkarte nach (Spanien), bitte.

oder: Zwei zu einer Mark zwanzig und eine zu neunzig Pfennig, bitte.

Wo gibt es hier einen Briefkasten?
oder: Wo ist hier ein Briefkasten, bitte?
oder: Wo ist hier der Briefkasten?

Aufgabe E

Was sagen Sie? *What do you say?*

1

2

3

4

5

6

SIEBZEHNTES KAPITEL

Was ich kann

Im Wohnzimmer kann ich fernsehen, lesen, Musik spielen oder hören, Briefe schreiben, Radio hören, essen und trinken. Dort kann ich auch schlafen, aber ich schlafe meistens im Schlafzimmer. Ich kann dort nicht kochen.

Aufgabe A

Antworten Sie.

1 Können Sie gut kochen? . . .

2 Können Sie Fußball spielen? . . .

3 Können Sie Auto fahren? . . .

4 Können Sie Ski fahren? . . .

5 Können Sie schwimmen? . . .

6 Können Sie singen? . . .

Grammatik *Grammar*

$$\left.\begin{array}{l}\text{ich}\\\text{er}\\\text{sie}\\\text{es}\end{array}\right\} \text{kann} \qquad \left.\begin{array}{l}\text{wir}\\\text{Sie}\\\text{sie}\end{array}\right\} \text{können}$$

When using kann/können, *you should put the second verb (i.e. what you can do) at the end of the sentence:*

> Können Sie bitte langsamer sprechen?
> Es kann auch im Sommer regnen.

Wie ist das Wetter?

Montag	Dienstag	Mittwoch	Donnerstag	Freitag	Samstag	Sonntag
32°	26°	15°				-5

Es ist heiß und sonnig.	Es ist warm und heiter. Die Sonne scheint noch.	Es ist wolkig und trübe. Es ist nicht so warm.	Es ist kühl. Es regnet, und es ist windig.	Es ist neblig und naß.	Es gibt ein Gewitter. Es donnert und blitzt.	Es schneit und friert. Es ist sehr kalt. *freezing.*

Aufgabe B

Antworten Sie.

1 Wie ist das Wetter am Montag? . . .

2 Wie ist das Wetter am Donnerstag? . . .

3 Wie ist das Wetter am Sonntag? . . .

4 Wie ist das Wetter am Freitag? . . .

5 Wie ist das Wetter am Dienstag? . . .

6 Wie ist das Wetter am Samstag? . . .

7 Wie ist das Wetter am Mittwoch? . . .

8 Wann ist es schön? . . .

9 Wann ist das Wetter schlecht? . . . *bad.*

10 Wann ist es kalt? . . .

Die Jahreszeiten *The seasons*

— sometimes.

Im Sommer ist es oft warm, manchmal heiß.
Im Winter ist es immer kalt und nie heiß. *never*
Im Herbst ist es vielleicht neblig oder trübe. *foggy or dull. Autumn*
Im Frühling ist es schon warm, aber es ist windig und es regnet. *Spring*

already "   but it is windy + rains.

Anmerkung *Note*

Some of these expressions have been used before:

immer	*always*
meistens	*mostly, generally*
oft	*often*
manchmal	*sometimes*
vielleicht	*perhaps*
nie	*never*
schon	*already*
noch	*still*

Aufgabe C

Antworten Sie.

1 Wie ist das Wetter heute? . . .

2 Wie ist das Wetter im August? . . .

3 Und im November? . . .

4 Und im April? . . .

5 Und im Januar? . . .

6 Was können wir im Sommer machen? . . . *reise/tour Landschaft.*

7 Was können wir im Herbst machen? . . . *Abendklasse . (mitmachen)*

8 Was können wir im Winter machen? . . . *ski fahren.*

9 Was können wir im Frühling machen? . . . *Schwimmen .*

Die Monate *The months*

Januar	März	Mai	Juli	September	November
Februar	April	Juni	August	Oktober	Dezember

Aufgabe D

Ergänzen Sie.

1 Zwischen . . . und . . . ist es oft neblig.

2 Von . . . bis . . . schneit es nie.

3 Im . . . regnet es viel.

4 Zwischen . . . und . . . ist es meistens schlecht. bad.

5 Von . . . bis . . . gibt es manchmal Gewitter. Storm.

6 Im . . . scheint die Sonne fast immer.

Grammatik *Grammar*

*Notice that it is common to start a sentence with an expression of time, as in exercise D. The verb (*ist, schneit *etc.) then comes immediately in second place.*

    1   2   3
Im Sommer essen wir oft im Garten.

Aufgabe E

Beginnen Sie jeden Satz mit einem der folgenden Ausdrücke / *Begin each sentence with one of the following expressions* am Dienstag/vielleicht/im Frühling/ oft/nachmittags/am Wochenende/meistens/manchmal.

1 Wir können unseren Onkel besuchen. . . .

2 Es gibt viele Blumen. . . .

3 Ein Tisch ist frei. . . .

4 Es gibt Hähnchen oder Gulasch. . . .

5 Ein Bus fährt früh zur Fabrik. . . .

6 Er kann die Schulaufgaben schreiben. . . .

7 Sie bauen ihr Haus. . . .

8 Ein Briefträger bringt Post für meine Tante. . . .

Aufgabe F

Fragen Sie.

1 . . . ? Am Wochenende arbeiten wir im Garten.

2 . . . ? Mittags esse ich zu Hause.

3 . . . ? Mein Arbeitstag beginnt um sieben.

4 . . . ? Nein, unser Freund raucht nie.

5   . . . ?   Ihre Freundin ist Krankenschwester von Beruf.

6   . . . ?   Ihre Puppe ist sehr alt.

7   . . . ?   Mein Bruder und meine Schwester wohnen auch hier.

8   . . . ?   Es tut mir leid, wir haben nichts anderes.

9   . . . ?   Nein, ich wohne im zweiten Stock.

10   . . . ?   Nein, er ist Ausländer.

Aufgabe G

Ergänzen Sie die Fragen und Antworten mit kann/können.

1   Wo k . . . ich hier parken?   (neben dem Bahnhof)   . . .

2   Wo . . . ich hier Geld wechseln?   (Bank)   . . .

3   Wo . . . wir hier Kartoffeln kaufen?   (Supermarkt)   . . .

4   Wo . . . ich hier essen?   (Gasthof)   . . .

5   Wie . . . ich nach Niederbach fahren?   (Bus)   . . .

6   Wohin . . . wir mit der Seilbahn fahren?   (zum Naturpark)   . . .

7   Wer . . . mitkommen?   (seine Freundin)   . . .

8   Was . . . Fräulein Schmidt in der Küche machen?   (nichts)   . . .

9   Wo . . . ich hier Briefmarken kaufen?   (Büro)   . . .

10   Wo . . . ich hier zahlen?   (an der Kasse)   . . .

ACHTZEHNTES KAPITEL

Das Datum *The date*

FEST- UND FEIERTAGE

Neujahr	1. 1. Do
Rosenmontag	1. 3. Mo
Fastnacht	2. 3. Di
Karfreitag	16. 4. Fr
Ostersonntag	18. 4. So
Ostermontag	19. 4. Mo
Maifeiertag	1. 5. Sa
Pfingstsonntag	6. 6. So
Pfingstmontag	7. 6. Mo
Gesetzlicher Feiertag im Bundesgebiet	17. 6. Do
Volkstrauertag	14.11. So
1. Advent	28.11. So
1. Weihnachtstag	25.12. Sa
2. Weihnachtstag	26.12. So
Silvester	31.12. Fr

Anmerkung *Note*

17 June is an official public holiday in the Federal Republic because it commemorates the 1953 demonstration in Berlin in favour of national unity; it is also called der Tag der deutschen Einheit, *the day of German unity.* Rosenmontag *and* Fastnacht *are Carnival, before Lent begins.*

Bald hat ein Kollege Geburtstag.
Wann? Am ersten, am zweiten, am dritten order am vierten?
    Am siebten, am achten, am dreizehnten oder am neunzehnten?
    Am zwanzigsten, am einundzwanzigsten oder am dreißigsten?

Grammatik *Grammar*

Ordinalzahlen *Ordinal numbers*

To make dates add
  −ten *to numbers up to 19:*   −sten *to higher numbers:*
    am sechsten, am zwölften *etc.*   am zwanzigsten *etc.*
Note the irregularities of 1., 3., 7. *and* 8. *in the text above.*

Aufgabe A

Antworten Sie.

1   Wann haben Sie Geburtstag? . . .

2   Wann ist Weihnachten? . . .

3   Wann ist Silvesterabend? . . .

4   Wann ist Neujahr? . . .

5   Wann sind dieses Jahr Ostern und Pfingsten? . . .

6   Heute ist der wievielte? . . .

Letzte Woche

Last.

Letzte Woche habe ich viel gemacht:
    Ich habe eine Garage gebaut.   *built*
    Ich habe ein Radiokonzert gehört.   *heard*
    Ich habe Geld von der Bank geholt.   *to get/fetch*
    Ich habe ein Hotelzimmer für Herrn Diehm gesucht.
    Ich habe viel Arbeit gehabt.   *much work*
    Ich habe mit Fräulein Ehmann Tennis gespielt.   *played*
    Ich habe viel zu viel geraucht.   *smoked*
    Ich habe bis ein Uhr morgens getanzt.   *danced*
    Ich habe eine Waschmaschine gekauft.   *bought*
    Ich habe auch abends gearbeitet.   *Evenings too.*
            I worked in the

Aufgabe B

Antworten Sie.

1   Was habe ich letzten Montag gemacht? Letzten Montag haben Sie . . .   *ich*

2   Und letzten Dienstag? . . .

3   Und letzten Mittwoch? . . .

4   Und letzten Donnerstag? . . .

5   Und letzten Freitag? . . .

6   Und letzten Samstag? . . .

7   Und letzten Sonntag? . . .

Grammatik *Grammar*

The past tense used in conversation, and usually in informal writing, is the perfect (das Perfekt *in German*). *It is formed using the appropriate person of* haben, *and a 'past participle'. To make this, add* ge- *to the beginning of most verbs, and* -t *to the end (rather like the English* -ed*).*

ich habe		
er hat		
sie hat		
es hat	. . .	ge – – – – – t.
wir haben		
Sie haben		
sie haben		emp, ent, er, ge, ver,

In a few cases, such as verbs beginning with be- *or* er-, *no* ge- *is added:*

Ich habe die Stadt erreicht.	*I reached the town.*
Wir haben schon bestellt.	*We've already ordered.*
Haben Sie Bamberg besucht?	*Have you visited Bamberg?*

Ausflug mit der Bahn

Letzten Sommer haben wir einen Ausflug nach Rüdesheim am Rhein gemacht. Wir haben zwanzig Minuten im Bahnhof gewartet und haben etwas für die zwei Kinder gekauft. Im Zug haben wir vier Plätze zusammen gesucht. Um zehn vor elf haben wir Rüdesheim erreicht.

Rüdesheim ist sehr schön, und die Stadtmitte ist ganz alt. Es gibt eine Seilbahn zum Niederwalddenkmal. Von dort oben können die Touristen sehr weit sehen. Unten liegen die Weinberge und der Rhein.

Wir haben auch das Denkmal besucht. Die Kinder haben Cowboys gespielt, und wir haben ein paar Fotos gemacht. Es gibt auch ein Restaurant. Da habe ich unser Mittagessen bestellt. Wir haben sogar einen Nachtisch gekriegt. Dann haben wir Postkarten an Oma und Opa geschickt.

Später haben wir eine Rheinfahrt gemacht, eine Rundfahrt nach Bingen und Assmannshausen. Wir haben Glück gehabt: es hat nicht geregnet. Dann haben wir ein paar Geschenke gekauft: einen Bierkrug für Onkel Norbert, ein Milchkännchen für Tante Heidi und etwas für eine Freundin.

In der Stadt gibt es viele Geschäfte. Dort können Touristen Filme und Geschenke, Postkarten, Bilder, Gläser, Vasen und viel Wein kaufen.

Am Ende haben wir ein Café besucht. Da hat unsere Tochter gesagt: „Der Zug fährt in zehn Minuten!" Wir haben sehr wenig Zeit gehabt, aber wir haben es geschafft. Unser Haus haben wir um acht Uhr abends wieder erreicht. Der Ausflug war herrlich.

Aufgabe C

Antworten Sie.

1 Wie viele Personen haben einen Ausflug gemacht? . . Vier personen, Mütter, vater, zwei kinder.

2 Was haben wir im Bahnhof für die Kinder gekauft? . Etwas für die zwei kinder.

3 Um wieviel Uhr haben wir Rüdesheim erreicht? . Um zehn vor elf. haben wir

4 Was haben wir am Niederwalddenkmal gemacht? . . .

5 Was haben wir im Restaurant gekriegt? . . .

6 Was haben wir am Nachmittag gemacht? . . .

7 Was haben wir für unsere Freundin gekauft? . . .

8 War der Ausflug schön? . . .

9 Was können Touristen in Rüdesheim machen? . . .

10 Was ist vom Niederwalddenkmal zu sehen? . . .

11 Machen Sie auch Ausflüge? . . . Wohin? . . .

12 Wie habe ich die Fahrkarten nach Rüdesheim gekauft? Was habe ich gesagt? . . .

13 Was haben wir im Zug gefragt? . . .

14 Was haben wir zum Mittagessen im Rüdesheimer Restaurant bestellt? Was haben wir gesagt? . . .

Aufgabe D

Setzen Sie ins Perfekt. *Put into the perfect.*

1 Heute spiele ich Handball. Letzte Woche . . . ich . . .

2 Heute arbeiten wir in der Werkstatt. Letzten Freitag . . .

3 Heute kaufe ich drei Paar Socken. Letzten Monat . . .

4 Heute holen Sie die Kinder von der Schule. Gestern . . .

5 Heute kriegt er tausend Mark vom Fabrikdirektor. Am 1. Oktober . . .

6 Heute schicken wir drei Flaschen Wein nach Schottland. Gestern . . .

7 Heute bucht ihre Kollegin die Kongreßhalle. Letztes Jahr . . .

8 Heute hat mein Chef keinen Hut. Letzte Woche . . .

Anmerkung *Note*

Note the expressions of time:

letzten Monat		
letzten Montag	letzte Woche	letztes Jahr
letzten Winter		letztes Wochenende

Aufgabe E

Situationen: antworten Sie.

1 Letzten Montag haben Sie zwei Hemden gekauft: was haben Sie gesagt? . . .

2 Gestern haben Sie ein Hotelzimmer für einen Gast gebucht: was haben Sie gesagt? . . .

3 Letztes Wochenende haben Sie im Gasthaus kein Handtuch gehabt: was haben Sie gesagt? . . .

4 Letzte Woche haben Sie in der Stadt eine Apotheke gesucht: was haben Sie gesagt? . . .

5 Letzten Monat haben Sie ein Geschenk gekriegt: was haben Sie gesagt? . . .

6 Gestern haben Sie fünfzig Minuten an der Bushaltestelle gewartet: was haben Sie gesagt? . . .

7 Letztes Jahr haben Sie eine alte Freundin besucht: was haben Sie gesagt? . . .

8 Im Restaurant haben Sie einen Tisch bestellt: was haben Sie gesagt? . . .

Aufgabe F

Ergänzen Sie mit zum/zur, im/in der, am/an der, vom/von der.

1 Wir haben unseren Koffer . . . Bahnhof geholt.

2 . . . April schneit es wenig.

3 Eine Bankangestellte arbeitet . . . Bank.

4 Wir haben . . . Fähre gewartet.

5 Fährt der Bus . . . Hauptstraße?

6 Was haben Sie . . . Wochenende gemacht?

7 Der Pfarrer kommt . . . Kirche.

8 Wer geht . . . Marktplatz?

Köln Hbf		Ankunft	Gleis
✗ 1902	E 3061	Porz 18.51, Troisdorf 18.44, Siegburg 18.35 — Siegen 17.23, Wissen 17.54, Betzdorf 17.43	8
b 19.06	E 3751	Euskirchen 18.30, Kall 18.06 — Gerolstein 17.15, Jünkerath 17.29	2b
19.10	TEE 23 „Tivoli"	...12.35	5
19.12	D 412		
19.14	E 4281		

Köln Hbf		Abfahrt	Gleis
09.35	IC 140 „Dampfeil"	Bonn 09.53, Koblenz 10.28 Frankfurt (M) 12.01, Wiesbaden 11.26	5
09.39	D 575	Bonn–Bad Godesberg 10.06, Rüdesheim 11.32, Wiesbaden 11.56 Passau 18.32, Frankfurt (M) Hbf 12.35, Würzburg Hbf 14.38, Nürnberg Hbf 16.02, Regensburg Hbf 17.13	7
09.42	D 224	Aachen Hbf 10.24, Liège 11.15 Oostende 13.54, Brussel/Bruxelles N 12.22	4
† 09.51	E 3204	Siegburg 10.14, Au (Sieg) 11.02 Siegen 11.38, Betzdorf 11.20	3a
✗ 09.53	N 6891	Overath 10.39 Dieringhausen 11.11	6b

Zeichenerklärung

(TEE) Trans-Europ-Express, nur 1. Klasse (TEE Zuschlag erforderlich)

IC Intercity-Zug (IC -Zuschlag erforderlich)

† an Sonn- und allgemeinen Feiertagen

✗ an Werktagen

b täglich außer Samstag (Sonnabend)

Im Bahnhof

Im Bahnhof stehen zwei Fahrpläne: Abfahrt und Ankunft. Der Abfahrtsfahrplan ist gelb, und der Ankunftsfahrplan ist weiß.

Manchmal gibt es Sonderzüge für Ausflüge oder Gruppen.

Vorsicht! Vielleicht fährt Ihr Zug nur in der Woche, nur sonntags oder nur im Sommer. Manchmal haben Schnellzüge nur 1. Klasse oder haben einen Zuschlag.

Im Bahnhof können Sie auch Meldungen hören:

„Achtung bitte, Gleis 3a und b, Schnellzug nach Koblenz, Bonn, Köln und Düsseldorf, planmäßige Abfahrt 11.05. Bitte einsteigen und Türen schließen!"

Vielleicht auch: „Vorsicht bitte, Gleis 2, Zug fährt durch!" oder: „Bitte nicht einsteigen!"

Und manchmal: „Zug Nummer D559, planmäßige Ankunft 8.10, hat 25 Minuten Verspätung."

Sie können aber auch fragen:

> Fährt der Zug Nummer E3061 auch am Samstag?
> Von welchem Gleis fährt der Zug nach Bonn?
> Wann fährt der nächste Zug nach Duisburg?
> Ist das der Zug nach Hoffnungsthal?

Aufgabe A

Ergänzen Sie.

1   Ent . . . bitte, . . . nach Donaueschingen?

2   Wann . . . Fulda?

3   . . . Gleis . . . Marburg?

4   . . . sonntags?

5   . . . auch zweite Klasse?

6   . . . frei?

Ausflug nach Rüdesheim II

Im Bahnhof habe ich gesagt: „Dreimal und ein Kind nach Rüdesheim, bitte, hin und zurück."

„Macht 77,18 bitte. Gleis vier."

„Ist das mit Zuschlag?"

„Nein, das ist ein E-Zug, ohne Zuschlag."

Um halb elf haben wir unsere Stadt verlassen, und in einer Stunde haben wir Rüdesheim erreicht. Wir haben die Seilbahnstation bald gefunden. Es hat nicht zu viel gekostet. Oben am Denkmal haben wir zwanzig Minuten gestanden und alles gesehen: die Figur „Germania" und unten die Weinberge und die Städte Rüdesheim und Bingen. Der Rhein liegt zwischen Rüdesheim und Bingen. Wir haben auch einen Naturpark besucht. Da haben wir Adler gesehen. Das haben die Kinder sehr schön gefunden. Wir haben im Restaurant gegessen. Wir haben zweimal Wildschwein bestellt, und die Kinder haben Schnitzel bekommen. Wir haben Wein mit Sprudel getrunken. Das Restaurant war gut und bequem, aber nicht billig. Dann haben wir Postkarten geschrieben.

Am Nachmittag hat es eine Schiffsrundfahrt gegeben. Wir haben die Landungsbrücke gefunden, und im Schiff haben wir hinten gesessen. In der Stadt haben wir ein paar Sachen gekauft. Für unsere Tante haben wir ein Milchkännchen genommen.

Im Café hat es Kuchen und Torten gegeben. Der Erdbeerkuchen war alle, die Kellnerin hat uns also Himbeerkuchen und vier Tassen Kaffee gebracht.

Am Abend waren wir müde, und wir haben alle gut geschlafen.

Grammatik *Grammar*

Remember that to form the usual past tense you use haben, *to have, and normally add* ge- *to the verb, which will end in* -t *and be placed at the end of the sentence.*

ich habe		bestellt
er/sie/es hat	. . . ge – – – – – – –t oder	besucht
wir/Sie/sie haben		erreicht

Some common verbs do not take the ending in -t, *and may also change their vowel, e.g.*
Trinken Sie noch ein Bier? Haben Sie noch ein Bier getrunken?
These are irregular and must be learnt specially.
Lernen Sie:

[handwritten margin notes:] Sleep / see / eat / opt/got / find/found / drink / Stand / take / Sit / write / Leave / come / bring

ich schlafe	ich habe geschlafen
er sieht	er hat gesehen
sie ißt	sie hat gegessen
es gibt	es hat gegeben
wir finden	wir haben gefunden
Sie trinken	Sie haben getrunken
sie stehen	sie haben gestanden
ich nehme	ich habe genommen
ich sitze	ich habe gesessen
ich schreibe	ich habe geschrieben
ich verlasse	ich habe verlassen
ich bekomme	ich habe bekommen
ich bringe	ich habe gebracht

There is also a special form of the past of the verb 'to be', which corresponds to the English was/were:

ich / er / sie / es } war   wir / Sie / sie } waren

Aufgabe B

Setzen Sie in die Vergangenheit. *Put into the past.*

1 Heute sehen wir nichts. Gestern . . .

2 Heute essen sie mittags zu Hause. Gestern . . .

3 Jetzt gibt es kein Geld. Letzten Frühling . . .

4 Heute raucht ihr Mann nur Zigarren. Gestern . . .

5 Jetzt sitzen wir bequem im Gasthof. Letzten Montag . . .

6 Heute bekommt sie einen Brief. Letzte Woche . . .

7 Bald erreichen wir Chur. Gestern um halb zwölf . . .

8 Heute steht die Haltestelle hier. Letztes Jahr . . .

9   Jetzt trinkt Herr Adam nur Wasser. Am Wochenende ...

10   Heute nimmt er 80 Briefmarken. Gestern ...

11   Wer bringt mein Bier? ...

12   Haben Sie immer Glück? ...

13   Heute schläft sie gut. Gestern ...

14   Wann verläßt er die USA? ...

15   Wo findet er ein Hemd? ...

16   Jetzt schreiben wir unser Buch. Letzten Monat ...

Das Wetter

Wie war das Wetter? Es war heiß, warm, kalt, gut, schlecht, sonnig, windig, heiter, trübe
neblig oder naß.
Oder es hat geregnet, es hat geschneit, es hat Gewitter gegeben, es hat gedonnert, und es
hat geblitzt.

Aufgabe C

Antworten Sie.

1   Wo war der Bundeskanzler letzte Woche? ...

2   Wie war das Wetter gestern? ...

3   Wie war das Wetter letzten Herbst? ...

4   Wo waren Sie gestern um viertel nach acht? ...

5   Waren Sie schon in Deutschland? ...

ZWANZIGSTES KAPITEL

Ein Wohnzimmer

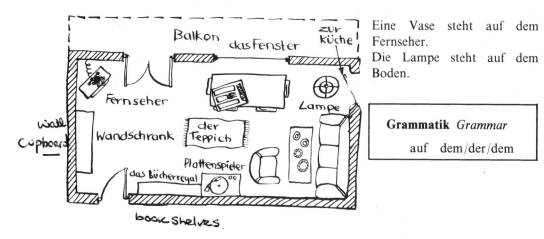

Eine Vase steht auf dem Fernseher.
Die Lampe steht auf dem Boden.

Grammatik *Grammar*

auf dem/der/dem

Aufgabe A

Antworten Sie.

1 Was liegt auf dem Tisch? *Eine Zeitung liegt auf dem Tisch*

2 Was ist an der Wand? *Der Wandschrank und das Bücherregal sind an der Wand.*

3 Wo liegen die Teller und Tassen? *Die liegen auf dem Kaffetisch.*

4 Wo ist der Plattenspieler? *Der ist nach an der Wand, neben dem Bücherregal.*

5 Wo ist der Fernseher? *Er ist in der Ecke.*

6 Was gibt es in der Ecke neben der Küchentür? *Dort steht die lamp.*

7 Wo ist die Balkontür? *Die ist zwischen dem Fernseher und dem Tisch.*

8 Was steht am Fenster? *Der Tisch steht am Fenster*

9 Was liegt auf dem Boden zwischen dem Tisch und dem Bücherregal? ... *Da liegt ein Teppich.*

10 Was gibt es im Wandschrank? *Im Wandschrank sind Teller, Tassen, Kannchen, Platten, etc.*

Im Betrieb

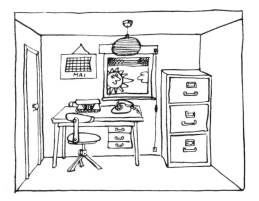

Die Lampe hängt von der Decke. *ceiling* .
Das Fenster hat einen Rolladen. *ext. roller blind.*

Aufgabe B

Antworten Sie.

1 Was ist auf dem Schreibtisch? . . .

2 Wo hängt der Kalender? . . .

3 Wo ist die Tür? . . .

4 Wo steht der Stuhl? . . .

5 Was gibt es im Aktenschrank? *filling cabinet.*

6 Wer arbeitet im Büro? . . .

7 Wie lange arbeitet eine Stenotypistin pro Tag? . . .

8 Wie viele Wochen arbeitet sie im Jahr? . . .

Herrn Stocks Kalender

Aufgabe C

Antworten Sie.

1 Was macht Herr Stock am vierzehnten Mai? . . .

2 Und am fünfzehnten? . . .

3 Und am sechzehnten? . . .

4 Und am siebzehnten? . . .

5 Und am achtzehnten? . . .

6 Und am neunzehnten? . . .

7 Und am zwanzigsten? . . .

Letztes Jahr

Was hat er aber letztes Jahr am 14. Mai gemacht?
Am 14. Mai hat er 1 000 Tonnen Stahl verkauft.
Am 15. Mai hat er DM 500,00 gewechselt.
ABER Am 16. Mai ist er früh aufgestanden, und er ist nach Schweden geflogen.
Am 17. Mai ist er von Schweden zurückgekommen.
Am 18. Mai ist er nach Solingen gefahren.
Am 19. Mai ist er zum Konzert gegangen.
Am 20. Mai ist er zu Hause geblieben.

Aufgabe D

Antworten Sie.

1 Wann sind Sie heute aufgestanden? . . .

2 Sind Sie am Wochenende zu Hause geblieben? . . .

3 Sind Sie heute zum Supermarkt gegangen? . . .

4 Sind Sie schon nach Deutschland geflogen? . . .

5 Sind Sie mit der Straßenbahn gefahren? . . .

6 Was haben Sie gestern gemacht? . . .

7 Was haben Sie letzte Woche gemacht? . . .

8 Wie sind Sie heute zur Schule gekommen? . . .

Grammatik *Grammar*

Whereas most verbs use haben *in the past tense, all verbs of movement (or of change of state, such as* aufstehen, *to get up) take the verb 'to be'. Curiously, so does* bleiben, *to remain*:

ich bin		bleiben – geblieben
er ist		gehen – gegangen
sie ist		fahren – gefahren
es ist	... ge——————en	kommen – gekommen
wir sind		fliegen – geflogen
Sie sind		+ aufstehen – aufgestanden
sie sind		ich stehe auf – ich bin aufgestanden

Common verbs of movement take the -en *ending.*

Aufgabe E

Antworten Sie.

1 Wo arbeitet Herr Stock? ...

2 Was macht er? ...

3 Wieviel Geld hat er am 15. Mai zur Bank gebracht? ...

4 Wie ist er nach Schweden gefahren? ...

5 Ist er Schwede? ...

6 Um wieviel Uhr ist er am 16. aufgestanden? ...

7 Was hat er nach Schweden mitgenommen? ...

8 Was hat er da gemacht? ...

9 Wo hat er ein Konzert gehört? ...

10 Was hat er am 20. gemacht? ...

11 Hat er eine Familie? ...

12 Was gibt es in Solingen? Wissen Sie es? ...

Eine Verabredung *An Appointment.*

Ich habe eine Verabredung mit Herrn Stock. Meine Sekretärin bestellt ein Taxi. Ich verlasse mein Büro und gehe zur Tür. Das Taxi kommt nicht. Ich warte und rauche eine Zigarette. Es ist kalt. Ich gehe zu Fuß zum Taxistand. Auch dort ist kein Taxi frei. Ich stehe ein paar Minuten auf der Straße, aber ich sehe nichts, auch keinen Bus, und ich höre keine Straßenbahn. Dann donnert es. Ich gehe zum Büro zurück und hole einen Regenschirm. Ich suche wieder ein Taxi und finde wieder nichts. Ich trinke einen Kaffee in der Gaststätte an der Ecke, und zwanzig Minuten später erreiche ich Herrn Stocks Büro zu Fuß.

„Willkommen, Frau Kollegin," sagt er. Wir gehen zum Büro und trinken einen Schnaps und noch einen Kaffee.

„Kriegen Sie heute kein Taxi?" fragt er.

„Nein," sage ich, „heute komme ich zu Fuß. Kein Taxi ist frei."

„Sehen Sie es nicht in der Zeitung?" fragt er. „Es gibt einen Bus- and Straßenbahn-streik. Die Taxifahrer haben zu viel Arbeit. Heute schaffen es viele Arbeiter wohl nicht. Meine Sekretärin bleibt zu Hause, und mein Chef fährt heute mit dem Rad. Seine Frau braucht das Auto. Er sitzt oben im zweiten Stock und schläft: nach zehn Kilometern mit dem Rad ist er etwas müde! Bringen Sie die Akten?" fragt Herr Stock dann.

„Ja," sage ich. „Am 8. bekomme ich die Preislisten von Müller und Co."

„Gut. Und am 11. schreibe ich an Ritter und Hauk," sagt er.

„Sie arbeiten aber schnell!" sage ich. Ich stehe auf und nehme meine Aktentasche mit. Herr Stock schickt bald seinen Brief an Ritter und Hauk, und wir zahlen die hunderttausend Mark.

Aufgabe F

Setzen Sie den Text (einschließlich Dialog) ins Perfekt. *Put the text (including dialogue) into the perfect.*

Beginnen Sie: Gestern habe ich eine Verabredung mit Herrn Stock ge . . .

Anmerkung *Note*

Taxis are obtainable at a Taxistand *or by telephone. They do not cruise for hire.*

WIEDERHOLUNGEN

Aufgabe A   Persönliche Fragen

1   . . .   Freut mich,   . . .

2   . . .   ?   Ich heiße   . . .

3   . . .   ?   Danke, mir geht   . . .

4   . . .   ?   Ja, ich kann Auto fahren.

5   Sind Sie berufstätig?   . . .

6   Wann haben Sie Geburtstag?   . . .

7   Sind Sie ledig?   . . .

8   Sind Sie Deutsche(r)?   . . .

9   Verstehen Sie etwas Deutsch?   . . .

10   Waren Sie schon in Deutschland?   . . .

11   Wie ist Ihre Adresse?   . . .

12   Wie ist Ihre Telefonnummer?   . . .

Aufgabe B   In der Gaststätte

Sie: Herr . . . uns bitte . . .

Kellner: Es tut mir leid, es gibt kein . . . mehr. Wir haben . . . oder . . .

Sie: Geben . . . bitte.

Kellner: Bitte schön.

Sie: . . . , wir brauchen noch . . .

Kellner: Ja, ich bringe noch . . .

Sie: . . . bitte.

Kellner: Das macht . . .

Aufgabe C   Im Hotel

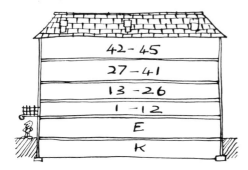

1 Wie viele Zimmer hat das Hotel? . . .
2 Wie viele Zimmer gibt es im dritten Stock? . . .
3 Wo ist der Balkon? . . .
4 Gibt es auch Zimmer im Keller? . . .

Aufgabe D   vor/hinter/neben/zwischen/in

1 Wo ist das Restaurant? . . .
2 Und die Garage? . . .
3 Wo . . . die Toiletten? . . .
4 Was liegt hinter dem Hotel? . . .
5 Wo können Hotelgäste parken? . . .
6 Was ist vor der Bar? . . .

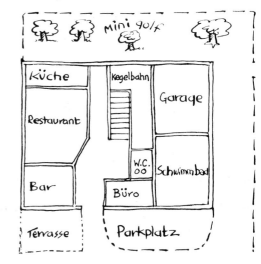

Aufgabe E   links/rechts/geradeaus

1 Wie . . . Post?   5 Minuten . . .
2 Wie . . . Hallenbad?   . . .
3 Wie . . . Haltestelle?   . . .
4 Wie . . . Fußgängerzone?   . . .

Aufgabe F   Im Geschäft

1 Sie kaufen drei Eis zu DM 2,50.

a Was macht das? . . .

b   Stimmt das? . . .

c   Stimmt das? . . .

2 *a Sie:* Wir . . .

Verkäuferin: Einen Regenschirm? Bitte schön, der kostet sechzig Mark.

b Sie: Der ist . . . Haben Sie . . . ?

3 Was möchte er? Er h. . . Welche Farbe? . . .

4 Ent . . . Damenkleidung?

5 Was gibt es in der Abteilung „Möbel"? . . .

6 In Deutschland kaufen Sie Geschenke für eine Freundin, einen Jungen und eine Arbeitskollegin. Was nehmen Sie? . . .

Aufgabe G   Auf der Post

Was sagen Sie?

1 . . . 2 . . . 3 . . .

Aufgabe H   Die Uhrzeit

1   Wie . . . .

2 . . . .   **3** . . . .   **4** . . . .   **5** . . . .

6 . . . .   **7** . . . .

Aufgabe I   Verkehrsmittel

1   Letztes Jahr bin ich nach Amerika . . .

2   Er ist . . . zum Postamt . . .

3   Kann ich . . . zum Schloß f. . . ?

4   Edigheim . . . ?

5   Stadtmitte . . .

6   Stuttgart . . .

7   Was gibt es auf dem Bahnhof? . . .

8   . . . Gleis . . . Prag?

9   . . . samstags?

10   Wann . . . Flensburg?

Aufgabe J   der/die/das/die+ziemlich, sehr usw

1   Wie gut ist die Wurst? . . . ist . . . gut.

2   Wie alt . . . Eier? . . .

3 Wie billig . . . Erdbeeren? . . .

4 Wie lang . . . der Pullover? . . .

5 Wie dick . . . Kotelett? . . .

6 Wie klein . . . der Kuchen? . . .

Aufgabe K   Farben

1 Ist ein Bus schwarz? . . .

2 Sind Briefmarken weiß? . . .

3 Ist das Gras rot? . . .

4 Ist eine Zigarette blau? . . .

Aufgabe L   Mehrzahl

1 Ich habe einen Mantel, aber sie hat zwei . . .

2 Hier sehen Sie ein Bild von Kirchner und zwei . . . von Klee.

3 Wir sind vier Personen. Wir brauchen vier Teller, vier . . . , vier . . . , vier . . . und vier . . .

4 In der Stadt gibt es drei Gast. . . , zwei Hot. . . , fünfzehn Kneip . . . und ein Theater.

Aufgabe M   Verben

1 Unser Neffe kann alles, aber unsere Enkelkinder k. . . noch nicht schwimmen.

2 Wir fahren früh. Wann f. . . er?

3 Ich sehe einen Dom, aber sie s. . . nur eine Brücke.

4 Ich schlafe hier gut, aber mein Mann s. . . schlecht.

5 Morgens lesen die Kinder die Schulbücher, und ihr Vater l. . . die Post.

6 Mittags essen die Kinder zu Hause, aber ihre Mutter . . . in der Kantine.

7 Ich verlasse die Fabrik um halb fünf, aber Herr Hiller v. . . seine Werkstatt um sechs.

8 Wir nehmen Butterbrote mit, aber unsere Tochter n. . . nur einen Apfel.

Aufgabe N   von/bis/vom/an/am/in/im/zum/zur/auf/vor/ nach/mit/um/zu

1   . . . viertel . . . acht haben wir das Haus verlassen, und . . . acht waren wir . . . der Konzerthalle.

2   . . . Dienstag fahren die Lipperts . . . dem Schiff . . . Helsinki.

3   . . . sieben . . . acht hat sie . . . der Ecke gestanden, aber er ist . . . Hause geblieben.

4   Ich gehe manchmal . . . Gaststätte . . . der Ringstraße.

5   Der Kellner steht . . . Tisch und schreibt. Dann geht er . . . Küche.

6   Gibt es noch Kaffee . . . Kännchen? Ja, ich hole noch eine Tasse . . . der Küche.

7   Ihr Kugelschreiber liegt . . . dem Ringbuch . . . dem Schreibtisch.

8   Der Bus fährt . . . Kino . . . Marktplatz.

Aufgabe O   wo/wohin/was/wie/wann/wer/wieviel/wie viele

1   Um . . . Uhr sind Sie aufgestanden? . . . haben Sie unten gehört?

2   . . . geht Fräulein Drescher, und . . . Hefte hat sie in der Hand?

3   . . . wohnt in Dirnbach, und . . . liegt es?

4   . . . sind Sie zum Kino gegangen? Am Mittwoch. Und . . . war der Film?

Aufgabe P   vormittags/nachmittags/abends/nachts/am Samstag/ im Winter/im Juni/letzten Monat/letzte Woche/letztes Jahr/ früh/spät

1   . . . hat die Firma hundert Tonnen Papier verkauft.

2   . . . kommt er . . . nach Hause, aber er steht . . . auf: er arbeitet zu viel.

3   . . . brauchen wir Mantel and Hut.

4   Manchmal arbeitet er . . . , manchmal . . . und manchmal auch . . .

5   . . . gibt es keine Schule.

6   . . . scheint die Sonne bis neun Uhr.

7   . . . haben Sie Ihren Freund mitgebracht.

8   . . . habe ich einen Brief an Tante Christl geschrieben.

Aufgabe Q Das Wetter

1 Wie ist das Wetter heute? . . .

2 Wie war es gestern? . . .

3 Wie ist es im Herbst? . . .

4 Wann ist es meistens heiter? . . .

5 Was können Sie nur im Sommer machen? . . .

6 Was können Sie nur im Winter machen? . . .

Aufgabe R ein/eine/einen/ihr/ihre/ihren

Frau Pfeiffer ist Apothekerin. Sie wohnt in der Kranzstr. 9. . . . Apotheke ist unten.
Heute kommt Frau Buttle vom Arzt und bringt . . . Rezept. Frau Pfeiffer liest das
Rezept und holt die Medikamente. . . . Schrank steht an der Wand, und es gibt noch
. . . Schrank in der Ecke. . . . Geschäft ist nicht sehr groß. Frau Buttle zahlt nicht viel,
aber die Apotheke bekommt später das Geld von der Krankenkasse. Manchmal schreibt
. . . Arzt nicht so gut. Dann ruft Frau Pfeiffer an und fragt:. „Was steht hier im Rezept?"
Mittags ißt Frau Pfeiffer oben in der Wohnung. . . . Putzfrau kocht das Essen für
Frau Pfeiffer und die Kinder. . . . Mann ist dann nicht zu Hause. Er arbeitet auch, und
mit dem Geld von der Apotheke können sie alles für . . . Sohn und . . . Tochter kaufen.
Herr und Frau Pfeiffer bauen auch . . . Haus. Am Wochenende arbeiten sie weiter. . . .
Haus ist fast fertig. . . . Garten liegt hinter dem Haus, aber hat noch keine Blumen, nur
. . . Baum.

EINUNDZWANZIGSTES KAPITEL

Im Reisebüro

Sie	Wir möchten nach Berlin fahren. Können wir direkt fahren?
Büroangestellte	Direkt können Sie nicht fahren. Sie müssen in Hannover umsteigen.
Sie	Wie lange dauert die Reise?
Angestellte	Von hier bis Hannover eine Stunde und von Hannover bis Berlin noch vier oder fünf Stunden.
Sie	So lange?
Angestellte	Ja, aber an der Grenze müssen Sie vielleicht warten. Manchmal nicht, es kommt darauf an.
Sie	Ach so. Wann gibt es Züge?
Angestellte	Nur werktags, um neun Uhr neunundzwanzig, elf Uhr vierzig und sechzehn Uhr fünfunddreißig.
Sie	Dann fahren wir am Dienstag um zwanzig vor zwölf.
Angestellte	Ich reserviere also zwei Plätze. Nehmen Sie bitte auch das Informationsheft „Reisen nach Berlin und der DDR."

Aufgabe A

Sagen Sie, was Sie machen möchten. *Say what you would like to do.*

Beispiel Ich möchte am 11. November mit dem Zug nach Istanbul fahren.

1   3. Apr.   Mailand . . .

2   26. Feb.   Antwerpen . . .

3   14. Okt.   Stockholm . . .

4   9. Mai.   Südafrika . . .

5   30. Juli.   Irland . . .

6   1. Aug.   Helgoland . . .

Frau Schwabs Kalender

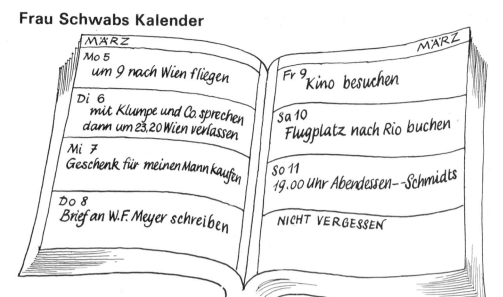

MÄRZ

Mo 5
um 9 nach Wien fliegen

Di 6
mit Klumpe und Co. sprechen
dann um 23,20 Wien verlassen

Mi 7
Geschenk für meinen Mann kaufen

Do 8
Brief an W.F. Meyer schreiben

MÄRZ

Fr 9
Kino besuchen

Sa 10
Flugplatz nach Rio buchen

So 11
19.00 Uhr Abendessen--Schmidts

NICHT VERGESSEN

– Was macht Frau Schwab nächste Woche?
– Nächsten Montag fliegt sie nach Wien.
– Nächsten Dienstag spricht sie mit Klumpe und Co und verläßt Wien um 23.20.

Aufgabe B

Antworten Sie.

Was macht Frau Schwab

1 nächsten Mittwoch? . . .

2 nächsten Donnerstag? . . .

3 nächsten Freitag? . . .

4 nächsten Samstag? . . .

Wann gibt es Flüge?

	nach Belgrad			nach Zagreb	
Di	Mi	Fr		Do	Sa
11.00	7.00	11.00		00.30	15.00

Sie fliegen nächste Woche nach Zagreb. Sie können in der Nacht zu Donnerstag oder am Samstag nachmittag fliegen.
Sie fliegen nach Belgrad. Heute ist Samstag. Wann können Sie fliegen? Erst am Dienstag!

Aufgabe C

Ergänzen Sie.

1 Nach Belgrad gibt es Flüge dienstags, . . . und . . .

2 Nach Zagreb donnerstags und . . .

Grammatik *Grammar*

Just like morgens, abends *etc., days of the week can easily be given a general form:*

werktags	*on working days (Mon–Sat)*
montags	*on Mondays*
dienstags	*etc.*
mittwochs	
usw.	

Vergleiche *Compare*

am Montag	*on Monday*	= nächsten Montag	*next Monday*
am Dienstag	*on Tuesday*	usw.	*etc.*
am Mittwoch *etc.*			
usw.			

Aufgabe D

Antworten Sie.

Beispiel Wann fährt Frau Schwab nach Wien? Am Montag morgen.

1 Wann verläßt sie Wien? . . .

2 Wann kauft sie ein Geschenk? . . .

3 Wann schreibt sie an W. F. Meyer? . . .

4 Wann besucht Frau Schwab das Kino? . . .

5 Wann bucht sie ihren Flugplatz? . . .

6 Wann essen Schmidts und Schwabs zusammen? . . .

Aufgabe E

Antworten Sie.

1 Was machen Sie nächsten Sonntag? . . .

2 Und nächste Woche? . . .

3 Und nächsten Sommer? . . .

4 Und nächstes Jahr? . . .

5 Und morgen? . . .

6 Und übermorgen? . . .

Grammatik *Grammar*

Note that the endings on nächste(n) *and* letzte(n) *reflect the gender of the noun:*

nächsten Freitag	letzten Freitag
nächsten Monat	letzten Monat
nächsten Frühling	letzten Frühling
nächste Woche	letzte Woche
nächstes Jahr	letztes Jahr
nächstes Wochenende	letztes Wochenende

heute – Donnerstag

morgen – Freitag	gestern – Mittwoch
übermorgen – Samstag	vorgestern – Dienstag

day after
tomorrow.

Deutsche Bundesbahn Fed. Railways.

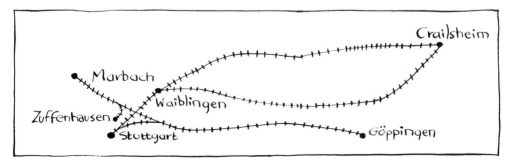

Aufgabe D

Antworten Sie.

Sie sind krank, oder Sie brauchen Hilfe: wohin gehen Sie?
Zahnarzt/Augenarzt/Frauenarzt/Kinderarzt/Arzt für innere Krankheiten/Arzt für allgemeine Medizin/Apotheke/Krankenkasse

1 Sie sehen schlecht: *bad* . . .

2 Ihr Kind ist krank: . . .

3 Sie haben Zahnschmerzen: . . .

4 Sie haben Bauchschmerzen: . . .

5 Sie sind schwanger: . . .
   Pregnant.

6 Ihnen ist schlecht, vielleicht haben *bad* Sie Grippe: *flu.*

7 Sie haben einen Versicherungsschein, *insurance* und Sie brauchen einen *card* Krankenschein: . . .
   med card

8 Sie sind erkältet: . . .
   Suffer. from a cold.

Sie können dann sagen:
   Haben Sie etwas gegen Halsschmerzen?
   Wie oft nehme ich die Tabletten?
   Kann ich eine Quittung haben?
oder: Hilfe!   *receipt*

Aufgabe E

Was ist los? Ergänzen Sie.

1 Ich . . . Kopfschmerzen.

2 . . . schlecht.

3 . . . erkältet.

4 . . . kalt.

5 . . . Fieber.

6 . . . rufen?

7 . . . krank.

8 . . . weh.

9 . . . warm.

10 . . . Quittung . . . ?

Allgemeine Informationen

Manchmal gibt es einen Notfall. Dann müssen Sie die Notrufnummer finden:

   oft 110 für die Polizei
       112 für die Feuerwehr
   aber eine andere Nummer für Erste Hilfe (Krankenwagen oder Arzt).

Manchmal habe ich Heuschnupfen, und ich niese. Dann sagen Sie „Gesundheit!"
Vergessen Sie Ihre Versicherung nicht!

DREIUNDZWANZIGSTES KAPITEL

Geschäfte und Handlungen

Alles für Büro und Schule

Ludwig Blankenhorn

6710 Frankenthal

Speyerer Straße 11 und 41, Telefon 2 68 94

Leopold Beckers

Tabakwaren. Raucherbedarfsartikel
Zeitungen. Zeitschriften
Lotto Toto

Albrecht Dürer Ring 12 Telefon 2 10 87
6710 Frankenthal

Karl Ziehl

Metzgerei

6710 Frankenthal 6 Studernheim
Oggersheimer Straße 10
Telefon 0 62 33-2 68 12

Spezialität. Hausmacher Wurst

Immer frisch bei

Martin

Obst und Gemüse
aller Art
Bachstraße 29

Schuhe Astrid

Bahnhofstraße 3
Telefon 27269

Ernst Steinmann

Bäckerei Lebensmittel

6149 Gras-Ellenbach im Odenwald
Guttersbacher Straße 5
Telefon 0 62 07/21 17

Siegfried Schmidt

6149 Gras Ellenbach im Odenwald
Siegfriedstraße 37
08207 31 65

Moderner Selbstbedienungsladen
Lebensmittel Feinkost Drogen

Heute gehen wir wieder einkaufen.

Aufgabe A

Antworten Sie.

1 Was kauft man in einem Kaufhaus? . . .

2 Was kauft man in einem Supermarkt? . . .

3 In einer Schreibwarenhandlung kauft man Papier und Umschläge: was kauft man denn in einer Konfektionshandlung? . . .

4 Wo kauft man Kartoffeln und Kohl? . . .

5 Wo kauft man Schuhe? . . .

6 Was kauft man in einer Bäckerei? . . .

7 Und in einer Konditorei? . . .

8 Und in einer Metzgerei? . . .

9 Was kauft man in einem Lebensmittelgeschäft?

10 Wo kauft man Blumen? . . .

11 Was kauft man in einem Möbelgeschäft? . . .

3 Wie kommen wir vom Rathaus zur Tankstelle? . . .

4 Wie kommen wir von der Tankstelle zum Schloß? . . .

Eine Landkarte von Südbayern

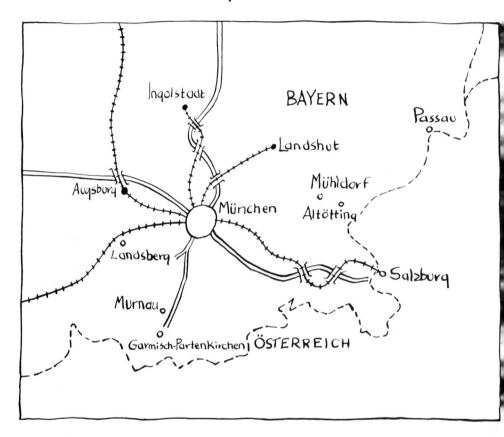

Aufgabe D

Antworten Sie.

1 Welche Städte und Dörfer sind im Norden, im Süden, im Osten und im Westen? . . .

2 Liegt Garmisch-Partenkirchen nördlich oder südlich von München? . . .

3 Liegt Landsberg östlich oder westlich von München? . . .

4 Wo liegen Altötting und Mühldorf? . . .

5   Wo liegt Augsburg?   . . .

6   Wo liegt Salzburg?   . . .

7   Wo liegt Ingolstadt?   . . .

8   Wo liegt Murnau?   . . .

Zeichen und Schilder

Aufgabe E

Antworten Sie.

Wo sieht man diese Zeichen und Schilder?
Was kann man machen, muß man machen, oder darf man nicht machen?

Aufgabe F

Antworten Sie.

Was können Sie machen, müssen Sie machen, oder dürfen Sie nicht machen?

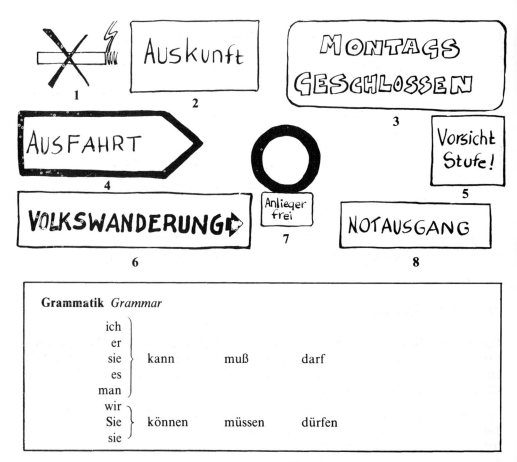

Grammatik *Grammar*			
ich er sie es man	kann	muß	darf
wir Sie sie	können	müssen	dürfen

FÜNFUNDZWANZIGSTES KAPITEL

Du

Aufgabe A

Antworte.

1 Nun, mein Kind, wie heißt du denn? . . .

2 Und wo wohnst du? . . .

3 Was machst du jetzt? . . .

4 Und was hast du da auf dem Tisch? . . .

5 Wie alt bist du? . . .

6 Und wo ist deine Schule? . . .

Jetzt ist Feierabend

Die Familie Haarich sitzt im Wohnzimmer. Um halb fünf hat Herr Haarich schon Feierabend. Seine Frau arbeitet jetzt wieder bei Südostversicherungen und muß bis fünf bleiben. Die Haarichs haben drei Kinder. Udo ist sechzehn Jahre alt, Gabi dreizehn, und Klaus elf. Udo ist jetzt Lehrling bei einer Baufirma.

Frau Haarich	So, Kinder, das Abendbrot steht auf dem Tisch. Kommt ihr?
Udo	Ja, Mutti, wir kommen schon.
Alle	Guten Appetit!
Herr Haarich	Wie war es denn heute in der Schule?
Klaus	Ich habe eine Eins in Mathe gekriegt.
Herr Haarich	Das ist aber sehr gut. Hast du alles richtig gehabt?
Klaus	Nur einen Fehler, und die Arbeit war schwer.
Gabi	Ach nein, deine Arbeit war nicht so schwer.
Klaus	Doch, das hat auch Herr Messner gesagt. Diese Arbeit war schwer, hat er gesagt.
Frau Haarich	Kommt Kinder, wir sind beim Abendbrot. Nun eßt ihr.
Herr Haarich	Nach dem Abendbrot kannst du mir die Arbeit bringen. Was hast du heute gemacht, Udo?
Udo	Wir haben an der Brücke weitergearbeitet.

Herr Haarich	Seid ihr dort noch nicht fertig?
Udo	Nein, heute hat es viel geregnet, und es hat auch zu viel Verkehr gegeben. Wir können nur langsam arbeiten.
Klaus	Kriege ich noch eine Tasse Kaffee, Mutti?
Gabi	Du hast schon zwei Tassen getrunken.
Klaus	Nein, das war die erste!
Gabi	Doch, zwei hast du schon gehabt.
Klaus	Na, und?
Frau Haarich	Es gibt keinen Kaffee mehr. Später trinkst du etwas anderes.
Herr Haarich	Habt ihr beide die Hausaufgaben schon geschrieben?
Klaus	Ja, ich bin fertig.
Gabi	Nein, ich muß noch ein bißchen lernen. Es ist schrecklich. Ich habe nie Zeit. Aber der Udo hat immer Freizeit.
Udo	Das stimmt nicht. Morgen habe ich wieder Schule. In der ersten Stunde Englisch. Warum muß ich noch Englisch lernen?
Gabi	Englisch ist einfach.
Frau Haarich	Englisch habe ich immer schwer gefunden.
Herr Haarich	Nun, du kannst es noch brauchen. Vielleicht arbeitest du bei einer amerikanischen Firma.
Gabi	Heute abend hat er aber frei, Vati.
Udo	Ja, ich gehe zum Fußballverein.
Frau Haarich	Wie fährst du?
Udo	Mit dem Mofa.
Herr Haarich	Bist du heute mit deinem Mofa zur Arbeit gefahren?
Udo	Ja, es ist wieder in Ordnung.
Herr Haarich	Du nimmst deinen Hausschlüssel mit.
Frau Haarich	Und Vorsicht an der Straßenkreuzung! Sind wir alle fertig?
Udo	Ja, ich gehe jetzt.
Klaus	Und ich gehe zum Keller. Der Fritz kommt auch. Da basteln wir an unserer Eisenbahn.
Herr Haarich	Ach ja, eure Eisenbahn. Macht nicht zu viel Lärm da unten! Aber wo ist deine Mathearbeit?
Klaus	Ich komme gleich wieder.
Frau Haarich	Hast du die Zeitung? Wann beginnt meine Fernsehsendung?
Herr Haarich	Welche Sendung?
Frau Haarich	Das Skilaufen. Du weißt doch, das sehe ich gerne.
Herr Haarich	Wo ist denn meine Brille?
Frau Haarich	Da in deiner Tasche.
Gabi	Ihr bleibt hier und seht fern, und ich gehe arbeiten.
Herr Haarich	Die Sendung beginnt um neunzehn Uhr dreißig und endet um einundzwanzig Uhr.
Frau Haarich	Du bist bald fertig, Gabi, und dann kannst du etwas anderes machen. Heute nachmittag warst du aber mit der Regine in deinem Zimmer, und ihr habt Schallplatten angehört. Jetzt mußt du aber studieren.

Aufgabe B

Antworte.

1 Wie viele Haarichs sind noch Schulkinder? . . .

2 Wer ist Herr Messner? . . .

3 Warum kann Klaus keinen Kaffee mehr haben? . . .

4 Hat ein Lehrling viel Freizeit? . . .

5 Ist Deutsch einfach oder schwierig? . . .

6 Was gibt es im Keller, außer der Eisenbahn? . . .

Grammatik *Grammar*

Du *is the familiar form of 'you' used to address a member of your family, any child under about fifteen, or an animal. It is current among students, and frequently among workmates, but you must not use it to an adult before being invited to do so. If in doubt, use* Sie.

Ihr *is the plural familiar 'you', subject to similar conditions of use.*

DU – – –ST	IHR – – –T
du wohnst	ihr wohnt
du arbeitest	ihr arbeitet
du fährst, schläfst, verläßt	ihr fahrt, schlaft, verlaßt
du liest, siehst	ihr lest, seht
du gibst, nimmst	ihr gebt, nehmt
du mußt, kannst, darfst, magst	ihr müßt, könnt, dürft, mögt
du hast gewartet	ihr habt gewartet
du bist gekommen	ihr seid gekommen
+dein, deine, usw.	+euer, eure, usw.
vgl. sein, seine	vgl. unser, unsere

Note that du *and* dein, ihr *and* euer *are given capital letters if you write them in a letter to friends.*

---

gerne: Ich schwimme gerne. *I like swimming*
Wir hören gerne Musik. *We like listening to music.*
Gehen wir zusammen essen? Ja, gerne. *Yes, with pleasure.*
Ich hätte gerne eine Tüte. *I should like a bag.*
Note that gerne *is not a verb. It is sometimes shortened to* gern.

Aufgabe C

Frage mit du.

1 Was . . . ? Ich suche einen Umschlag.

2 Wo . . . ? Ich bin im Garten.

3   . . . ? Nein, ich kann nicht singen.

4 Wohin . . . ? Ich bin nach Kopenhagen geflogen.

5   . . . ? Ja, ich muß sehr früh aufstehen.

6 Wann . . . ? Ich war 1983 in Australien.

7 Wann . . . ? Bern habe ich um Mittag erreicht.

8 Wer . . . ? Herr Kranz hat meinen Schlüssel.

Aufgabe D

Frage mit ihr.

1 Was . . . ? Wir essen nur ein Stück Kuchen.

2 Wo . . . ? Wir spielen auf der Straße.

3 Was . . . ? Wir können nichts finden.

4 Wo . . . ? Wir haben an der Ecke gestanden.

5   . . . ? Nein, wir sind keine Studenten.

6 Wie . . . ? Wir heißen Kieffer.

7 Wo . . . ? Wir sind im Zimmer geblieben.

8   . . . ? Ja, wir nehmen unseren Regenschirm.

Aufgabe E

Ergänze mit du/ihr/Sie.

1 Oma, ha. . . den Zucker?

2 Kinder, . . . geh. . . gleich schlafen.

3 Frau Rahn, ha. . . unsere Katze gesehen?

4 Opa, bastel. . . auch unten im Keller?

5 Nun, mein Junge, wohin geh. . . mit der Seife?

6 Herr Direktor, . . . wünsch. . . diese Akte.

7 Spitz, . . . mu. . . vor der Tür sitzen und warten.

8 Elli, Fritz, fahr. . . mit zum Schloßpark?

9 M. . . Zwiebelsuppe, Fräulein Oster?

10 War. . . heute nicht in der Klasse?

Aufgabe F

Antworten Sie.

1 Arbeiten Sie gerne? . . .

2 Schwimmen Sie gerne? . . .

3 Lernen Sie gerne Deutsch? . . .

4 Welche Fernsehsendungen sehen Sie gerne? . . .

5 Was hätten Sie gerne zu Ihrem Geburtstag? . . .

6 Was machen Sie gerne in Ihrer Freizeit? . . .

Aufgabe G

Beim Abendessen Ergänzen Sie.

1 . . . ? Ja, das esse ich sehr gerne.

2 . . . ? Das esse ich nicht so gerne.

3 . . . ? Es tut mir leid, das darf ich nicht essen.

4 Guten . . . !

5 Hat's . . . ? . . .

6 . . . ? Nein, Leberwurst mag ich nicht.

SECHSUNDZWANZIGSTES KAPITEL

In der Stadt

Entschuldigen Sie bitte, wie komme ich am besten zum Museum?

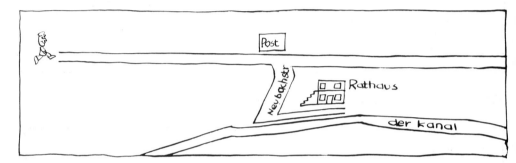

Gehen Sie die Straße entlang bis zum Postamt. Dann gehen Sie die Neubachstraße hinab. Gehen Sie den Kanal entlang. Am Rathaus gehen Sie die Treppe hinauf: das Museum ist im ersten Stock.

Aufgabe A

Ergänzen Sie die Frage und die Antwort.

Ent. . . , wie . . . zur Pension „Waldesruh"?

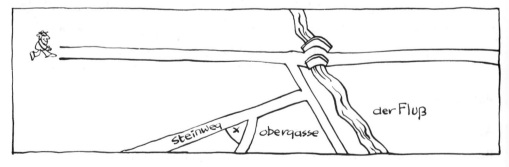

Gehen Sie die Straße entlang . . . hinauf, und . . . Ecke von . . . Obergasse.

Aufgabe B

Im Bahnhof Ergänzen Sie die Frage und die Antwort.

. . ., wo kann . . . Zeitung . . .?

Gehen Sie . . ., und dann gehen Sie den Bahnsteig entlang, . . .

Grammatik *Grammar*

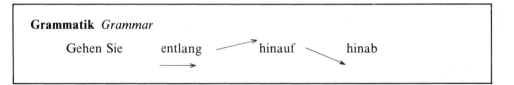

Am Flughafen

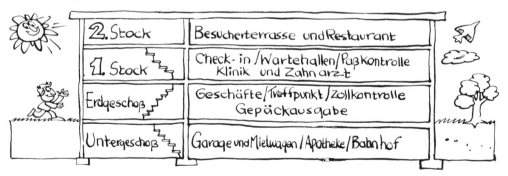

Aufgabe C

Antworten Sie.

Beispiel Wie kommt man zur Zollkontrolle? Man geht hier entlang.

1 Wie kommt man zur Klinik? . . .

2 Wie kommt man zum Restaurant? . . .

3 Wie kommt man zum Bahnhof? . . .

4 Wie kommt man zur Garage? . . .

5 Wie kommt man zum Treffpunkt? . . .

6 Wie kommt man zur Paßkontrolle? . . .

7 Wie kommt man zur Apotheke? . . .

8 Man landet am Flughafen. Wohin geht man, und was macht man? . . .

Aufgabe D

Sie wissen es, oder Sie wissen es nicht!

1 Wie lang ist der Rhein? Wissen Sie es? . . .

2 Wer ist der Bundeskanzler von Österreich? Wissen Sie es? . .

3 Wo ist Salzburg? Wissen Sie es? . . .

4 Wo kann man in Deutschland Briefmarken kaufen? Wissen Sie es? . . .

5 Wie groß ist Bonn? Wissen Sie es? . . .

6 Was ist eine Forelle? Wissen Sie es? . . .

Grammatik *Grammar*

ich	weiß	wir	wissen
du	weißt	ihr	wißt
er sie es	weiß	Sie sie	wissen

Ankunft am Flughafen

Du landest auf dem Frankfurter Flughafen. Du verläßt das Flugzeug, du gehst zur Paßkontrolle, du holst deinen Koffer von der Gepäckausgabe, und dann gehst du zur Zollkontrolle. Am Treffpunkt in der Halle wartet ein Kollege von einer Frankfurter Firma mit seinem Personaldirektor, Herrn Fritsche.

Aufgabe E

Ergänze.

Herr Bayer	Wilkommen, Herr/Frau . . .
Du	Guten Tag, Herr Bayer. Es freut mich, Sie wiederzusehen.
Bayer	Darf ich unseren Personaldirektor vorstellen?
Fritsche	Fritsche!
Du	. . . !
Fritsche	Sehr erfreut!
Du	Es freut mich, Sie kennenzulernen.
Bayer	Wie war der Flug? Das Wetter war heute nicht so schlecht.
Du	. . .
Bayer	Ist das Ihr Gepäck?
Du	. . .
Bayer	Dann wollen wir zum Auto gehen.
Du	Gerne.
Fritsche	Reisen Sie viel, Herr/Frau . . .?
Du	. . .
Fritsche	Woher sind Sie, Herr/Frau . . .? Sind Sie aus London?
Du	. . .
Bayer	Wir fahren zuerst zum Büro. Herr Sattler ist vielleicht noch da.

Im Bürogebäude

Aufgabe F

Ergänze.

Bayer	Da sind wir. Wollen wir – Bitte schön.
Du	Danke.
Bayer	Fräulein Fellhauer, ist Herr Sattler noch da?
Frl. Fellhauer	Moment, ich telefoniere. Nein, er ist schon weg, aber Frau Gottschalk ist noch da.
Fritsche	Ich möchte mit Frau Gottschalk sprechen. Geben Sie mir bitte den Apparat.
Bayer	Da ist ein Stuhl, Herr/Frau . . . Nehmen Sie bitte Platz!
Du	. . . Darf ich auch etwas fragen? . . .
Bayer	Frau Gottschalk ist unsere Prokuristin.
Du	. . .
Fritsche	(am Telefon): Ja, danke. Grüßen Sie auch Ihren Gatten, Frau Gottschalk. Auf Wiederhören.
Bayer	Ich bringe Sie denn zu Ihrem Hotel, Herr/Frau . . .

Fritsche	Herr/Frau. . ., darf ich Sie heute abend zu uns einladen? Meine Frau hat etwas gebacken, und wir können auch ein Fläschchen aus dem Keller holen. Trinken Sie lieber Rotwein oder Weißwein?
Du	. . .
Fritsche	Hier ist unsere Adresse. Kommen Sie, sagen wir, gegen halb acht.
Du	Ja, gerne, . . .
Fritsche	Bis dann, Herr/Frau . . . Auf Wiedersehen.
Du	. . .
Bayer	Auf Wiedersehen, Herr Fritsche. Grüßen Sie Ihre Gattin. Sie haben also eine Einladung für heute abend. Herr/Frau . . . Darf ich etwas sagen? Bringen Sie etwas mit. Das macht man immer in Deutschland.
Du	. . .
Bayer	Bringen Sie einen Blumenstrauß mit. Kommen Sie, wir müssen weg.

Anmerkung *Note*

Blumen mitnehmen. *It is customary to give an odd number of flowers, and to remove the wrapping paper before presenting them.*

Aufgabe G

Aus London? Antworte.

1 Italien   Woher ist er? . . .

2 Neuseeland   Woher kommt das Flugzeug? . . .

3 Straßburg   Woher sind sie? . . .

4 Dietrichsheim   Woher kommt der Junge mit dem Mofa? . . .

5 Woher kommt der Wien-Ostende-Expreß? . . .

6 Woher sind Sie? . . .

Aufgabe H

Ergänze die Fragen und Antworten mit gerne/lieber.

1 Essen Sie . . . Eier? . . .

2 Sprechen Sie . . . Englisch oder Deutsch? . . .

3 Siehst du . . . fern, oder gehst du . . . zur Gaststätte? . . .

4 . . .? Lieber Reis.

5 . . .? Ich bleibe lieber zu Hause.

6 Dann wollen wir zu Fuß gehen. Nein, ich . . .

Darf ich–

dich zu mir einladen?
dir eine Bekannte vorstellen?
die Butter haben?
Ihnen noch ein Gläschen anbieten?
mich verabschieden?

Aufgabe I

Ergänze mit Darf ich . . .?

1 . . . ? Ja, gerne. Wo wohnst du?

2 . . . ? Freut mich, Frau Barth.

3 . . . ? Irmgard kenne ich schon.

4 . . . ? Danke. Es ist ausgezeichnet, aber ich bin schon satt.

5 . . . ? Ja, gerne. Es ist ausgezeichnet.

6 . . . ? Aber selbstverständlich. Nehmen Sie die Flasche.

7 . . . ? Ja, gerne, aber das Café ist heute geschlossen.

8 . . . ? Tja, danke für den Besuch.

Aufgabe J

Ergänze mit Schlaf gut/Wiederhören/Ihre Gattin/Ihren Gatten/Kennen Sie/ist dir.

1 . . . meinen Mann?

2 Gute Nacht, Friedel. . . .

3 Grüßen Sie . . ., Frau Ehwald.

4 . . . kalt? Nein, mir ist warm genug.

5 Auf . . ., Gerhard. Bis morgen.

6 Grüßen Sie . . ., Herr Rahm.

SIEBENUNDZWANZIGSTES KAPITEL

Auf in den Kampf

Wir gehen in den Gasthof.

Sie sind in die Stadt gefahren.

Er kommt ins Zimmer.

Aufgabe A

Wohin? Antworten Sie.

1 *Büro*   Wohin ist er gefahren? . . .

2 *Garten*   Wohin gehen die Gäste? . . .

3 *Konditorei*   Wohin wollen wir gehen? . . .

4 *Dom*   Wohin geht die Gruppe? . . .

5 *Dorf*   Wohin fährt der Pfarrer? . . .

6 *Stadtmitte*   Wohin sind sie gefahren? . . .

7 *Kino*   Wohin können wir gehen? . . .

8 *Schloßpark*   Wohin geht ihr? . . .

Sie geht an den Schrank.

Kommen Sie an die Tür!

Sie dürfen nicht ans Fenster gehen!

Wollen wir auf den Markt gehen!

Unser Joachim geht nächstes Jahr auf die Universität.

Die Müllers sind schon aufs Schiff gekommen.

Ich bin über den Platz gegangen.

Du mußt über die Straße gehen.

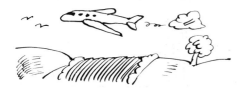

Das Flugzeug ist übers Feld geflogen.

Aufgabe B

Antworten Sie.

1	*ans Telefon*	Wohin geht das Mädchen? . . .
2	*ins Rathaus*	Wohin muß ich gehen? . . .
3	*in den Fluß*	Wohin fällt Ihr Mantel? . . .
4	*auf die Autobahn*	Wohin bin ich gefahren? . . .
5	*übers Schloß*	Wohin sind die Adler geflogen? . . .
6	*auf den Balkon*	Wohin gehst du? . . .
7	*über die Brücke*	Wohin fahren wir? . . .
8	*an die Treppe*	Wohin seid ihr gegangen? . . .
9	*über den Kanal*	Wohin darf man nicht fahren? . . .
10	*aufs Bett*	Wohin kommen die Kleider? . . .
11	*in die Kirche*	Wohin geht diese Dame? . . .
12	*an den Brunnen*	Wohin ist unsere Tochter gegangen? . . .

Grammatik *Grammar*

IN AN AUF ÜBER UNTER VOR HINTER ZWISCHEN
manchmal + den/die/das, einen/eine/ein
meistens + dem/der/dem, einem/einer/einem

*All of the above prepositions (*in, an *etc.) are followed by the accusative case (the object case,* den/die/das, einen/eine/ein *etc.) when they indicate movement from one place to another. Note that* das *is often combined with* in, an, auf *and* über *to give* ins, ans, aufs, übers. *They still use the dative (*dem/der/dem*) when there is no such movement.*

Wir essen im Wohnzimmer.	Wir gehen ins Wohnzimmer.
Er arbeitet in der Bank.	Er kommt in die Bank.
Der Lehrer steht am Tisch.	Der Schüler kommt an den Tisch.
Du hast an der Kasse gewartet.	Ich bin an die Kasse gekommen.
Frl. Rittmann sitzt auf der Terrasse.	Wollen wir auf die Terrasse gehen!
Ein Tunnel liegt unter dem Fluß.	Dieser Bus fährt unter den Fluß.
Ich habe unter der Brücke gestanden.	Ein Lkw ist unter die Brücke gefahren.
Das Glas liegt unter dem Sofa.	Es ist unter das Sofa gerollt.
Die Maus sitzt vor dem Baum.	Die Katze springt vor den Baum.
Wir haben Fußball hinter der Werkstatt gespielt.	Der Ball ist hinter ein Auto geflogen.
Die Fähre liegt zwischen der Stadtmitte und einem Vorort.	Gehen Sie zwischen einen Park und eine Fabrik!
Eine Laterne hängt über der Straße.	Wir können über die Straße gehen.

Eine Winterszene

Der Schnee fällt auf den Bahnhof, den Zug, einen Hund, meinen Hut, unseren Koffer, die Lokomotive, die Straßenbahn, eine Tankstelle, unsere Reisetasche, meine Hand, das Gleis, ein Bürogebäude, unser Auto und euer Gepäck.

Aufgabe C

Ergänzen Sie.

Der Schnee liegt auf dem Bahnhof, . . .

Aufgabe D

Ergänzen Sie.

Beispiel Ein Drogist arbeitet in einer Drogerie. Er kommt morgens um viertel vor acht in seine Drogerie.

1 Wo arbeitet eine Apothekerin? . . .

   Wann kommt sie in ihre Apotheke? . . .

2 Und ein Metzger? . . .

3 Und eine Bäckerin? . . .

4 Und ein Möbelhändler? . . .

5 Und eine Schreibwarenhändlerin? . . .

6 Und eine Gemüsehändlerin? . . .

7 Und ein Automechaniker? . . .

8 Was machen sie alle sonntags? . . .

Aufgabe E

Antworte.

Beispiel Ihr habt zwei Eintrittskarten für einen Film. Wohin geht ihr? Ins Kino!

1 Du möchtest mit der Lehrerin sprechen. Wohin gehst du? . . .

2 Du brauchst Wasser. Wohin gehst du? . . .

3 Euer Auto ist kaputt. Wohin geht ihr? . . .

4 Ihr möchtet eine Oper hören. Wohin geht ihr? . . .

5 Du bist müde. Wohin gehst du? . . .

6 Du hättest gerne eine Zeitung. Wohin gehst du? . . .

7 Wohin gehen Sie heute noch? . . .

8 Wohin sind Sie gestern gegangen? . . .

9 Wohin gehen Sie morgen oder übermorgen? . . .

10 Wohin sind Sie letzte Woche gegangen? . . .

Grammatik *Grammar*

,,Zum" und ,,zur" stimmen noch! Zum *and* zur *are still correct, but it is common to use* in den/in die/ins *when you are going to a building in order to enter it. Note that* auf *is used with some places.*

Thus   Wir fahren zum Kino.   *We're going to the cinema. (perhaps to see a film)*

   Wir fahren ins Kino.   *We're going to the cinema. (definitely to see a film)*

Der Bus fährt zum Marktplatz, und dann gehen wir auf den Markt.

Das Taxi bringt Sie zur Stadtmauer, aber dann müssen Sie zu Fuß in die Altstadt hinaufgehen.

Wir gehen zum Finanzamt und warten in einem Café. Mein Sohn arbeitet dort, aber ich gehe nie in sein Büro.

ACHTUNDZWANZIGSTES KAPITEL

Die Panne

Sie sind mit Ihrem Auto unterwegs, und Sie haben eine Panne. Das Auto bleibt stehen und geht nicht mehr. Was ist los? Etwas stimmt nicht. Was ist kaputt? Der Motor geht nicht. Haben Sie genug Benzin? Nein, der Tank ist fast leer.

Und Öl? Nein!
Sind die Bremsen in Ordnung? Nein!
Funktioniert die Hupe? Nein, auch nicht.
Brennen die Lichter? Nein!
Wie alt ist die Batterie? Zu alt!
Und die Reifen? Bald haben Sie eine Reifenpanne!
Fehlt etwas im Motorraum? Ja, ein Kabel.
Wo ist der Schlüssel? Der ist in den Benzintank gefallen. Jetzt fehlt er auch!

Aufgabe A

Ergänzen Sie.

1 Was ist denn los? ...

2 Was müssen Sie machen? Eine Werkstatt oder ein Telefon finden: Ent . . . , wo gibt . . . ?

Dann fragen Sie: Können Sie mir helfen?
Können Sie das reparieren?
Kann ich weiterfahren?
Ist das schlimm?
Was kostet das alles?
Wie lange dauert die Reparatur?
Können Sie mein Auto abschleppen?

Unfälle

Vielleicht kommt es zu einem Unfall!

Vor dem Schulhof
Ein Schüler fährt nach Schulschluß mit dem Rad aus dem Schulhof, ein Lkw fährt aus einer Nebenstraße, und ein Krankenwagen fährt zu schnell aus dem Krankenhaus. Und da kracht es!

Aufgabe B

Setzen Sie in die Vergangenheit.

Was ist hier geschehen? Ein Schüler ist . . .

Im Betrieb
Nach der Mittagspause geht ein Arbeiter den Weg entlang. Er geht in die Fabrikhalle und kommt zu seiner Maschine. Der Produktionsleiter kommt auch an die Maschine. Der Arbeiter spricht mit seinem Produktionsleiter, die Maschine ist an, und der Ärmel von seinem Mantel kommt zwischen die Räder. Bei der Arbeit heißt es immer Vorsicht!

Aufgabe C

Setzen Sie in die Vergangenheit.

Was ist diesmal geschehen? Nach der Mittagspause ist . . . Bei der Arbeit heißt es immer Vorsicht!

Grammatik *Grammar*

AUS VON ZU NACH MIT BEI GEGENÜBER
immer + dem/der/dem, einem/einer/einem
VOR (Zeit) + dem/der/dem
vor dem Herbst, vor unserer Abfahrt, usw.
*These prepositions (*aus, von, zu *etc.) and* vor *(in the sense of time) always take the dative (*dem/der/dem, einem/einer/einem *etc.)*
Finden Sie die Beispiele oben! *Find the examples above.*

Aufgabe D

Ergänzen Sie.

Was sagt man bei einem Unfall?
Beispiel *Polizei rufen*   Rufen Sie die Polizei!

1 *Krankenwagen rufen*   . . .

2 *Arzt holen*   . . .

3 *hier bleiben*   . . .

4 *nicht aufstehen*   . . . auf!

5 *meine Frau/meinen Mann anrufen*   R. . . an!

Auf der Straße

Aufgabe E

Ergänze.

Du   Was ist los? Mein Wagen ist stehengeblieben und geht nicht mehr! Ich kann nicht weiterfahren. Ich bin kein Mechaniker, und es ist Sonntag.
Du   Ent . . .
Fußgänger   Eine Werkstatt gibt es hier in der Nähe, am Ende von der Straße.
Du   . . .
Fußgänger   Ach nein, sonntags ist die Werkstatt geschlossen. Sie müssen telefonieren.
Du   . . .
Fußgänger   Das nächste Telefon ist da drüben, gegenüber der Ampel. Rufen Sie Herrn Schilling an. Seine Nummer steht unter „Autoreparatur" im Telefonbuch.
Du   . . .
Fußgänger   Bitte schön.

Herr Schilling	(am Telefon) Schilling!
Du	. . .
Schilling	Wo sind Sie?
Du	. . .
Schilling	Ja, ich komme gleich.

* * *

Schilling	Hallo! Haben Sie angerufen?
Du	. . .
Schilling	Was ist los?
Du	. . .
Schilling	Dann wollen wir mal sehen. Hmmm, haben Sie Benzin?
Du	. . .
Schilling	Das ist es also nicht.
Du	. . .
Schilling	Nein, die Lichter funktionieren nicht. Aha, ja, Sie haben bestimmt einen Kurzschluß an der Lichtmaschine.
Du	. . .
Schilling	Nein, das ist nicht so schlimm.
Du	. . .
Schilling	Ja, das kann ich schnell reparieren, aber Sie können bestimmt nicht weiterfahren.
Du	. . .
Schilling	Die Batterie ist kaputt. Sehen Sie, die ist trocken. Da ist kein Wasser mehr. Ich kann Ihren Wagen abschleppen oder eine Batterie holen. Ich glaube, ich habe eine in meiner Werkstatt.
Du	. . .
Schilling	Gut, ich bin gleich zurück.
Du	Der Wagen steht aber in der Mitte von der Straße.
Schilling	Ach, das macht nichts. Sonntags gibt es nur wenig Verkehr. Sie können ruhig da bleiben.

* * *

Polizist	Hier dürfen Sie nicht parken! Sie stehen fast auf den Straßenbahnschienen.
Du	. . .
Polizist	Ach so. Was ist geschehen?
Du	. . .
Polizist	Ja, also gut. Darf ich auch Ihren Führerschein sehen?
Du	. . .
Polizist	Danke. Ja, alles in Ordnung. Aber hier können Sie bestimmt nicht lange bleiben.

* * *

Schilling	Da bin ich wieder mit der Batterie. Ich glaube, die paßt in Ihr Auto.
Du	. . .
Schilling	Nein, nicht neu, aber das macht nichts. Hoffentlich ist sie nicht zu groß. Nein, es geht. Da ist also alles wieder in Ordnung. Ich bin schon fertig.

Du	. . .
Schilling	Mit der Batterie macht das DM 190,00.
Du	Mein Gott!
Schilling	Ja, sehen Sie, sonntags ist alles teuer.
Du	. . .
Schilling	Ja, ich gebe Ihnen gerne eine Quittung. Jetzt können Sie ruhig weiterfahren. Auf Wiedersehen!

Aufgabe F

Richtige Endungen: ergänzen Sie.

1 Bei unser. . . Ausflug sind wir d. . . Fluß entlang zu ein. . . Naturpark und ein. . . Gaststätte gefahren.

2 Wir müssen von d. . . Arbeitsamt über d. . . Jakobplatz in d. . . Hauptgebäude gehen.

3 Gehen Sie hinter d. . . Kasse, und dort finden Sie das Geld hinter ein. . . Heft.

4 Dein Fleisch ist schon auf dein. . . Teller unter d. . . Gemüse. Dein Löffel ist unter d. . . Tisch gefallen.

5 Unser Briefträger kommt aus d. . . Postamt auf d. . . Straße. Er geht d. . . Parkallee hinauf mit ein. . . Postkarte von sein. . . Freundin.

6 Sie hat ein Zimmer bei mein. . . Mutter über d. . . Elektrohandlung.

7 Sein Bild hängt an d. . . Wand zwischen. . . Vase und d. . . Kalender.

8 Nach ein. . . Stunde hat er sein. . . Kugelschreiber aus sein. . . Tasche genommen. Später hat er sein. . . Brief an sein. . . Bank geschickt.

NEUNUNDZWANZIGSTES KAPITEL

Ein Dorf

Burg Rothstein
Eintrittspreise:
   Erwachsene DM4,00
   Kinder   DM2,00
täglich geöffnet
9.00–20.00
April–September

Dorfmuseum
Eintritt frei
diese Woche
geschlossen

Freibad
Eintrittspreise:
   Erwachsene   DM3,00
   Kinder bis 14 Jahre   DM1,50
   Studenten u. Rentner DM1,50
Öffnungszeiten
dienstags–sonntags
10.00–12.00
16.00–21.00

Aufgabe A

Antworte.

1 Wann kann man die Burg besichtigen? . . .

2 Wann darf man im Freibad schwimmen? . . .

3 Wer schwimmt vielleicht nachmittags dort? . . .

4 Was kostet der Eintritt in die Burg? . . .

5 Wo ist der Eintritt kostenlos? . . .

6 Wann ist das Museum geöffnet? . . .

7 Du hast einen Nachmittag frei. Wohin möchtest du gehen? . . .

Kalldorf

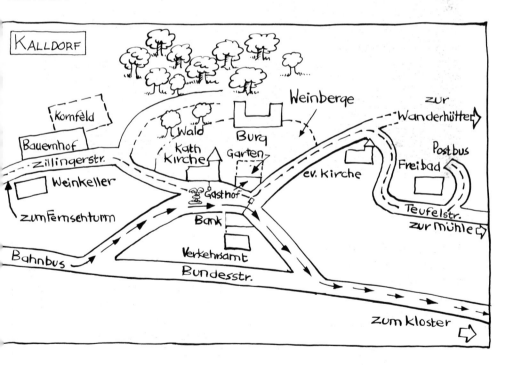

Aufgabe B

Antworte.

1 Wie heißt dieses Dorf? . . .

2 Wie viele Kirchen hat es? . . .

3 Gibt es ein Hallenbad im Dorf? . . .

4 Wie weit ist es vom Freibad bis zum Weinkeller? . . .

5 Wie kommt man vom Gasthof zum Bauernhof? . . .

6 Wo steht der Brunnen? . . .

7 Wie kommt man zum Kornfeld? . . .

8 Was gibt es sonst in der Umgebung? . . .

Wie kommt man . . . ?

Wie kommt man zum Verkehrsamt?
– Neben der Bank gibt es einen Pfad. Dort geht man hinab.
Zur Bundesstraße muß man aber die Straße hinabgehen.
Es sind zwei Pfade zur Burg: man geht entweder durch den Wald oder durch die Weinberge hinauf.

Aufgabe C

Antworte.

1 Der Ausblick von der Burg ist wunderschön. Wie weit kann man sehen? . . .

2 Du möchtest gerne schwimmen gehen, und du weißt, es gibt ein Freibad im Dorf. Was

fragst du? . . .

   – Passen Sie auf! Sie gehen hier um die Ecke, dann rechts um die evangelische Kirche.

3 Du stehst vor dem Gasthof und möchtest zur Burg hinaufgehen. Was fragst du? . . .

   – Passen Sie auf! Sie gehen hier um die katholische Kirche. Dort finden Sie einen

   Pfad. Sie gehen durch den Wald hinauf, und in ein paar Minuten sind Sie da.

4 Wie kann man sonst zur Burg hinaufgehen? Es gibt noch einen Pfad! . . .

Aufgabe D

Ergänze und antworte.

1 Wo wartet der Postbus vor der Abfahrt? . . .

2 Dann fährt er um . . . , in . . . straße, um . . . Kirche, über . . . Dorfplatz, rechts um . . . Brunnen und . . . entlang.

3 Fährt der Bahnbus immer geradeaus, die Bundesstraße entlang? . . .

4 Wo hält der Bahnbus im Dorf? . . .

5 Wo wartet man auf einen Bus? . . .

Grammatik *Grammar*

FÜR UM DURCH OHNE GEGEN
immer + den/die/das (Plural die), einen/eine/ein
These prepositions always take the accusative (den/die das, *plural* die, einen/eine/ein).

Gehen Sie dort durch den Eingang!
Die WCs sind um die Ecke.
Der Regen kommt durchs Fenster.

Eine Weinprobe

Die Weine von Kalldorf sind bekannt, preiswert und sehr gut. Machen wir also eine Weinprobe!

Der Winzer Sie möchten also unseren Wein probieren. Nehmen Sie bitte Platz. Wir haben hier viele Sorten, aber wir beginnen mit einem Tafelwein. Der ist billig, aber Sie können alle unsere Weine ruhig trinken. Schmeckt Ihnen dieser Wein?

Er Ja, mir schmeckt er.

Sie Nein, mir schmeckt er nicht.

Winzer Ja, der ist etwas herb, aber dieser Qualitätswein ist süß. Schmeckt er?

Er Nein, mir nicht.

Sie Nein, mir schmeckt der auch nicht.

Winzer Ach, das macht nichts. Wir haben noch ein Dutzend Weinsorten in unserer Weinprobe. Dieser ist besonders gut, aber natürlich nicht so billig. Der ist etwas für einen Festtag.

Er Der schmeckt mir! Was kostet der?

Winzer Achtzehn Mark pro Flasche, hundertfünfundneunzig pro Dutzend. Wie viele nehmen Sie?

Aufgabe E

Wie schmeckt's? Ergänze die Fragen und Antworten.

1 Schmecken Ihnen Himbeeren? . . .

2 Schmeckt dir Sauerkraut? . . .

3 . . . ? Nein, mir schmecken diese Pilze nicht.

4 . . . ? Ja, der schmeckt!

5 Hat's geschmeckt? . . .

In der Wirtschaft

Letzten Frühling bin ich nach Zillingen gefahren. Ich kenne dort ein paar Leute. Vor zwanzig Jahren hat meine Familie ein Häuschen im Dorf gehabt, und ich war da in der Dorfschule. Die Lehrerin, Frau Hoffmann, ist jetzt sehr alt.

Ich bin zuerst zu einer Wirtschaft gefahren. Mein Auto habe ich auf dem Parkplatz hinter der Weinhandlung gelassen. Dann bin ich in die Bar hineingegangen. Am Stammtisch war Herr Vogel. Der hat bei meinem Großvater und meinem Onkel gearbeitet. Mein Großvater war Schmied, und die Bauern haben all ihre Wagen und Pferde in seine Schmiede gebracht. Willi Vogel war vor dem Krieg sehr stark. Er hat immer gesagt: „Pferde braucht man nicht!" und einmal hat er selbst einen Heuwagen die Dorfstraße entlang vom Feld bis zum Bauernhof gezogen. Das ist vielleicht nur eine Geschichte, aber der ist noch groß, und ich denke, das hat er tatsächlich gemacht. „Der kann alles" haben die Leute immer gesagt.

Ich weiß, unser Willi ist heute alt. Ohne seine Brille sieht er nicht mehr so gut, aber er fährt immer noch mit seinem Rad von seinem Haus über die Brücke bis zur Wirtschaft. Meistens geht er zu Fuß zurück.

Ich bin an den Stammtisch gegangen und habe Herrn Vogel gegrüßt. Ich habe Wein getrunken, aber er trinkt lieber Bier. Ich habe gefragt: „Kennen Sie Frau Hoffmann?"

„Die Lehrerin?" hat er gesagt. „Ja, ich glaube, die wohnt noch hier um die Ecke neben der Bäckerei. Die sitzt manchmal draußen im Garten."

„Und Herr Riegel?" habe ich gefragt, „der Weinhändler und seine Frau, sind sie noch da?"

„Ja, passen Sie auf," hat Herr Vogel gesagt, „die sind jetzt weg. Haben Sie es nicht gesehen? Ihr Name steht nicht mehr über dem Geschäft. Vor zwei Jahren hat eine Firma aus Karlsruhe den Laden gekauft. Drinnen ist alles neu, aber man sieht nicht mehr, was es gibt. Die denken heute nur noch an die Touristen."

„Darf ich Ihnen noch etwas anbieten?" habe ich gefragt.

„Ich trinke gerne noch einen Schnaps," hat er geantwortet. „Der ist besonders gut gegen Grippe. Letzte Woche habe ich Grippe gehabt, aber nach zwei, drei Gläschen Schnaps war ich wieder in Ordnung."

Ich habe wieder bestellt. „Zum Wohl! Prost!" haben wir gesagt. „Sind Sie jetzt auf Urlaub?" hat er gefragt.

„Ja," habe ich gesagt, „ich habe ein paar Tage Ferien." Wir haben von seiner Arbeit gesprochen. „Nach dem Krieg," hat er gesagt,„war alles schwer. Aber Ihre Tante, die hat immer etwas gebacken, und wir haben immer genug gegessen."

„Und getrunken!" habe ich gedacht. Unser Gespräch war sehr interessant. Die Rechnung war ziemlich hoch, aber im Urlaub darf man nicht an Geld denken. Endlich hat er gesagt: „Ich muß nach Hause. Meine Frau und das Mittagessen warten schon." Ich glaube, ich fahre nächstes Jahr wieder aufs Dorf.

Grammatik *Grammar*

ziehen – ich habe gezogen
denken – ich habe gedacht

Anmerkung *Note*

Können *and* müssen *can sometimes be used without a second verb:*

Ich muß nach Hause.
Können Sie Deutsch?

Aufgabe F

Antworte.

1 Warum trägt Herr Vogel eine Brille? . . .

2 Ich habe Herrn Vogel gegrüßt: was habe ich gesagt? . . .

3 Warum geht Herr Vogel zu Fuß nach Hause? . . .

4 Was habe ich für Herrn Vogel bestellt? . . .

5 Warum gibt es keine Schmiede mehr im Dorf? . . .

6 Wer hat die Weinhandlung verkauft? . . .

7 Wann hat Herr Vogel für meinen Onkel gearbeitet? . . .

8 Warum war unsere Rechnung etwas hoch? . . .

9 Wer sitzt an einem Stammtisch? . . .

10 Wie viele Ferientage hast du pro Jahr? . . .

11 Wohin fährst du auf Urlaub? . . .

12 Welche Schulen hast du besucht? . . .

Aufgabe G

Richtige Endungen: ergänze.

1 In d. . . Metzgerei habe ich zwei Koteletts für uns. . . Abendessen gekauft.

2 Morgen essen wir bei dein. . . Freund.

3 Ihr müßt durch d. . . Park unter d. . . Autobahn.

4 Nimm jetzt den Brief für d. . . Forsters aus d. . . Tasche!

5 Gehen Sie über d. . . Flur, und Sie finden ein Telefon um d. . . Ecke.

6 Wir sind durch d. . . Ausgangstüren aus d. . . Wartehalle gekommen.

7 Ohne mein. . . Schlüssel funktioniert der Lift nicht.

8 Links hinter d. . . Aktenschrank können Sie mit d. . . Fräulein sprechen.

9 Nach ein. . . Minute stehst du von d. . . Stuhl auf und gehst an d. . . Fenster.

10 Draußen auf d. . . Platz wartet ein Bus vor d.ʼ. . Buchhandlung.

11 Die Polizei steht um d. . . Rathaus und setzt Wasserkanonen gegen d. . . Studenten ein.

12 Geh an d. . . Haltestelle und warte auf d. . . Bus.

Aufgabe H

Antworte.

1 Wann war der Bundeskanzler in Ausland? Vor . . . Tagen/Wochen/ Monaten/Jahren.

2 Wann sind Astronauten auf dem Mond gelandet? . . .

3 Wann hat es das letzte Mal geschneit? . . .

4 Wann hat es einen Lehrerstreik gegeben? . . .

5 Wann waren Sie das letzte Mal in einer Gaststätte? . . .

6 Wann haben Sie dieses Buch gekauft? . . .

Grammatik *Grammar*

der = er   die = sie   die = sie (Plural)

Der *and* die *can be used in place of* er *and* sie *to mean he and she (or they), but this implies some familiarity and can be a little derogatory.*

> Der ist aber komisch!
>
> Die kann kein Deutsch.
>
> Die sind schon fertig, aber wir müssen noch
>
> ein paar Briefe schreiben.

Aufgabe I

Antworte.

Beispiel Woher ist Herr Winnig? Der ist aus der Schweiz.

1 Und Madame Dupont? . . .

2 Und Mr und Mrs Smith? . . .

3 Und Mevrouw van den Berg? . . .

4 Und Señor Lopez? . . .

5 Und Herr Gökmen? . . .

6 Und Herr und Frau Komarow? . . .

DREISSIGSTES KAPITEL

Aufgabe A

Antworte.

1 Wann hast du Geburtstag? . . .

2 Was machst du heute abend? . . .

3 Was machst du morgen früh? . . .

4 Was machst du morgen nachmittag? . . .

5 Was hast du gestern morgen gemacht? . . .

6 Was hast du am Samstag morgen gemacht? . . .

7 Was hast du am Nachmittag gemacht? . . .

8 Was hast du am Abend gemacht? . . .

9 Was machst du meistens morgens? . . .

10 Was machst du oft sonntags? . . .

Anmerkung *Note*

am Morgen – morgens vgl. am Montag – montags
am Abend – abends
usw.

Grammatik *Grammar*

DEM/DER/DEM ⟶ Plural DEN . . . N

Wir gehen durch die Wälder. Es gibt Vögel in den Wäldern.
Diese Geschenke sind für meine Freunde und Freundinnen. Ich komme mit
  meinen Freunden und Freundinnen.
– Wie lange bleiben Sie? – Acht Tage.
– Wann sind Sie angekommen? – Vor acht Tagen.

Note that in the dative plural -n *is added to nouns not already ending in* -n.

Kalldorf

Schauen Sie wieder auf Seite 155.
Der Gasthof ist gegenüber der Bank.
Die Burg liegt zwischen dem Wald und den Weinbergen.
Die Bauern arbeiten auf den Feldern.

Aufgabe B

Antworten Sie.

1 Wo ist die Bank? . . .

2 Wo ist die Kirche? . . .

3 Wo ist der Brunnen? . . .

4 Wer arbeitet in Banken? . . .

5 Was gibt es in Weinkellern? . . .

6 Was kann man in Verkehrsämtern fragen? . . .

7 Essen Sie oft in Gasthöfen? . . .

8 Wann haben Sie zum ersten Mal Seite 155 angeschaut? . . .

Gefallen und schmecken

Mir gefällt diese Farbe. Mir gefallen keine Opern.
Ihnen schmeckt das nicht. Ihnen schmecken Pilze.

Aufgabe C

Ergänzen Sie die Fragen und Antworten.

1 Gefällt dir dieses Bild? . . .

2 Gefällt es deinem Vater? Nein, mein. . . V. . .

ge. . .

3 Gefällt es deiner Mutter? Nein, . . . Deinen Eltern

gefällt es also nicht.

4 Schmeckt Ihnen Wein? . . .

5 Wie gefallen Ihnen Shakespeares Theaterstücke? . . .

6 . . . ? Ja, meine Arbeit gefällt mir.

7 . . . ? Nein, diese Fotos gefallen mir nicht.

8 . . . ? Nein, mir schmeckt kein Schweinefleisch.

9 Mögen Sie Käsekuchen? . . .

10 . . . ? Nein, ich mag keinen Fisch.

Die Heimkehr

Regine Quastbeck reist von Kanada nach Deutschland. Dort wohnen noch ihre Großeltern und die Kinder von ihrem Onkel und ihrer Tante. Sie ist von Montreal nach Düsseldorf geflogen, und jetzt ist sie mit dem Zug unterwegs nach Hannover. Vor der Ankunft hat sie einen Engländer kennengelernt. Der kennt niemanden und sucht Arbeit. Der Zug erreicht den Hauptbahnhof. Alle müssen aussteigen. „Ich habe hier einen Cousin und eine Kusine," sagt Regine, „und ich fahre für zwei Monate zu meinen Großeltern. Die sind sehr nett. Heute können Sie bestimmt auch bei uns übernachten. Sie können gerne mitkommen, und später können Sie ein Zimmer mieten." Zuerst muß sie aber anrufen. Richard hat viel Glück!

Regine geht zu einer Telefonzelle. „Quastbeck!" antwortet ihr Großvater.

„Da bin ich," sagt Regine.

„Hallo! Wer ist das? Wer ist am Apparat?" fragt Herr Quastbeck.

„Ich bin es, Regine," sagt sie.

„Kind, wo bist du?" fragt Herr Quastbeck.

„Am Hauptbahnhof," antwortet sie.

„Das ist doch unmöglich," sagt er. „Bist du tatsächlich hier in Hannover?"

„Ja," sagt sie. „Habt ihr es nicht gewußt? Habt ihr meinen Brief nicht bekommen? Ich bin gerade angekommen. Meine Maschine ist erst vor ein paar Stunden gelandet. Vorgestern war ich noch zu Hause in Mont Louis."

„Nein, das haben wir nicht gewußt, aber du bist natürlich willkommen. Warte mal. . . " sagt Herr Quastbeck.

„Ist Hugo da?" fragt Regine.

„Nein, ich schicke deine Kusine mit dem Auto. In zwanzig Minuten ist sie da," sagt Herr Quastbeck.

„Opa, ich habe jemanden bei mir, einen Engländer. Der ist allein und sucht Arbeit. Ich habe gesagt, für eine Nacht. . . "

„Moment mal," sagt der Großvater, „ich muß deine Oma fragen."

Richard steht vor der Telefonzelle und liest seine Zeitschrift. Er hat seinen Koffer an die Gepäckaufbewahrung gebracht, und der Schließfachschlüssel ist jetzt in seiner Hand. Er hat nur noch eine Reisetasche. „Geht es nicht?" fragt er.

„Doch," sagt Regine, „es geht schon."

„Hallo!" sagt ihr Opa, „Oma sagt, ihr könnt beide kommen, du und dein Engländer."
Richard muß etwas Geld wechseln. Er geht an die Wechselstube. Übermorgen hat er ein
Interview bei einer Firma. Er hat Angst, und das Wetter ist trübe und wolkig. Er war noch
nie in Hannover, aber es ist nicht so schlimm. Ein Bett bei Regines Familie ist bestimmt
besser ▶'s ein Hotelzimmer, denkt er. Zu Pfingsten war er im Schwarzwald auf Urlaub,
und letztes Jahr hat er für eine Baugesellschaft in Dortmund gearbeitet. Er kann jetzt sehr
gut Deutsch. Regine spricht Deutsch und Französisch, aber wenig Englisch.

Richard und Regine haben noch Zeit für eine Tasse Kaffee. Draußen in der
Bahnhofshalle ist viel Lärm. Sie gehen in die Gaststätte. Dort ist es bequem und ruhig.
Richard bestellt den Kaffee und zwei Stück Kuchen. Regine hat fast vergessen, heute hat
ihr Cousin, Hugo, Geburtstag. Sie kauft schnell ein Buch und schreibt auf die erste Seite:
„Herzlichen Glückwunsch zum Geburtstag. Deine Regine."

Aufgabe D

Antworten Sie.

1 Ist Regine aus den Vereinigten Staaten? . . .

2 Warum ist sie nach Hannover gekommen? . . .

3 Haben die Quastbecks ihren Brief bekommen? . . .

4 Wie lange hat die Reise gedauert? . . .

5 Wie oft war Richard schon in Deutschland? . . .

6 Hat Richard Bekannte in Hannover? . . .

7 Warum hat er Angst? . . .

8 Ist das Wetter gut oder schlecht? . . .

9 Wie weit ist es von Düsseldorf nach Hannover? Wissen Sie es? . . .

10 Glauben Sie, Richard bleibt nur eine Nacht bei Quastbecks? . . .

11 Was sagen Regine, ihre Kusine und Richard am Bahnhof? . . .

12 Was haben Richard und Regine im Zug gesagt? . . .

Der öffentliche Fernsprecher (das Telefon)

Hörer abnehmen
mindestens 20 Pf einwerfen
wählen
sprechen

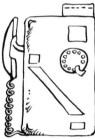

Aufgabe E

Ergänzen Sie.

Man nimmt den Hörer ab.

1 Man wirft. . .

2 Man w. . .

3 Man. . .

4 Was sagt man zuerst?. . .

Zuerst sieht man 20 Pf im Fensterlein. Dann 10 Pf und „Bitte zahlen". Dann ist das Gespräch zu Ende, oder man kann mehr Geld einwerfen. Niemand antwortet: Hörer wieder anhängen. Dann kommt das Geld automatisch zurück.
Welche Farbe haben Telefonzellen und Briefkästen in Deutschland?

Anmerkung *Note*

Telephone numbers are often given in German in groups of two numerals:

> *Written* 3   09   42
> *Said as* drei null neun zweiundvierzig
>   53   60   61
>   dreiundfünfzig sechzig einundsechzig

Aufgabe F

Ergänzen Sie die Einladungen.

1 Darf ich Sie . . . einladen?

2 . . . dich . . . ?

3 . . . euch . . . ?

4 . . . . . . ?

5 Wollen wir. . . ? Ja, gerne. Um wieviel Uhr beginnt der Film?

6 . . . ? Gerne. Wann soll ich kommen?

7 . . . ? Es tut mir leid, für heute habe ich schon eine Verabredung. Morgen habe ich frei.

8 . . . ? Ich habe leider keine Zeit. Vielleicht nächste Woche.

Aufgabe G

Ergänzen Sie mit Herzlichen Glückwunsch zum Geburtstag/Frohe Weihnachten/Viel Spaß/Gute Reise/Hallo/Tschüs.

1 Heute kommt wieder das Christkind! . . . !

3 . . . ! Ist das Ihre Tasche?

3 Du bleibst immer neununddreißig Jahre alt. . . . !

4 Auf Wiedersehen! . . . ! Ich hoffe, der Urlaub hat Ihnen gefallen.

5 . . . heute abend. Komm nicht zu spät nach Hause.

6 Bis übermorgen. . . . !

Aufgabe H

Bei Tisch

Setzen Sie die passende Äußerung zu jeder Situation. *Match the appropriate utterance to each situation.*

Situationen	Äußerungen
1 Man beginnt das Essen.	a Greifen Sie zu.
2 Man geht nach Hause.	b Danke, das reicht.
3 Man hat wenig Hunger.	c Ich bin satt.
4 Man möchte noch eine Portion.	d Darf ich nachgießen?
5 Man hat genug gegessen.	e Darf ich noch ein Stückchen haben?
6 Man bietet noch ein Glas Wein an.	f Vielen Dank für den netten Abend.

WIEDERHOLUNGEN

Aufgabe A   Persönliche Fragen

1   Wann haben Sie Geburtstag? . . .

2   Was machen Sie in Ihrer Freizeit? . . .

3   Haben Sie Deutschland oder Österreich besucht? . . .

4   Wie gut verstehen Sie jetzt Deutsch? . . .

5   Wie ist das Wetter im Moment? . . .

6   Was haben Sie letzte Woche gemacht? . . .

7   . . . ? Danke, uns geht es . . .

8   . . . ? Letzten Mittwoch bin ich zu Hause geblieben.

9   . . . ? Ich schwimme lieber in einem Hallenbad.

10   . . . ? Ja, dieser Ausblick gefällt uns sehr.

11   . . . ? Nein, wir wohnen nördlich von Darmstadt.

12   . . . ? Nein, mir schmecken keine Pilze.

Aufgabe B   Die Uhrzeit und das Datum

1   Wie . . . ?

2   . . .   3   . . .   4   . . .

5   Wann stehst du auf? . . .

6   Wann gehst du abends ins Bett? . . .

7   Wie lange arbeitest du pro Tag? . . .

8   Heute haben wir den wievielten? . . .

9   Wann ist Silvesterabend? . . .

10   Wie lange ist es von Ostern bis Pfingsten? . . .

Aufgabe C Entfernungen und Richtungen

1 . . . ? Lübeck liegt nicht so sehr weit von Hamburg.

2 Welche Städte liegen westlich von Ihrer Stadt (von Ihrem Dorf)? . . .

3 Wie weit ist die Autobahn von Ihrem Haus? . . .

4 Welche Städte liegen im Osten von Australien? . . .

5 . . . ? Gehen Sie hier geradeaus, und die Wirtschaft sehen Sie gleich links.

6 . . . Werkstatt? . . .

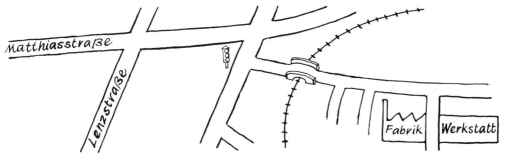

Aufgabe D In Ihrer Stadt

1 Wann sind die Banken geöffnet? . . .

2 Wie kommt man von Ihrem Haus zu den Geschäften? . . .

3 Wo liegt das nächste Postamt? . . .

4 Wo kann man in der Nähe von Ihrem Haus gut einkaufen? . . .

5 Fahren Sie oft mit dem Bus? . . .

6 Wo wartet man auf einen Bus? . . .

Aufgabe E Berufe und Händler

1 . . . ? Herr Bachmann ist Bahnangestellter.

2 . . . ? Heute morgen hat der Prokurist in seinem Büro gearbeitet.

3 . . . ? Kellner und Kellnerinnen arbeiten dort.

4 . . . ? Das können Sie in der Konfektionshandlung kaufen.

5 . . . ? Beim Metzger kauft man das.

6 . . . ? Gestern bin ich schon um sechs zur Arbeit gefahren.

Aufgabe F Mehrzahl

1 In einer Flasche ist ein Liter. In fünf Fl. . . sind . . . Li. . .

2 In einer Packung kauft man . . . Teebeutel, und in zwei Pack . . . . . .

3 In einem Meter sind . . . Milli. . .

4 Was haben Sie zu Hause in Ihrem Kleiderschrank? . . .

5 Was sind Rostock und Xanten? . . .

6 In einem Milchkännchen ist ein Viertel Milch. In vier . . . ist also . . .

7 Udo, Ute and Uwe spielen Karten mit ihrem Freund Karl. Karl hat . . . Freund. . . und . . . Freundi. . .

8 Im Winter verkauft ein Kaufhaus viele . . . und . . .

9 Touristen kaufen oft . . . , . . . und . . .

10 Ein Teppich kostet DM 450, — . Zwei Tepp. . . kost. . .

Aufgabe G Verben

1 Geben Sie uns ein Pfund Schinkenwurst. Es g. . . keine mehr.

2 Wir dürfen hier nicht rauchen, und du d. . . es auch nicht.

3 Ich habe kein Kleingeld. H. . . du etwas?

4 Er muß sein Rad reparieren, und ihr m. . . die Schulaufgaben schreiben.

5 Ich esse meistens in der Gaststätte, aber mein Cousin . . . in der Kantine.

6 W. . . Sie nicht, wo Ihr Koffer steht? Es tut mir leid, ich weiß es nicht.

7 Hier kann man gut Ski fahren. Wir k. . . aber nicht Ski fahren.

8 Meine Eltern sprechen kein Deutsch. Dein Vater spr. . . aber Schwedisch.

9 Ich sehe einen Adler. Wer s. . . auch den Vogel?

10 Gestern hat Herr Nagel sein Büro um vier verlassen. Heute ver. . . er jetzt schon das Gebäude.

Aufgabe H Wortstellung

Schreiben Sie die Sätze wieder mit *a*, *b*, *c* oder *d*.

>   *a* erst nächsten Sonntag
>   *b* am Donnerstag morgen
>   *c* freitags
>   *d* vorgestern abend

1 Niemand ist an der Kasse. ...

2 Ich habe die Reisetasche von der Gepäckaufbewahrung geholt. ...

3 Sie können mit Swissair von hier nach Athen fliegen. ...

4 Ihr seid spät bei Friedrichs angekommen. ...

>   *a* mit dem Rad
>   *b* ohne Brille
>   *c* vielleicht
>   *d* draußen auf dem Dorfplatz

5 Ich kann das Schild an der Straßenkreuzung nicht sehen. ...

6 Sie sind schon unterwegs nach Gießen. ...

7 Du fährst immer zu schnell. ...

8 Es hat geschneit, und es liegt schon Schnee. ...

>   *a* vom Hafen
>   *b* bis zur Mühle
>   *c* auf meinem Schreibtisch
>   *d* auf die Post

9 Ihre Tabletten haben Sie hier gelassen. ...

10 Sie müssen hier entlangfahren, dann über die Brücke, und den Campingplatz sehen Sie rechts. ...

11 Wir kommen morgen früh mit der Fähre. ...

12 Ich muß drei Briefmarken zu neunzig für Ihre Briefe kaufen. Ich muß jetzt gehen. ...

Aufgabe I

Setzen Sie in die Vergangenheit.

Irene Möhn steht um viertel vor sieben auf. Sie geht in die Küche und macht den Kaffee. Sie holt das Brot, aber ißt nichts. Dann denkt sie: Ich schlafe so schlecht. Ich komme spät nach Hause. Es gibt so viel Arbeit. Ich fahre schon um acht nach Wuppertal. Später schreibe ich alles im Büro und besuche die Dortmunder Fabrik. Am Wochenende gibt es auch diese Party. Vielleicht trinke ich zu viel. Und dann bekomme ich den Brief von Helmut.

Ja, Fräulein Möhn hat Kopfschmerzen. Sie ist nicht richtig krank, aber ihr ist schlecht. Nach dem Kaffee geht sie wieder zu Bett und bleibt bis Mittag zu Hause.

Aufgabe J Richtige Endungen (oder keine Endungen)

Letzt. . . Monat hat es ein Gewitter gegeben. Vor ein. . . Monat waren wir auf Urlaub an ein. . . Fluß. Für unser. . . Großvater war es das erste Mal auf ein. . . Bauernhof. Nach d. . . Frühstück sind wir ein. . . Pfad hinaufgegangen in d. . . Wald hinein. Der Boden war naß, aber unter d. . . Bäumen waren wir ganz trocken. Hinter ein. . . Berg hat es bald gedonnert. Wir sind schnell durch d. . . Wald gegangen und haben eine Wanderhütte zwischen ein. . . Kornfeld und d. . . Berg gefunden, aber die Tür war zu. Unser Opa hat eine Flasche aus sein. . . Tasche genommen. Gegen ein. . . Gewitter braucht man so 'was, hat er gesagt. Über d. . . Fluß haben wir d. . . Sonne gesehen, aber um unser. . . Hütte hat es geblitzt. Wir haben ein paar Minuten vor d. . . Hütte gestanden. Ohne sein. . . Hut war unser. . . Opa jetzt ganz naß. Von d. . . Hütte bis zu unser. . . Bauernhof war es etwas weit. Wir sind über d. . . Kornfeld bis zu ein. . . Straße gegangen. Auf d. . . Straße haben wir einen Bus gesehen. Mit d. . . Bus sind wir zu ein. . . Dorf gefahren. Wir sind an ein. . . Café gekommen. Dort haben wir auf d. . . Sonne gewartet.

Aufgabe K zum/zur/ins/in die/ans/an die/nach/auf den/auf mein

1 Diese Maschine fliegt . . . Washington.

2 Fährt dieser Bus . . . Bahnhof?

3 Kommt ihr mit . . . Kino?

4 Jetzt müssen wir . . Markt.

5 Ich bringe Sie . . . Werkstatt.

6 Gehen Sie bitte . . . Kasse!

7 Muß ich heute . . . Schule?

8 Bringen Sie mir bitte das Frühstück . . . Zimmer.

9 Herr Mack, kommen Sie bitte . . . Telefon!

10 Viele gehen hier . . . Dom.

Aufgabe L du/ihr/Sie

1 Kinder, . . . mach. . . zu viel Lärm!

2 . . . schon fertig, Herr Kollege?

3 Fräulein, k. . . mir bitte meinen Schlüssel geben?

4 Oma, warum bleib. . . so lange im Bad?

5 Ha. . . schon bestellt, Hans?

6 Wer hat den Kuchen gegessen? Jetzt zeig. . . beide die Zunge!

7 Was h. . . heute in der Schule gelernt, Fritzchen?

8 War. . . gestern mit Gabi und Siggi in der Disco?

9 Es tut mir leid, hier d. . . nicht parken.

Aufgabe M Was stimmt?

1 Kennen wir dein/deinen Gast?

2 Wann haben Sie der/den Brief geschickt?

3 Hier gibt es kein/keinen Sessel.

4 Ach, ich habe der/den Käse vergessen!

5 Dieser Wein ist ein/einen Rotwein aus dem Süden.

6 Ist das euer/euren Wagen?

7 Habt ihr mein/meinen Mantel gesehen?

8 Wo steht Ihr/Ihren Schreibtish?

Aufgabe N   Wortstellung II

Schreiben Sie die Sätze richtig aus.

1 sind/wir alle/vor/Hamburg/gefahren/nach/acht Tagen
2 oben/Julius/im/Stock/schläft/dritten
3 nicht/gehen/ihr/am Abend/den Pfad/dürft/entlang
4 ins/du/gleich/mußt/Bett
5 seiner/im Restaurant/kann/abend/er/Freundin/morgen/essen/mit
6 von/gestanden/an der/ich/vorgestern/acht/Kasse/halb sieben/habe/
   bis/Uhr

Aufgabe O   Krankheiten

Was machen Sie?

1 Sie haben Grippe. . . .

2 Sie sind erkältet. . . .

3 Sie haben Zahnschmerzen. . . .

Was sagen Sie?

4 . . . Fieber.

5 . . . gegen . . . ?

6 . . . Quittung . . . ?

Aufgabe P   Zu Gast: Viel Spaß/Darf ich mich verabschieden/ Greifen Sie zu/Tschüs/Darf ich einladen/Darf ich vorstellen/Ich bin satt/Darf ich nachgießen

1 Es ist schon spät. . . .

2 . . .: das ist meine Nichte Gerda.

3 Ich gehe jetzt. . . .

4 Danke, ich esse keinen Nachtisch.
   . . .

5 Hier haben Sie Königskuchen und Sandkuchen. . . .

6 Wie finden Sie den Wein? . . .

7 Nächste Woche habe ich Geburtstag. Meine Freunde . . .

8 . . . heute abend im Zirkus.

Aufgabe Q   Situationen

1 Was sagen Sie und bestellen Sie in einer Gaststätte? . . .

2 Was fragt man in einem Hotel? . . .

3 Wo kauft man Fisch, Kartoffeln und Brot, und was sagt man? . . .

4 Was machen Sie zu Weihnachten? . . .

5 Sie suchen Hotelunterkunft beim Verkehrsamt. Was sagen Sie? . . .

6 Sie haben eine Autopanne. Was sagen Sie, und was machen Sie? . . .

EINUNDDREISSIGSTES KAPITEL

Jeden Tag

Aufgabe A

Antworte.

Was machst du jeden Morgen:

1 Stehst du auf? Wann? . . .

2 Gehst du dann ins Bad? . . .

   Was machst du dort:

   Wäschst du dich? Ja, ich wasche mich.

3 Rasierst du dich? . . .

4 Schminkst du dich? . . .

5 Gehst du auch aufs Klo? . . .

6 Ziehst du dich an? . . .

7 Ißt du dein Frühstück? . . .

   Nachher mußt du dich vielleicht beeilen!

Grammatik *Grammar*

ich	wasche mich	wir waschen uns
du	wäschst dich	ihr wascht euch
er ⎫		Sie ⎫
sie ⎬ wäscht sich		sie ⎬ waschen sich
man ⎭		

A number of verbs are reflexive; that is, they are actions one does to oneself. In German you must say, for example, ich wasche **mich,** *and not just 'I wash'.*

---

jeden Tag	*every day*	vgl.	nächsten Donnerstag
jede Woche	*every week*		nächste Woche
jedes Jahr	*every year*		nächstes Jahr

Aufgabe B

Antworte.

1 Was macht ihr jeden Morgen? Wir . . .

2 Was macht Herr Enders also jeden Morgen? . . .

3 Was macht Frau Rohrbach morgen früh? . . .

Jede Nacht

Jede Nacht gehen Rohrbachs um halb elf ins Bett. Gestern war ganz typisch. Sie sind ins Bad gegangen, haben sich gewaschen, haben sich ausgezogen und sind bald eingeschlafen!

Aufgabe C

Antworte.

Hat sich Herr Kunz heute morgen rasiert? Nein, der trägt einen Vollbart.

1 Hat sich Frau Eigenmann heute morgen rasiert? . . .

2 Herr Zikowsky hat einen Schnurrbart: muß er sich rasieren? . . .

3 Was hast du heute morgen gemacht? . . .

Grammatik *Grammar*

—ieren	habe —iert
ich rasiere mich	ich habe mich rasiert
wir probieren den Wein	wir haben den Wein probiert

Aufgabe D

Antworte.

Wollen wir zusammen einkaufen gehen?
 −Gerne.   Wo treffen wir uns?

1 Wir treffen . . .

2 . . .

3 . . .

4 . . .

Herr Sanders beeilt sich

Sanders ist mein Name. Ich bin Buchhalter. Einmal im Monat muß ich früh zur Arbeit und das Geld für unsere sechzehn Arbeiter von der Bank abholen. Vor einer Woche bin ich wie immer kurz vor sieben aufgestanden. Ich bin ins Bad gegangen und habe mich gewaschen. Ich habe eine Weile vor dem Spiegel gestanden und mich angesehen. Ich habe mich rasiert. Schnell habe ich mich angezogen. Meine Frau hat den Kaffeeautomaten und ein paar Scheiben Brot aus der Küche gebracht. Am Tisch haben wir unsere Urlaubspläne diskutiert. Wir freuen uns immer auf unsere vierzehn Tage in Spanien. Ich habe mich beeilt: es war schon halb acht. Ich bin die Straße entlanggegangen, habe aber wenig Leute gesehen. Ich habe unser Geschäft erreicht. Die Tür war zu, also habe ich geklingelt. Endlich habe ich eine Stimme gehört. Ich habe mich gemeldet. „Herr Sanders," hat unsere Putzfrau über den Lautsprecher gesagt, „wissen Sie nicht, heute haben wir doch den siebzehnten Juni, es ist also Feiertag!"

Aufgabe E

Schreiben Sie den Text mit „er". Beginnen Sie: Sanders ist sein Name . . .

Aufstehen usw.

Diese Verben kennst du schon:

aufstehen:	Ich stehe früh **auf**. Ich bin früh **auf**gestanden.
anrufen:	Ich rufe den Gastwirt **an**. Ich habe den Gastwirt **an**gerufen.
aufpassen:	Passen Sie **auf**! Haben Sie gut **auf**gepaßt?
mitnehmen:	Sie nimmt ein zweites Frühstück **mit**. Die Kinder haben nur Schokolade **mit**genommen.

Aufgabe F

Ergänze.

1	*einladen*	Wir l. . . Sie heute . . . Wir haben Sie heute . . .
2	*einschlafen*	Du . . . sofort . . . Bist du . . . ?
3	*einkaufen*	Mutti . . . jeden Mittwoch . . . Diese Woche hat sie schon . . .
4	*anhören*	Vati . . . das Radio . . . Haben Sie den Bürgermeister . . . ?
5	*ankommen*	Der Zug . . . in Neustadt . . . Der Zug ist fast . . .
6	*ansehen*	. . . Sie das Bild . . . ! Haben Sie das Bild . . . ?
7	*zurückkommen*	Wann . . . ihr . . . ? Seid ihr noch nicht . . . ?
8	*kennenlernen*	Wir . . . uns jetzt . . . Wir haben uns gut . . .
9	*abholen*	Ich . . . Sie morgen früh . . . Wer hat Sie . . . ?
10	*abfahren*	Die Bergbahnkabine . . . schon . . . Die Kabine ist schon . . .

Aufgabe G

Ergänze.

1 sich anziehen, ausziehen und umziehen

    a Morgens ziehe ich . . .

    b Im Schwimmbad . . .

    c Abends . . .

2 einsteigen, aussteigen und umsteigen

    a Schnell! Der Zug ist schon voll. Wir . . . hier . . .

    b Wir fliegen nach Mexiko. In New-York . . . wir . . .

    c Da sind wir wieder bei Tante Martha. Wir . . .

3 einpacken und auspacken

    a Morgen erreiche ich mein Hotel. Heute . . . ich . . .

    b Morgen . . . ich . . .

4 aufmachen und zumachen

    a Es ist windig. . . . Sie bitte . . . !

    b Mir ist warm. . . . !

Wenn

Aufgabe H

Antworte.

1 Was machst du, wenn du Hunger hast? Ich e. . .

2 Was machst du, wenn du Durst hast? ich t. . .

3 Was machst du, wenn du morgens aufstehst? . . .

4 Was machst du, wenn du am Wochenende etwas Freizeit hast? . . .

Aufgabe I

Beginne mit „Wenn". (Vergiß das Komma nicht!)

1 Was machst du, wenn du auf Urlaub bist? Wenn ich . . .

2 Was machst du, wenn du abends nach Hause kommst? . . .

3 Was macht man, wenn man auf einem Flughafen landet? . . .

4 Was macht man, wenn man krank ist? . . .

5 Wann braucht man eine Sonnenbrille? Man . . .

6 Wann unterzeichnet ein Geschäftsmann einen Vertrag? Ein G. . .

7 Wann geht man zur Bank? . . .

8 Wann bekommen Kinder Bonbons? . . .

Grammatik *Grammar*

Frau Klink kommt um acht an ihrem Arbeitsplatz an. Dann grüßt sie ihre Kollegen.
Wenn Frau Klink um acht an ihrem Arbeitsplatz **ankommt**, grüßt sie ihre Kollegen.
oder Frau Klink grüßt ihre Kollegen, **wenn** sie um acht an ihrem Arbeitsplatz **ankommt**.

Wenn . . . Verb, Verb . . .

oder . . . , wenn . . . Verb

Wann trocknet man sich ab? **Nachdem** man sich gewaschen **hat**!
Nachdem man sich gewaschen **hat**, trocknet man sich ab.
oder: Man wäscht sich, **bevor** man sich **abtrocknet**.

Nachdem wir eingestiegen **sind**, haben wir unsere Fahrkarten angesehen.
Bevor wir die Fahrkarten angesehen **haben**, sind wir schnell eingestiegen.
Wenn ihr euch nicht umziehen **könnt**, müsst ihr wieder auspacken.

Notice the comma, and the word order: wenn, bevor *and* nachdem *send the verb to the end of its clause.*
Wenn *can mean either 'if' or 'when'.*

Aufgabe J

Ergänze die Paare.

1 Hörer abnehmen/Geld einwerfen:
   a Nachdem man . . . , . . .
   b Man . . . , bevor . . .

2 klingeln/sich melden:
   a Nachdem . . . , . . .
   b . . . , bevor . . .

3 einen Platz suchen/einsteigen:
   a . . . , . . .
   b . . . , . . .

4 sich ausziehen/einschlafen:
   a . . . , . . .
   b . . . , . . .

ZWEIUNDDREISSIGSTES KAPITEL

Baden-Baden

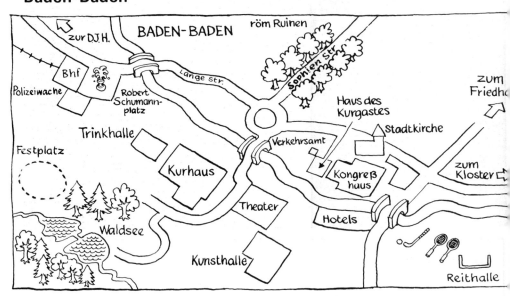

Aufgabe A

Antworten Sie.

1 Wo liegt der Bahnhof? . . .

2 Was steht vor dem Bahnhof in der Mitte des Robert-Schumann-Platzes? . . .

3 Wo liegt der Waldsee? . . .

4 Was gibt es in der Nähe des Theaters? . . .

5 Was befindet sich an der Ecke des Hauses des Kurgastes? . . .

6 Wo gibt es Bäume in der Mitte der Stadt? . . .

7 Wo liegen die Tennisplätze? . . .

8 Was kann man in der Nähe der Tennisplätze machen? . . .

9 Wo liegt die Jugendherberge? . . .

10 Wo befindet sich die Polizeiwache? . . .

Grammatik *Grammar*

am Ende		des Waldes
am Rande		des Kurhauses
am Ufer		des Festplatzes
in der Mitte	+	der Straße
in der Nähe		der Stadt
an der Seite		
an der Ecke		der Plätze
		der Bäume
an den Seiten		

The 'genitive' is the very last form of der/die/das, *which remains to be learnt.* Des/der/des, *plural* der, *means 'of the', and is commonly used with the above expressions.*

GENITIV

der Platz liegt dort	die Stadt ist groß	das Haus ist alt
(in der Nähe) des Platzes	(am Rande) der Stadt	(auf dem Dach) des Hauses

die Bäume sind grün
(in der Mitte) der Bäume

Notice the addition of -s *to masculine and neuter words, or* -es *when this makes for easier pronunciation.*

Aufgabe B

Stellen Sie Fragen.

1 . . . ? Dort liegt der Festplatz.

2 . . . ? Dort befinden sich die Tennisplätze und der Kleingolfplatz.

3 . . . ? Da sind die Kunsthalle, das Theater und die Trinkhalle.

4 . . . ? Da oben sind die römischen Ruinen.

5 . . . ? Sie müssen den Fluß entlanggehen.

6 . . . ? In der Reithalle.

Die Volkshochschule

Wenn man Lust hat, kann man in jedem Alter die Volkshochschule besuchen. Die VHS bietet immer Kurse in vielen Fächern an: Sprachen, Gymnastik, Sport, Politik, Fotografie, Theater, Musik, Kunst, Elektronik, Technik, Gesundheit, Kochen, Rechnen, Lesen und Schreiben, und so weiter.

Am Anfang eines Kurses weiß man vielleicht gar nichts von der Sache, aber nachdem man zehn- oder zwanzigmal zwei Stunden lang im Klassenzimmer gesessen hat, muß man schon etwas verstehen. Wenn man zum Beispiel am Anfang eines Kochkurses immer nur Omeletts und Frankfurter Würstchen ißt, kann man am Ende des Kurses Bekannte mit Selbstvertrauen zum Abendessen einladen. Bei Sprachen braucht man selbstverständlich mehr Zeit. Erst nach zwei oder drei Jahren können Teilnehmer richtig sprechen und verstehen. Wenn man anfängt, sehen die Wörter sehr komisch aus. In der Mitte des Jahres kann man schon etwas sagen, und am Ende des ersten Jahres ist es hoffentlich nicht mehr so schwierig.

Die VHS arrangiert Deutschkurse für Ausländer und Einwanderer, Tageskurse für Arbeitslose, Rentner und Frauen (z.B. Mütter mit Kleinkindern), Berufsausbildungskurse und Schulabschlußkurse. Wenn ein Teilnehmer nur den Hauptschulabschluß oder keine Berufsausbildung hat, bleibt er vielleicht ohne Arbeitsplatz: bevor er die VHS besucht, kann er unmöglich Arbeit finden. Wenn er sich aber zu einem Kurs der VHS angemeldet hat, hat er auf dem Arbeitsmarkt hoffentlich mehr Chancen.

Bevor sie anfangen dürfen, müssen alle Teilnehmer selbstverständlich zahlen. Die Gebühren sind meistens nicht zu hoch, und es gibt Sonderpreise für Schüler, Studenten, Rentner, Arbeitslose und Ausländer. Die meisten Teilnehmer kommen immer pünktlich an: sonst müssen sie vorne sitzen. Viele Teilnehmer wollen hinten sitzen, aber einige sitzen lieber in der Mitte der Klasse.

Das deutsche Bildungssystem

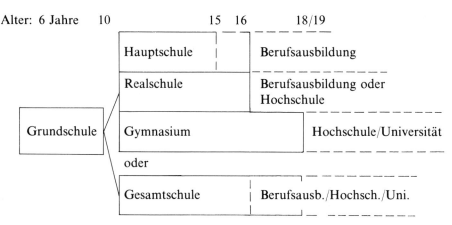

Alter: 6 Jahre   10   15 16   18/19

	Hauptschule	Berufsausbildung
	Realschule	Berufsausbildung oder Hochschule
Grundschule	Gymnasium	Hochschule/Universität
	oder	
	Gesamtschule	Berufsausb./Hochsch./Uni.

V H S

FRANKENTHAL

Winterhalbjahr

(Herbst- und Frühjahrstrimester)

Beginn: 21. September

Ende: 13. März

BEZIRKSAMTTIERGARTEN
VON BERLIN
ABTEILUNG VOLKSBILDUNG

Anmeldung:

Sonntag 08. September
10-13 Uhr im Rathaus Tiergarten
ab 09. September
in der Geschäftsstelle
ab 13. Januar
in der Geschäftsstelle

**VOLKSHOCHSCHULE
TIERGARTEN**

Aufgabe C

Antworten Sie.

1 Gibt es eine Volkshochschule in Ihrer Stadt bzw. Ihrem Dorf? . . .

2 Wo liegt sie? . . .

3 Welche Fächer kann man bei Ihrer VHS studieren? . . .

4 Welche Schulen haben Sie besucht? . . .

5 Wo haben Sie im Klassenzimmer gesessen? . . .

6 Wie lange lernen Sie schon Deutsch? . . .

7 Haben Sie am Anfang dieses Kurses schon einige Wörter Deutsch gekannt? . . .

8 Freuen Sie sich schon auf das Ende dieses Deutschkurses? . . .

9 Was möchten Sie sonst lernen? . . .

10 Haben Sie eine Berufsausbildung? Wenn ja, was sind Sie von Beruf? . . .

DREIUNDDREISSIGSTES KAPITEL

Hin und her

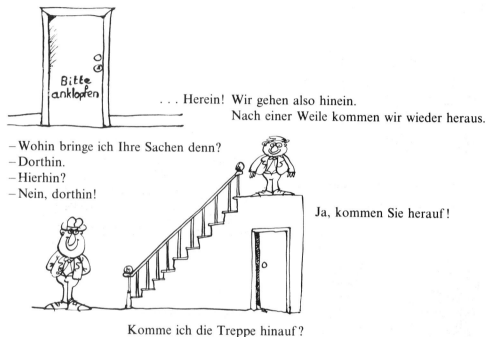

... Herein! Wir gehen also hinein.
Nach einer Weile kommen wir wieder heraus.

–Wohin bringe ich Ihre Sachen denn?
–Dorthin.
–Hierhin?
–Nein, dorthin!

Ja, kommen Sie herauf!

Komme ich die Treppe hinauf?

„ . . . Gehen Sie durch den Wald hindurch. Nachdem Sie durch den Wald hindurchge-
gangen sind, müssen Sie über den Graben hinüberspringen. Wenn Sie über den Graben
hinübergesprungen sind, gehen Sie den Weg hinab. Am Ende des Weges sehen Sie die
Seilbahnstation. Bald fährt Ihr Freund bestimmt wieder zur Station hinab."

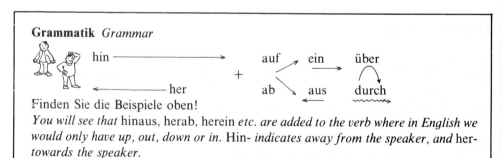

Grammatik *Grammar*

hin ──────────────→   auf ↗ ein → über
                      +   ab ↘ aus   durch
   ←────────── her

Finden Sie die Beispiele oben!
You will see that hinaus, herab, herein *etc. are added to the verb where in English we
would only have up, out, down or in. Hin- indicates away from the speaker, and her-
towards the speaker.*

Aufgabe A

Ergänzen Sie mit hin . . ./her . . .

EINGANG

1 Hier muß man . . . gehen.

2 Hier kommt man wieder . . .

3 Wohin fährt er? . . .

4 Und wohin fährt sie? . . .

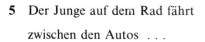

5 Der Junge auf dem Rad fährt

zwischen den Autos . . .

6 Was sagt das Mädchen? . . .

7 Herr Strobel hat uns zum Hauptgebäude gerufen. Wir müssen gleich . . .

Dumme Fragen

Was ist ein Junge, der eine Schule besucht? Er ist Schüler!

Wohin fährt eine Straßenbahn, die vorne das Schild „Hbf" trägt? Sie fährt zum Hauptbahnhof!

Wie heißt das Land, das zwischen Österreich, Deutschland, Polen, Rußland und Ungarn liegt? Es heißt die Tschechoslowakei!

Welches sind die Blumen, die auf den Bergen wachsen? Es sind das Edelweiß, die Alpenrose, das Veilchen und der Enzian!

Grammatik *Grammar*

der Mann,	der . . .	Verb, . . .
die Dame,	die . . .	Verb, . . .
ein Kind,	das . . .	Verb, . . .
alle Bäume,	die . . .	Verb, . . .

Der/die/das *in the sense of who, which or that also send the verb to the end of the clause, which is marked off by commas.*

vgl. (*compare*) wenn, bevor, nachdem

Aufgabe B

Bilden Sie einen Satz aus zwei Sätzen. *Make one sentence out of two.*

Beispiel   Ein Reifen liegt dort unter Ihrem Wagen. Er ist zu groß.
Der Reifen, der dort unter Ihrem Wagen liegt, ist zu groß.

1   Ein Schließfach steht dort offen. Es ist ein bißchen zu klein.   . . .

2   Eine Birne ist kaputt. Sie hängt in der Mitte des Zimmers.   . . .

3   Die Reparaturarbeiten sind schon zu Ende. Sie waren ganz einfach.   . . .

4   Ein Fahrer hat seinen Lkw rückwärts aus einer Nebenstraße herausgefahren. Er hat nicht aufgepaßt.   . . .

5   Das Flugzeug ist erst vor einigen Minuten gelandet. Es kommt aus Südafrika.   . . .

6   Dieser Holländer freut sich auf einen Besuch in unserem Kernkraftwerk. Er ist gerade angekommen.   . . .

7   Diese Sendung hat schon angefangen. Sie gefällt mir nicht. . . .

8   Eine Dame kommt gerade ins Vorzimmer herein. Sie bringt Ihre Akte mit.   . . .

Die BRD und die DDR

Die Bundesrepublik Deutschland (Westdeutschland) und die Deutsche Demokratische Republik (Ostdeutschland) haben zusammen etwa 78 000 000 Einwohner. Über 61 Millionen der Deutschen leben in der BRD: Im Jahre 1949 haben die Deutschen ihre zwei

Nachkriegsstaaten gebildet. Die drei Westmächte, die USA, Großbritannien und Frankreich, haben eine Konferenz zusammengerufen, die eine Verfassung für einen Bundesstaat acht Monate lang diskutiert hat. Im September 1949 haben die Westzonen die BRD gegründet, und im Oktober haben die Politiker der sowjetischen Zone die DDR proklamiert.

Die BRD ist ein Bund von elf Ländern: Schleswig-Holstein, Hamburg, Bremen, Niedersachsen, Nordrhein-Westfalen, Hessen, Rheinland-Pfalz, Saarland, Baden-Württemberg, Bayern, und praktisch auch Berlin (West). Jedes Land hat seine eigene Regierung und seine eigene Hauptstadt. Bonn ist vielleicht Hauptstadt der Bundesrepublik, weil die Politiker des Rheinlands (vor allem Konrad Adenauer) am Anfang sehr aktiv waren. Die Stadt, die bis 1945 Reichshauptstadt war, liegt jetzt in der Mitte der DDR. Im Jahre 1972 haben die vier Mächte ein Abkommen unterzeichnet, das den Status von West-Berlin immer noch garantiert. Die über zwei Millionen West-Berliner dürfen jetzt Mitglieder ins Bonner Parlament schicken, und jeder Bundesbürger und West-Berliner hat das Recht, zwischen der Bundesrepublik und Berlin (West) hin- und herzureisen (aber nicht automatisch die DDR unterwegs zu besuchen).

Die Mauer, die heute in Berlin steht, hat die DDR 1961 gebaut. Vorher, zwischen 1949 und 1961, sind drei Millionen Deutsche aus der Ostzone nach Westdeutschland gekommen, meistens über West-Berlin. Nach dem Bau der Mauer haben es nur wenige geschafft, und einige sind an der Mauer gestorben. Einige haben selbstverständlich auch die BRD verlassen und leben heute östlich der Grenze. Sehr viele Deutsche sind auch aus anderen Ostblockländern in die BRD herübergekommen, vor allem aus Polen. Aus Polen darf man jetzt die meisten Sachen mitbringen, aber viele der Deutschen, die nach dem Krieg aus all den Ländern Osteuropas nach Deutschland gekommen sind, haben alles im Osten zurückgelassen. Einige der „Ostdeutschen" haben Schwierigkeiten, weil sie zu Hause kein Deutsch gelernt haben.

Die kommunistische Partei, die in der DDR regiert, heißt SED. Im Westen stehen die SPD links, die FDP etwa in der Mitte, und die CDU und CSU mehr rechts. Die umweltfreundliche Grüne Partei ist auch wichtig, und es gibt natürlich extremrechte und extremlinke Aktivisten.

Die BRD und die DDR sind beide Industrieländer. In den DDR-Zeitungen liest man Berichte über Landwirtschaft, Industrie und Freundschaft mit der UdSSR. Viele ihrer Bürger fahren auf Urlaub in die Berge oder an die Ostseeküste. Manchmal dürfen sie zu Besuch in die Bundesrepublik hinüberfahren, besonders wenn sie im Ruhestand sind. Von Zeit zu Zeit dürfen auch Bundesbürger ihre Familien in der DDR besuchen.

Aufgabe C

Antworten Sie.

1 Wer hat Deutschland zwischen 1945 und 1949 regiert? . . .

2 Wie viele Einwohner hat die DDR? . . .

3 Warum ist Bonn vielleicht Hauptstadt der BRD? . . .

4   Warum dürfen jetzt alle West-Berliner nach Bayern oder Hessen fahren?   . . .

5   Welche Schwierigkeiten hat ein Deutscher, der kein Deutsch kann?   . . .

6   Wie oft treffen sich Familien, die auf beiden Seiten der Grenze wohnen?   . . .

7   Warum hat die Regierung der DDR die Berliner Mauer gebaut?   . . .

8   Wie heißt der SED-Chef?   . . .

Grammatik *Grammar*

Weil   . . . Verb ans Ende
vg. wenn, bevor, nachdem

Aufgabe D

Antworten Sie.

1   Warum sprechen Deutsche, die zwanzig Jahre alt sind und in Rußland leben, kein Deutsch?   . . .

2   Warum hat die Schweiz keine Kriegsmarine?   . . .

3   Warum sind Picassos Bilder so teuer?   . . .

4   Warum darf ein Mann, der am Oberkörper nur einen Pullover trägt, nicht ins Baden-Badener Kurhaus hineingehen?   . . .

VIERUNDDREISSIGSTES KAPITEL

Aufgabe A

Antworte.

1 Was für ein Haus haben Sie? Es ist ...

2 Was für ein Tag ist es heute? Es ist ...

3 Was für ein Volk sind die Amerikaner? ...

4 Was für ein Mann ist der Präsident der USA? ...

5 Was für eine Uhr ist das? Das ist ...

6 Was für eine Uhr ist das? ...

Grammatik *Grammar*

für + Akkusativ: Ich kaufe drei Taschentücher für meinen Mann.
         ABER: Was für ein Mann ist er?

Was für *(what sort of) does not always take the accusative usually necessary after* für.

Beim Fest

Volker kauft einen schönen Lebkuchen, während Heinz eine salzige Brezel gefunden hat und Wolfgang ein großes Stück Torte in der Hand hält.

Maria nimmt gerade eine lange, dicke Bratwurst, während Lotte ein kühles Zitroneneis ißt.

Onkel Gerd trägt seinen besten Anzug, aber Rainer hat nur seine schmutzige alte Jacke angezogen.

Mechthilde hat ihr hübsches Dirndl an, aber auch meinen langen Mantel, weil es kühl und windig ist.

Christoph sucht einen leeren sauberen Aschenbecher, aber findet keinen, und stellt einen schmutzigen wieder auf den Tisch.

Ein leeres Glas steht vor Norbert. „Trinkst du noch ein dunkles Malzbier?" fragt Rainer. „Nein, diesmal lieber ein helles," antwortet er.

Und ich? Ich singe mit meinen Freunden ein bekanntes altes Lied. Wir schunkeln weiter, aber mir ist schlecht. Ich stehe auf, lasse meine halbvolle Flasche Bier auf dem Tisch stehen und gehe hinaus.

Grammatik *Grammar*
während ... Verb ans Ende
vgl. wenn, bevor, nachdem, weil

Aufgabe B

Antworte.

1 Was hat Wolfgang in der Hand? . . .

2 Wer ißt ein kühles Eis? . . .

3 Trägt der Onkel seine alte Jacke? . . .

4 Was hat Heinz gekauft? . . .

5 Was für einen Mantel habe ich? . . .

6 Warum stellt Christoph einen schmutzigen Aschenbecher auf den Tisch? . . .

7 Was steht vor Norbert? . . .

8 Was singen wir? . . .

Anmerkung *Note*

Bemerke: Wir hätten gerne einen neu**en** Teppich
eine neu**e** Polster-Garnitur
ein neu**es** Federbett

Aufgabe C

Antworte.

1 Welcher Brunnen steht in der Mitte des Platzes: der moderne oder der altmodische? . . .

2 Wo steht der andere? . . .

3 Welche Dame ist arm, und welche ist reich? Die schlanke ist . . . , und die d. . . Dame ist . . .

4   Welches   Buch   liegt   auf   dem
Bücherregal?   . . .

5   Wo liegt das andere?   . . .

Anmerkung *Note*

Bemerke: der große
die große
das große

Anna und Evi

Annas Koffer ist schwer, aber Evis ist ganz leicht. Annas Vater ist recht freundlich, aber Evis ist etwas unfreundlich. Herrn Brauns Tochter ist sehr hübsch, während Herrn Gellerts Töchterlein auch hübsch, aber leider ziemlich dumm ist. Annas Kleid ist schön, aber Evis ist lang und uninteressant. Anna hat zweihundert Mark gezahlt, aber Evi nur siebzig.

Aufgabe D

Antworte.

1   Wer hat den schweren Koffer?   . . .

2   Was hat denn das andere Mädchen?   . . .

3   Wer hat den freundlichen Vater?   . . .

4   Wer hat die dumme, hübsche Tochter?   . . .

5   Wer hat das lange, uninteressante Kleid?   . . .

6   Wer hat den hohen Preis gezahlt und wer den niedrigen?   . . .

Anmerkung *Note*

Bemerke: hoch – der hohe, usw.
den billigen Teppich
die billige Polster-Garnitur
das billige Federbett

Fernsehprogramm für Sonntag, den 18. März

10.30   *Die starke Maus* und *Im freundlichen Tal* Zwei Trickfilme vom tschechischen Fernsehen

11.00   *Gesundheitsmagazin* Alles über Ihre dritten Zähne

11.30   *Dein guter Freund* Magazin für unsere jungen Fernsehgäste

12.00   *Sonntagskonzert* Aus der neuen Konzerthalle der Stadt Bremen

13.00   *Heute* Nachrichten und *Spiegel der Woche*

13.45   *Im kleinen roten Sack* Für Kinder

14.30   *Auf dem Glatteis* Unterhaltung für die ganze Familie

15.00   *Unser alter Vater*

       Spielfilm über das Leben einer brasilianischen Familie im wilden Amazonaswald.

15.55   *Kunstwerke unserer Zeit* Die Bedeutung des vierten Skulpturkongresses von Tokio

17.00   *Heute* Nachrichten

17.10   *Die Sportschau* Spiele der letzten acht Tage

17.45   *Die gefährlichen Brüder* Western auf der breiten Prärie

18.35   *Tagebuch* Diese Woche aus der katholischen Kirche

19.00   *Heute* Nachrichten und Wetterbericht

19.10   *Bonner Perspektiven* Die aktuellen Fragen

19.30   *Weltspiegel* Berichte aus den ausländischen Brennpunkten

20.15   *Ein kleines Haus in der Großstadt* Ein italienischer Spielfilm

21.45   *Heute* Nachrichten und Wetterbericht

21.50   *Am runden Tisch* Diskussion: Was meinen unsere bekannten Gäste über die wichtigen Fragen, die diese Woche zur Debatte stehen?

22.50   *Kurzfilm International* Kurzfilme aus der ganzen Welt
       Sendeschluß ca. 23.10

Aufgabe E

Antworte.

1 Welche Sendungen möchtest du gerne sehen? . . .

2 Welche sind interessant? . . .

3 Wie viele Programme hat das deutsche Fernsehen? . . .

4 Was diskutieren diese Woche die Gäste der Sendung *Am runden Tisch?*

Grammatik   *Grammar*

welcher/welche/welches
vgl. dieser/diese/dieses

Adjektive	
ein, kein, mein, Ihr, usw.	-er (ein neuer Hut: der Hut)
ein, kein, sein, unser, usw.	-es (ein neues Hemd: das Hemd)
eine, keine, deine, eure, usw.	-e
der	⁻-e
die	-e
das	-e
sonst (den, dem, der, des, einem, unserem, usw.)	-en
alle Mehrzahlen (die, meine, usw).	-en

aber Die Betten sind gut: keine Endung, wenn das Adjektiv am Ende steht.

Most adjectives that come before a noun will end in -e or -en.

Aufgabe F

Antworte.

1 Was für ein Mann ist der Präsident der USA? Ein . . . !

2 Was für ein Gebäude ist der Kreml? Ein . . . !

3 Was für ein Land ist Norwegen? Ein . . .

4 Was für eine Stadt ist Wien? . . .

5 Was für ein Zug ist ein Intercity-Zug? . . .

Aufgabe G

Richtige Endungen (oder keine Endungen): ergänze.

Letzt . . . Freitag haben wir unser klein . . . Theater besucht. Wir haben an der windig . . . Haltestelle gewartet, aber sind in die erst . . . Straßenbahn eingestiegen. Am Bahnhof, der gegenüber dem alt . . . Theater steht, sind wir ausgestiegen. Wir sind über die breit . . . Straße hinübergegangen. Nachdem wir an der Kasse unsere vier ganz billig . . . Karten gekauft haben, haben wir unsere dick . . . Mäntel an der Garderobe abgegeben. Das gemütlich . . . Theater ist ganz bequem . . . und hat einen rot . . . Teppich auf der schmal . . . Treppe. Wir sind hinaufgestiegen, weil wir Plätze in der acht . . . Reihe des erst . . . Rangs genommen haben. Die Parkettplätze finden wir nicht so gut . . . An der offen . . . . Tür haben wir die weiß . . . Karten vorgezeigt und ein dick . . . Programm für eine Mark gekauft. Die schwer . . . Vorhänge haben sich geöffnet, und das Stück hat begonnen. Ein jung . . . Mann hat gesprochen: „Was für ein schön . . . Tag! Heute kommt die hübsch . . . Schwester meines lieb . . . Freundes Richard zu Besuch." Da klingelt es. Es ist keine hübsch . . . Schwester, sondern eine schlank . . . jung . . . Nachbarin, die ihren Schlüssel verloren hat. Es war ein lustig . . . Stück, die Geschichte von den viel . . . Mißverständnissen zwischen der schön . . . Schwester und ihrer jung . . . Rivalin. In der kurz . . . Pause haben wir ein kühl . . . Glas Wein an der Bar getrunken, aber nach dem lustig . . . Stück haben wir uns beeilt, weil die letzt . . . Straßenbahn etwas früh abfährt.

FÜNFUNDDREISSIGSTES KAPITEL

Aufgabe A

Antworten Sie.

1 Was machen Sie jeden Abend, bevor Sie ins Bett gehen? . . .

2 Wann muß man am Telefon sprechen? . . .

3 Wie sieht Ihre Nachbarin bzw. Ihr Nachbar aus? . . .

4 Wohin sind Sie letzten Sommer gefahren? . . .

5 Was haben Sie heute morgen gemacht, nachdem Sie aufgestanden sind? . . .

6 Wo liegt das Rathaus Ihrer Stadt? . . .

7 Wann geht man auf den Markt? . . .

8 Warum trägt Frau Bayer einen Ring an der rechten Hand? . . .

9 Was sagen Sie, wenn jemand an die Tür klopft? . . .

10 Wohin kann man nur noch gehen, wenn man ganz oben auf einem hohen Berg steht? . . .

Grammatik *Grammar*

> Ich kenne den Gastwirt aus Heidendorf.
> oder: Der Gastwirt, *den* ich kenne, ist aus Heidendorf.

In both cases den *is the object of the verb* kenne.

Aufgabe B

Bilden Sie einen Satz aus zwei Sätzen.

1 Bemerken Sie den alten Schrank? Wir haben den Schrank vor zehn Jahren gekauft. . . .

2 Sie hat eine Halskette verloren. Die Kette hat Herr Happel gestern gefunden . . .

3 Die Großeltern lieben ihr australisches Enkelkind. Sie haben es aber nie gesehen. . . .

4 Zu Weihnachten habe ich einen Kalender gekauft. Du benutzt den Kalender jetzt. . . .

5 Du hast das Brot vergessen. Wir brauchen es. . . .

6 Der Neuseeländer ist zu Besuch hier. Du kennst den Neuseeländer nicht. . . .

7 Sie beantworten eine Frage. Diese Frage habe ich schon beantwortet. . . .

8 Wir servieren unseren besten Wein. Er gefällt Ihnen bestimmt auch. . . .

Auf dem Campingplatz

Auf dem Platz steht eine Menge Zelte und Wohnwagen. Einige Familien sind schon seit einer Woche da, einige sind erst heute angekommen. Die Gäste sehen ganz braun aus, weil sie am Meer wohnen und sich am Strand gesonnt haben. Vor den blauen oder gelben Zelten essen die Leute im Freien. Ein junger Mann und seine Freundin haben sich gerade im Büro angemeldet. Sie sind vom nächsten Dorf hierhergelaufen. Sie fahren meistens per Anhalter, aber diesmal haben sie kein Glück gehabt und sind dankbar, daß sie den Zeltplatz endlich erreicht haben. Seit zwei Tagen sind sie unterwegs. Die schweren Rucksäcke lassen sie zur Erde fallen. Sie setzen sich aufs Gras und ruhen sich aus.

Ein Auto fährt durch die Einfahrt und hält vor dem Büro. Nachdem der Fahrer einen Anmeldungsschein ausgefüllt hat, sucht die Familie ihren Platz. Sie sind froh, daß am Ende der zweiten Reihe ein Platz noch frei ist. Die Familie steigt aus. Das Auto müssen sie ans Ende ihres langen Wohnwagens stellen.

Es scheint, daß die jungen Leute, die zu Fuß gekommen sind, Schwierigkeiten haben. Bevor sie essen oder schlafen können, müssen sie ihr kleines Zelt aufstellen. Was ist mit dem Zelt? Leider fehlt ein Seil. Der Mann geht zu seinen Nachbarn hinüber.

,,Können Sie uns bitte helfen?" fragt er.

Noch ein Auto ist hereingefahren. Leider gibt es keinen Platz mehr.

Grammatik *Grammar*

> seit + DATIV dem/der/dem, Plural den . . .n
> seit acht Tagen, seit einer Woche, usw.

> . . . , daß . . . Verb ans Ende
> vgl. wenn, bevor, nachdem, weil, während

Aufgabe C

Antworten Sie.

1   Welche Farbe haben die Zelte der Gäste?   . . .

2   Warum essen viele im Freien?   . . .

3   Warum ist das junge Paar dankbar, daß es den Campingplatz erreicht hat?   . . .

4   Heute ist Freitag: seit wann sind die jungen Leute unterwegs?   . . .

5   Was für einen Wohnwagen hat die Familie, die den letzten freien Platz nimmt?   . . .

6   Warum gehen Gäste, die neu angekommen sind, ins Büro?   . . .

7   Was für Schwierigkeiten hat das junge Paar?   . . .

8   Haben Sie schon Camping gemacht? Wann und wo?   . . .

Aufgabe D

Auf dem Campingplatz: ergänzen Sie.

Frau König   Beeilt euch, Kinder! Ich bereite unser letztes Abendessen zu. Morgen fahren wir wieder los. Heidi, hol das Brot aus dem Wagen. Schneide es bitte für mich.

Heidi   . . .

Herr König   Gerd, was tust du mit dem kleinen Frosch da? Nein, du kannst ihn nicht mitnehmen. Laß ihn im Graben los. Das tust du jetzt, bitte.

Gerd   . . .

Herr König   Nein, tu es jetzt. Und was ist mit den alten Zeitungen da?

Gerd   . . .

Herr König   Wirf sie doch weg. Tu sie in unseren Abfalleimer. Dann bringst du ihn an die Ausfahrt zur großen Abfalltonne.

Gerd   . . .
Heidi   . . .

Frau König   Danke, nach dem Abendessen kannst du für mich abspülen. Und Gerd, bleib bei deiner Schwester. Trockne für sie ab.

Gerd   . . .

Frau König   Nachher kannst du wieder hinab an den Strand. Heidi, warum liegt deine Uhr noch auf dem Stein da? Vergiß sie nicht!

Heidi	. . .
Herr König	Hier liegen noch all eure Sachen herum. Räumt sie bitte alle auf.
Gerd und Heidi	. . .
Herr König	Nein, das tut ihr jetzt schon. Ich kenne euch!
Heidi	Was tue ich mit der schmutzigen Wäsche?
Frau König	Steck sie in den weißen Plastikbeutel. Das ganze Zelt müsst ihr aber aufräumen. Seht es einmal an!
Heidi	. . .
Frau König	Doch, es ist schrecklich. Gerd, wo ist dein Schlafanzug?
Gerd	. . .
Frau König	Dann pack ihn wieder aus!
Herr König	Gerd, hör mich an. Es ist zu spät. Geh nicht mehr an den Strand. Die See siehst du morgen wieder.
Gerd	. . .
Herr König	Für dich ist es zu spät. Geht beide zu unseren Nachbarn. Grüßt sie von uns und sagt auf Wiedersehen. Wir holen euch gleich ab.
Heidi	. . .
Frau König	Ja, das tun wir auch. Wir machen die Lampe immer früh an.
Herr Wolf	So, Herr König, wir sehen Sie nächstes Jahr vielleicht wieder. Gute Heimfahrt!
Herr König	Danke, gleichfalls.
Frau Wolf	Gute Nacht, Kinder. Schlaft gut! Bis nächstes Jahr!
Heidi	Schau mal, Mutti, die Lampe ist aus. Du hast sie nicht angemacht. Tu es jetzt!
Gerd	Du hast doch immer Angst. Auch vor meinem Frosch.

Grammatik *Grammar*

TUN

ich	tue		wir	tun
du	tust		ihr	tut
er			Sie	
sie	} tut			} tun
es			sie	

Imperativformen

Das tust du jetzt → Tu es jetzt!
       oder: Tue es jetzt!
Siehst du das? → Sieh das mal an!
Schläfst du gut? (ä) → Schlaf gut! (a)

Das tut ihr jetzt → Tut es jetzt!

Seht ihr das? → Seht das mal an!
Schlaft ihr gut? → Schlaft gut!

Aufgabe E

Gib die Imperativform.

1 Du kommst um zehn Uhr.   Komm ...!

2 Ihr werft das alles gleich weg.   W...!

3 Du fährst langsam.   F...!

4 Ihr bereitet ein gutes Essen zu.   ...!

5 Du trägst deine besten Kleider.   ...!

6 Du nimmst deine Kusine mit.   ...!

Grammatik *Grammar*

NOMINATIV		AKKUSATIV		NOM		AKK	
ich	*I*	mich	*me*	wir	*we*	uns	*us*
du	*you*	dich	*you*	ihr	*you*	euch	*you*
er	*he/it*	ihn	*him/it*	Sie	*you*	Sie	*you*
sie	*she/it*	sie	*her/it*	sie	*they*	sie	*them*
es	*it*	es	*it*				

Ich kenne den Mann: ich kenne ihn.
Sie hat die Seife verloren: sie hat sie verloren.
Die Fahrerin hat das Kind nicht gesehen: die Fahrerin hat es nicht gesehen.
Mutti hat die Messer schon eingepackt: Mutti hat sie schon eingepackt.
Er hat Sie gegrüßt, aber mich hat er nur angesehen.
+ für dich, ohne euch, gegen ihn, usw.

Aufgabe F

Ergänzen Sie mit mich/es/uns usw.

1 Der Koffer ist in der Zollhalle. Ich hole . . . bald.

2 Ich bin dein Onkel, der lange in Indien war. Kennst du . . . nicht?

3 Hier habe ich etwas für . . ., Frau Erlinger.

4 Wo ist meine Brille? Du hast . . . in deine Tasche gesteckt!

5 Bist du krank? Ich bringe . . . nach Hause.

6 Das Radio ist an. Hörst du . . . ?

7 Ihre Ohrringe sind sehr schön. Wo haben Sie . . . gekauft?

8 Ihr seid unsere Freunde. Wir tun nichts gegen . . .

Aufgabe G

Bilden Sie einen Satz aus zwei Sätzen.

Beispiel Da steht ein Mann. Ich kenne ihn.→ Da steht ein Mann, den ich kenne.

1 Sie erzählen eine Geschichte. Ich habe sie schon gehört. . . .

2 Der Apparat ist wieder in Ordnung. Wir haben ihn gestern repariert. . . .

3 Hier liegt das dünne Heft. Ich suche es seit einer Woche. . . .

4 Am Ende der Straße ist der bekannte Bierkeller. Ihr habt ihn vorgestern besucht. . . .

5 Das ganze Papier kommt in die Fabrik. Es liegt auf dem Lkw. . . .

6 Der schlanke Herr ist Sänger von Beruf. Er spielt im Moment Gitarre. . . .

SECHSUNDDREISSIGSTES KAPITEL

Aufgabe A

Ergänzen Sie die Fragen und Antworten.

1 Schmeckt Ihnen Sauerkraut? . . .

2 . . . ? Nein, uns gefallen keine Großstädte.

3 Wie geht's . . . ? . . .

4 Was sagt man, wenn man im Hotelzimmer kein Handtuch findet? . . .

Wem gehört das?

Wem gehört die Videokamera? Sie gehört Frau Prinz.
Wem gehören die Filme? Sie gehören Herrn Römer.

Frl. Späth   Herr Römer   Frau Prinz

Aufgabe B

Ergänzen Sie.

1 Wem . . . die große Kamera auf dem Stativ? . . .

2 Herr Römer ist der Besitzer der zwei Filme. Gehört ihm eine Kamera? Nein, . . . gehört keine Kamera.

3 Frau Prinz ist die Besitzerin einer Kamera. Welche Kamera gehört ihr? . . . gehört . . .

4 Fräulein Späth ist auch Fotografin. Was gehört ihr? . . .

Grammatik *Grammar*

Nominativ	Herr:	Herr Ruppert ist nicht da.
Akkusativ	Herrn:	Kennen Sie Herrn Ruppert?
Dativ	Herrn:	Herrn Ruppert gefällt es nicht.
Genitiv	Herrn:	Ist das Herrn Rupperts Adresse?

Aufgabe C

Antworten Sie.

Rolf und Käthchen wollen heiraten. Er ist der Besitzer eines kleinen Autos und eines Plattenspielers. Sie besitzt ein paar Kochtöpfe, einen Staubsauger und die Bettwäsche. Das Bügeleisen gehört Rolf.

1 Was gehört ihm, und was gehört ihr? . . .

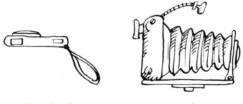

Barnbecks   Morgenthalers

2 Barnbecks nehmen ihren Fotoapparat immer mit: welcher Apparat gehört ihnen?

3 Welcher Apparat gehört Morgenthalers? . . .

Grammatik *Grammar*

NOM		DAT			NOM		DAT		
ich		mir	*(to) me*		wir		uns	*(to) us*	
du		dir	*(to) you*		ihr		euch	*(to) you*	
er		ihm	*(to) him*		Sie		Ihnen	*(to) you*	
sie		ihr	*(to) her*		sie		ihnen	*(to) them*	
es		ihm	*(to) it*						

Wie geht's Ihrem Freund? Wie geht's ihm?
Frau Stumpf fährt nie in Urlaub. Ihr gefällt es zu Hause.
Meine Töchter essen keinen Honig. Honig schmeckt ihnen nicht.
Das ist ein Geschenk für dich. Ich schenke es dir.
Kommst du mit mir? Ja, ich komme mit dir.
Bei euch ist es immer warm, usw.

Aufgabe D

Ergänzen Sie.

1 Irene und Christel sehen etwas krank aus. Wie geht es . . . ?

2 Kinder, ich habe . . . etwas aus der Türkei mitgebracht.

3 Sie haben meine Zahnbürste. Die gehört . . . !

4 Am zweiten Weihnachtstag besuchen wir deine Kusine. Was geben wir . . . ?

5 Hier ist ein Brief von Herrn Heitz. Und auch eine Postkarte von . . .

6 Mit . . . , liebe Frau Kollegin, hat man nie Schwierigkeiten.

7 Du trinkst deinen Saft nicht. Schmeckt er . . . nicht?

8 Wir haben ein gemütliches und ruhiges Haus. Bei . . . können Sie sich gut ausruhen.

Grammatik *Grammar*

Herr Blatt gibt seinem	Bekannten eine	Zigarre.
Bemerken Sie:	Dat	Akk

Note that the indirect object (dative) comes before the direct (accusative) when they are nouns.

Herr Blatt gibt sie   ihm.
Akk Dat

When they are pronouns (Ihnen, es, mir *etc.*) *the direct object (accusative) comes first.*

Aufgabe E

Liste der Personen:	Liste der Sachen:
seine Tante	einen Liebesbrief
sein Hund	eine Leine
seine Eltern	einen Schal
sein Nachbar	ein Fotoalbum
seine Enkelkinder	einen Schraubenzieher
seine Gattin	sein altes Rad

Bilden Sie Sätze mit den Personen und Sachen.

1 *geben*   Herr Blatt g. . .

2 *schreiben*   Herr Blatt schr. . .

3 *schicken*   Herr Blatt . . .

4 *verkaufen*   Herr Blatt . . .

5 *leihen*   Herr Blatt . . .

6 *zeigen*   Herr Blatt . . .

Aufgabe F

Ergänzen Sie.

1 Hier ist ein Geschenk für dich.   Ich schenke es . . .

2 Hier ist ein Geschenk für ihn.   Ich schenke es . . .

3 Hier ist ein Geschenk für euch.   Ich schenke es . . .

4 Hier ist ein Geschenk für sie.   Ich schenke es . . .

5 Hier ist ein Geschenk für Sie.   Ich schenke es . . .

6 Hier sind Geschenke für sie.   Ich schenke . . . . . .

Auf dem Markt

Vor zwei Tagen war bei uns Markt. Ich habe etwas Wolle gesucht, weil ich sehr gerne stricke. Die Händlerin hat die Farbe nicht gehabt, die ich brauche. Sie hat sie aber für mich bestellt. Für unseren Obstsalat habe ich ein paar Pfirsiche und eine Dose Ananas gekauft. Ich habe meinem Mann versprochen, daß ich diese Woche ein neues Kostüm kaufe. Ein wirklich schönes habe ich auf dem Markt anprobiert. Es hatte die richtige Größe, und ich habe dem Verkäufer dreihundert Mark gezahlt. Später habe ich in einem großen Kaufhaus das gleiche Kostüm, in der gleichen Farbe und Größe, für fünfzig Mark weniger gesehen. Hoffentlich sieht das mein Mann nicht, sonst wird er ausrechnen, wieviel Geld ich verloren habe. Das nächste Mal werde ich ihm auch etwas vom Markt mitbringen.

Aufgabe G

Antworten Sie.

1 Was ißt dieses Ehepaar heute abend? . . .

2 Was wird die Dame sagen, wenn ihr Gatte heute abend nach Hause kommt? . . .

3 Wieviel Geld hat die Dame der Wollhändlerin gegeben? . . .

4 Wer hat ihr das Kostüm verkauft, ein Mann oder eine Frau? . . .

5 Was hat die Dame für ihren Mann gekauft? . . .

6 Wissen Sie, welche Kleidergrößen Sie brauchen? . . .

Aufgabe H

Antworte.

Dieses Kostüm ist braun, mit einem kurzen Rock und vier Knöpfen, aber jenes ist grün, mit einem langen, engen Rock und zwei Knöpfen.

1 Welches willst du? . . .

2 Das Kostüm, das du gerne hättest, ist sehr teuer. Willst du es noch, oder mußt du das

   andere nehmen? . . .

Dieser Klebstoff ist nur für Papier und Pappe, aber jener ist auch für Holz und Metall.

3 Welchen wollt ihr für eure Briefmarken? . . .

4 Mit welchem kann man einen gebrochenen Stuhl zusammenkleben, mit diesem oder jenem? . . .

Diese dicke, starke Nadel ist für Wolle, aber jene ist nur für Baumwolle oder Seide.

5 Welche willst du für deine Unterwäsche? . . .

6 Mit welcher kann man eine Strickjacke zusammennähen? . . .

Aufgabe I

Antworte.

1 Was willst du nächsten Sommer machen? . . .

2 Willst du noch eine Sprache lernen? . . .

3 Was wollen alle Kinder zu Weihnachten haben? . . .

4 Was will ein Bauingenieur, der am Ufer eines Breiten Flusses steht? . . .

Grammatik *Grammar*

WOLLEN

ich	will	wir	wollen
du	willst	ihr	wollt
er		Sie	
sie	will	sie	wollen
es			

vgl. können, müssen, dürfen

Nom	welcher/welche/welches	**Plural**	welche
	dieser /diese /dieses		diese
	jener /jene /jenes		jene
	jeder /jede /jedes		alle
vgl.	der /die /das		die

Akk	welchen/welche/welches		welche
	den /die /das		die

Gen	dieses . . . s/dieser/dieses . . . s		dieser
	des . . . s /des . . . s		der

Dat	jedem /jeder /jedem		allen . . . n
	dem / der / dem		den . . . n

Aufgabe J

Antworte.

1 Wird jemand heute abend bei dir zu Hause sein? . . .

2 Was wirst du diese Woche einkaufen? . . .

3 Was wirst du dieses Wochenende machen? . . .

4 Wird es morgen regnen? . . .

5 Werdet ihr bald ein deutschsprachiges Land besuchen? . . .

6 Wo wirst du heute in acht Tagen sein? . . .

7 Wann wird dieser Deutschkurs zu Ende sein? . . .

8 Wann werden sich die Präsidenten der Vereinigten Staaten und der Sowjetunion

treffen?

Grammatik *Grammar*

WERDEN

ich	werde	wir	werden
du	wirst	ihr	werdet
er		Sie	
sie	wird	}	werden
es		sie	

Werden is used to make the future tense, but it is often unnecessary, as the present can also indicate the future:

Am Sonntag werden wir aufs Land fahren.

oder: Am Sonntag fahren wir aufs Land.

In einer Woche werde ich wieder da sein.

oder: In einer Woche bin ich wieder da.

sein *to be*

SIEBENUNDDREISSIGSTES KAPITEL

Aufgabe A

Antworten Sie.

1 Für wen kaufen Sie Geschenke? . . .

2 Was tut man, nachdem man ein Bad genommen hat? . . .

3 Mit wem spricht man, wenn man erklärt: „Abends tut es meistens weh"? . . .

4 Warum darf man auf einem Hauptbahnhof nicht über die Gleise gehen? . . .

5 Wie sind die Leute herumgefahren, bevor es viele private Autos gegeben hat? . . .

6 Gegen wen kämpfen Terroristen? . . .

7 Was für einen Beruf hat eine Dame, die täglich Tausende von DM oder Franken ein- und auszahlt? . . .

8 Von wem bekommt man einen Brief, der beginnt: „Leider zeigt Ihr Konto . . . "?

Grammatik *Grammar*

Nom	Wer:	Wer weiß, wie lange es dauert?
Akk	Wen:	Für wen hast du das mitgebracht? Für dich!
		Wen kennst du hier? Nur dich.
Dat	Wem:	Mit wem willst du bleiben? Mit dir!
		Wem gibst du das? Dir.

Wann werden Sie fertig sein?
   Können Sie mir sagen, wann Sie fertig sein werden?

Welcher Film paßt zu meinem Apparat?
   Können Sie mir sagen, welcher Film zu meinem Apparat paßt?

Wie komme ich auf die Autobahn in Richtung Bozen?
   Können Sie mir sagen, wie ich auf die Autobahn in Richtung Bozen komme?

Haben Sie diesen Scheck schon eingezahlt?
   Können Sie mir sagen, ob Sie diesen Scheck schon eingezahlt haben?

Indirekte Fragen: Verb ans Ende
vgl. wenn, bevor, nachdem, während, weil, daß, der/die/das/den

Aufgabe B

Bilden Sie indirekte Fragen.

1 Wo kann ich Geld wechseln? Können Sie mir sagen, . . . ?

2 Wann haben die Läden auf? Können Sie mir sagen. . . . ?

3 Welches Scheckheft haben Sie verloren? . . . ?

4 Bei wem wohnt Herr Albers? . . . ?

5 Können Sie diesen Kreditbrief annehmen? . . . , ob . . . ?

6 Kann ich hier telefonieren? . . . ?

Aufgabe C

Ergänzen Sie.

1 Wissen Sie, . . . ? Kurz vor halb neun.

2 Ich möchte wissen, . . . Ich heiße Goltze.

3 Darf ich fragen, . . . ? Das habe i c h unterzeichnet.

4 Sagen Sie mir bitte, . . . Bringen Sie die Quittung an die Kasse.

5 Wollen Sie uns bitte erklären, . . . Zum Rheinufer nehmen Sie die Linie fünf.

6 Wen kann ich fragen, . . . ? Fragen Sie Frau Dörner. Die kennt alle Straßen.

7 Ich weiß nicht, . . . Sie müssen sich zuerst anmelden.

8 Können Sir mir sagen, . . . ? Ja, Sie können Ihre Fahrkarten hier lösen.

Auf der Bank

Fräulein Kern hat Probleme. Das Haus ihrer Eltern hat nur einen altmodischen Ofen im Wohnzimmer und elektrische Heizung in den Schlafzimmern. Der Winter ist nahe, und es wird kalt im Haus. Eltern und Tochter wünschen sich Zentralheizung. Letzte Woche ist es sehr kalt gewesen, und deshalb hat sich Fräulein Kern bei ihrer Bank gemeldet. Sie hat um Kredit gebeten, weil nicht so viel Geld übrig bleibt, nachdem sie ihre Steuern bezahlt und regelmäßige Ausgaben geregelt hat. Der Geschäftsführer der Bank hat ihr einige Fragen gestellt:

Er   Wozu brauchen Sie den Kredit?

Sie   Für Zentralheizung. Meine Eltern werden alt. Nächsten Monat wird mein Vater siebzig.

Er   Wieviel verdienen Sie im Monat?

Sie   Mein Monatsgehalt beträgt zweitausendsechshundert Mark.

Er   Wir werden sehen, ob wir Ihnen einen Kredit geben können. Es kommt darauf an, wieviel Sie brauchen. Wollen Sie bitte diesen Kreditantrag ausfüllen? Machen Sie sich keine Sorgen: wahrscheinlich klappt es!

Der Besuch bei der Bank ist nicht so schlimm gewesen. Fräulein Kern weiß noch nicht, ob sie den Kredit bekommen wird, aber sie hofft schon auf einen warmen Winter.

Aufgabe D

Antworten Sie.

1   Für wen braucht Fräulein Kern Zentralheizung? . . .

2   Womit will sie die Zentralheizung bezahlen? . . .

3   Mit wem spricht sie auf der Bank? . . .

4   Worauf hofft sie? . . .

5   Womit heizen Sie Ihr Haus bzw. Ihre Wohnung? Haben Sie einen offenen Kamin? . . .

6   Werden Sie im kommenden Jahr einen Kredit brauchen? Wofür? . . .

7   Wie ist das Wetter in den letzten Tagen bei Ihnen gewesen? . . .

8   Wie wird es in den nächsten Tagen sein? . . .

Grammatik *Grammar*

Heute bin ich zu Hause
Gestern war ich zu Hause
oder Gestern bin ich zu Hause gewesen
vgl. ich bin gefahren, ich bin geblieben

There is a perfect tense of sein, to be: ich bin gewesen; *it is often interchangeable with* ich war.

Werden *can mean 'to become', and has a particular use with ages*: übermorgen werde ich achtzehn.

Aufgabe E

Antworten Sie.

1 Wie alt werden Sie nächstes Jahr? ...

2 Wird Deutsch leichter oder schwieriger? ...

3 In welchem Monat wird das Wetter meistens warm? ...

4 Welche Sachen werden teurer? ...

Womit, wofür usw.

Woraus trinkt man Schnaps? Aus einem Gläschen!
Worum bitten Sie? Um Hilfe!

Aufgabe F

Ergänzen Sie.

1 Wovon ...? Wir reden von euren Urlaubsplänen.

2 ...? Mit einem Filzstift.

3 ...? Für meine Arbeit.

4 ...? Die Sendung ist über Mittelasien.

Grammatik *Grammar*

mit wem?	womit?	
für wen?	wofür?	
usw.	worauf? usw.	
	Personen	Sachen
mit ihm	damit	
für ihn	dafür	
usw.	darauf usw.	

Note the -r- *which links* wo- *and* da- *with prepositions beginning with a vowel:* auf, aus, in, über *etc.*

Aufgabe G

Ergänzen Sie.

Beispiel Was macht man mit einem Staubtuch? Damit macht man alles sauber.

1 Wer spricht über den Streik? . . . spricht niemand.

2 Was ist in dem Topf? . . . ist Suppe.

3 Was braucht man zum Skilaufen? . . . braucht man Skier.

4 Was nimmt man gegen Kopfschmerzen? . . . nimmt man Aspirin.

Aufgabe H

Was sagen Sie auf der Bank, wenn Sie:

1 einen Reisescheck einlösen? . . .

2 ein Scheckkonto eröffnen: . . .

3 Geld abheben: . . .

4 Kleingeld haben wollen: . . .

5 die Auszüge abholen: . . .

6 einen Dauerauftrag erteilen: . . .

7 ein Los für die Lotterie kaufen: . . .

8 das Konto schließen: . . .

Aufgabe I

1 Sie müssen einem Hotel DM150,—zahlen. Füllen Sie diesen Scheck aus:

Scheck(h) Nr	Konto(h) Nr	Bankleitzahl
173460	234515	123 456 78

KÖLNER BANK

Zahlen Sie gegen diesen Scheck aus meinem/unserem Guthaben

DM

_____

Deutsche Mark in Buchstaben

_____

an _____ oder Überbringer

_____   _____

Ausstellungsort. Datum   Unterschrift des Ausstellers

2 Sie wollen eine Summe Geld auf Ihr Konto einzahlen:

STADTSPARKASSE	Tag	Spar-Konto-Nr
Spar-Einzahlung		

für Kontoinhaber	DM	Pf

Guthaben im
Sparbuch:

Unterschrift des Einzahlers

3 Auch auf der Post können Sie Geld überweisen. Sie zahlen DM61,30 auf das Postscheckkonto der Firma Eugen Scherer AG in Hamburg, Kontonummer 598340:

	DM	Pf	Postscheckkonto Nr.		Für Vermerke des Absenders
			Absender:		

Empfängerabschnitt

DM	Pf

Postscheckkonto Nr.

Absender (mit Postleitzahl)

Verwendungszweck

Zahlkarte (Mit Schreibmaschine, Tinte oder Kugelschreiber deutlich ausfüllen)

DM	Pf	(DM-Betrag in Buchstaben wiederholen)

für

Postscheckkonto Nr.

Postscheckamt

in

Postvermerk

Einlieferungsschein
– Bitte sorgfältig aufbewahren –

DM	Pf

für

in

Postvermerk

ACHTUNDDREISSIGSTES KAPITEL

Aufgabe A

Antworte.

1 Womit darf man zahlen, wenn man ein Hotel verläßt? . . .

2 Was muß man an einer Parkuhr machen? . . .

3 Dürfen Fluggäste ihre Fahrkarten im Flugzeug lösen? . . .

4 Mit welchem Politiker möchtest du gerne sprechen? . . .

5 Die Schweiz soll ein teures Land sein. Stimmt das? . . .

6 Die Schweizer sollen ihre Arbeit lieben. Stimmt das? . . .

7 Du findest einen Geldbeutel auf der Straße. Was sollst du damit machen? . . .

8 Weil ich falsch geparkt habe, kriege ich eine Geldstrafe. Wo soll ich zahlen? . . .

Grammatik *Grammar*

SOLLEN

ich soll	wir sollen
du sollst	ihr sollt
er ⎫	Sie ⎫
sie ⎬ soll	⎬ sollen
es ⎭	sie ⎭

Was sollst du machen?	*What are you to do?*
i.e.	*What are you supposed to do?*

Do not confuse with:

Was willst du machen?	*What do you want to do?*
Was wirst du machen?	*What will you do?*
i.e.	*What are you (actually) going to do?*

Urlaubsaktivitäten

−Wollen wir einen Stadtbummel machen?
−Gerne. Wo sollen wir uns treffen?

−Ich habe keine Lust, mitzukommen.
−Dann sollst du zu Hause bleiben.

−Auf unserer Tour werden Sie den Hafen und die Altstadt sehen.

Aufgabe B

Ergänze mit *wollen, sollen* oder *werden*.

1 . . . Sie auch mit in den Zirkus?

2 Danke für die Einladung. Was . . . ich mitbringen?

3 Wann . . . das Hallenbad geöffnet sein? − Ich weiß es nicht, aber sie . . . gleich

aufmachen.

4 Ich schlage vor, wir besichtigen das Schloß. − Ja, aber wie . . . wir dahinfahren?

5 Hast du Lust, in den Zoo zu gehen? Eigentlich nicht, aber wenn du . . .

6 Nächste Woche . . . bei uns Weinwoche sein. Alle Winzer . . . ihre Weine anbieten.

7 Wie wär's mit einer Tasse Tee? Das ist eine Idee! Wo . . . wir hingehen?

8 Wollt ihr bei mir vorbeikommen? Gerne. Wann . . . wir kommen?

Die Politik

Heute diskutieren alle die Politik. Wir hören die Politiker an, die unsere Fragen
beantworten, aber glauben nicht, was sie sagen. Wir wünschen uns ein gutes Leben und
suchen die Partei, die dafür kämpft. Ich wähle hoffentlich die richtige Partei, während du
auch hoffst, daß du die richitige wählst. Jeder arbeitet für sich und macht sich Sorgen über
seine Familie. Die gleiche Partei regiert: niemand verdient genug.

Aufgabe C

Setzen Sie ins Imperfekt.

Beginnen Sie: Vor vier Jahren diskutierten alle die Politik. Wir hörten die Politiker an, die
unsere Fragen beantworteten, aber . . .

Grammatik *Grammar*

Jetzt klingele ich, aber niemand antwortet.
Gestern klingelte ich, aber niemand antwortete.
oder: Gestern habe ich geklingelt, aber niemand hat geantwortet.

Imperfekt			*Perfekt*				
ich — **te**			ich habe …ge—t				
du —**test**	wir —**ten**		du hast …ge—t		wir haben	…ge—t	
er	ihr —**tet**		er		ihr habt	…ge—t	
sie } —**te**	Sie } —**ten**		sie } hat …ge—t		Sie } haben	…ge—t	
es	sie		es		sie		

When the perfect tense is habe ge—t, *the imperfect will be* —te.
The perfect can usually be used in speech and informal writing, but the imperfect is more common in descriptive language and extended narrative, written or spoken.

FRANKENTHAL
FASTNACHT-
DIENSTAG

Fastnacht: eine Ausländerin beschreibt, was sie gesehen hat

Letzten Montag machte ich am späten Vormittag einen Spaziergang durch die Stadtmitte, als ich bemerkte, daß etwas in der Hauptstraße passierte. Ich hatte ein paar Bücher, die der Stadtbücherei gehörten, aber es war unmöglich, bis zur Bücherei hindurchzukommen, weil die Straße dorthin gesperrt war und eine Menge Leute vor der Tür wartete. Ich fragte jemanden, was los war. „Heute nachmittag ist der große Umzug," erklärte mir diese Dame. Die Polizei schickte schon alle Autos in die Nebenstraßen. Ich erreichte Herrn Stockmeyers Gaststätte, wo ich mich setzte und mir das Mittagessen bestellte. Schon warteten auch hier viele Kinder mit ihren Eltern draußen auf dem Bürgersteig. Ich beeilte mich, weil ich die Chance hatte, einen Fastnachtsumzug zum ersten Mal anzuschauen. Als ich die Ecke der Kanalstraße erreichte, öffnete sich hinter mir eine Haustür. Ich hörte die Stimme eines Bekannten, der mir sagte, „ Von unserer Wohnung aus haben Sie einen besseren Blick auf den Umzug. Sie können gerne heraufkommen."

Von Forstmanns Balkon schaute ich auf die Straße hinab. Pünktlich marschierten die ersten Mitglieder des Karnevalvereins um die Ecke, und die ersten Festwagen rollten vorbei. Im ersten Fanfarenzug spielten einige junge Leute Trompete, während andere trommelten. Die Leute auf den nächsten Wagen schenkten den Kindern Süßigkeiten: ich hatte auch das Glück, einige zu kriegen. Dann tanzten maskierte Menschen auf der Straße. Frau Forstmann zeigte mir einen bunten Wagen und drückte mir ein Fernglas in die Hand. Ich paßte auf diesen Wagen auf, und es freute mich, unter den komischen Hüten des Fahrers und der Beifahrerin meine lieben Freunde Ohlingers zu erkennen. Ich grüßte sie, aber sie bemerkten mich nicht: ich sagte Hallo!, aber in dem Moment donnerte ein zweiter Fanfarenzug noch lauter. Frau Forstmann holte schnell ihren Fotoapparat und machte von unseren Freunden eine Aufnahme, die sie am gleichen Tag mit der Post abschickte. Es machte mir viel Spaß, den Umzug zu sehen.

Grammatik *Grammar*

..., als ... Verb ans Ende
vgl. wenn, bevor, nachdem usw.

Als *(when) is used with the past tense only.*
Wenn, *in the past, means whenever.*

Aufgabe D

Antworten Sie.

1 An welchem Tag besuchte diese Ausländerin die Stadtmitte? ...

2 Was war in der Stadt los? ...

3 Worauf warteten die Leute vor der Bücherei? ...

4   Warum beeilte sich die Dame bei ihrem Mittagessen? . . .

5   Wann öffnete sich eine Haustür? . . .

6   Von welchem Blickpunkt schaute die Ausländerin auf den Umzug? . . .

7   Wer tanzte auf der Straße? . . .

8   Was für Musik spielten die jungen Leute? . . .

9   Wen bemerkte die Ausländerin auf einem der Festwagen? . . .

10   Warum hörte man sie nicht, als sie Hallo! sagte? . . .

Aufgabe E

Jetzt schickt die Ausländerin einen Brief an Ohlingers. Schreiben Sie wieder die zweite Hälfte des Textes im Perfekt.

                                          Bremerhaven, den 23. Februar
      Liebe Frau Ohlinger, lieber Herr Ohlinger!
      Letzten Montag habe ich Ihren Umzug gesehen. Von Forstmanns Balkon . . . . . .
      . . . .
      . . . . , den Umzug zu sehen.
      Es hat mich wirklich gefreut, Sie kennenzulernen, und ich bedanke mich für Ihre
      Gastfreundschaft.
      Hoffentlich sehen wir uns bald wieder.
                   Mit vielen herzlichen Grüßen
                      Ihre . . . .

Auf der Vorderseite des Umschlags schreibt sie auch ihren Namen und ihre Adresse.

                  Herrn Horst und Frau Rita Ohlinger
                  Karl-Theodor-Ring 9
                  6710 Frankenthal 1

   Abs. K. Mann
      bei Anders
      An der Mühle 48
      2850 Bremerhaven

Grammatik *Grammar*

Ich habe viel **zu** tun.
Warum schickte er diesen Brief? Er wünschte, sich **zu** entschuldigen.
Es ist schwer **zu** sagen, wie lange die Krankheit dauert.
Es hat begonnen **zu** regnen.
Was willst du machen? Ich versuche, die Dose **zu** öffnen.
Was macht ihr morgen? Wir haben beschlossen, in die Sporthalle **zu** gehen.

Aufgabe F

Ergänzen Sie.

1 Das brauchen Sie nicht zu . . .

2 Welchen Beruf wählten Sie, als Sie die Hochschule besuchten? Ich hoffte,
  . . . zu werden.

3 Was soll ich tun? Ich bitte dich, . . .

4 Was ist los? Ich habe vergessen, . . .

5 Du mußt um neun hier sein. Ich verspreche, . . .

6 Was macht das Kind jetzt? Es hat angefangen, . . .

7 Welches Land ist gefährlich? Es ist gefährlich, nach . . .

8 Was interessiert Sie? Ich finde es interessant, . . .

9 Was soll man bei einem Straßenunfall machen? Es ist notwendig, . . .

10 Ist es nicht erlaubt? Nein, es ist verboten, hier . . .

Grammatik *Grammar*

Sie kaufen sich einen neuen Gasherd? Ja, ich kaufe mir einen neuen.
Machen Sie sich keine Sorgen! Ich mache mir schon Sorgen über sie.
Was wünschst du dir zum Geburtstag? Ich wünsche mir eine Strickjacke.

    Akk ich wasche mich – mich/dich/sich/uns/euch
    Dat ich bestelle mir das Mittagessen – mir/dir/sich/uns/euch

NEUNUNDDREISSIGSTES KAPITEL

Die königliche Einladung

Drei Tage später kam eine Einladung vom Schloß. Brigitte brachte die goldene Karte zu ihrem Bruder. Er ging in seinem Zimmer auf und ab, dann blieb er stehen. Brigitte kannte ihren älteren Bruder. Sie verließ ihn und ging schnell auf ihr Zimmer. Sie schrieb ihm ein paar Worte und war in fünf Minuten fertig. Die Kutsche stand vor der Tür. Als sie einstieg, dachte sie an ihr altes Leben und ihre neuen Freunde. Ihr Bruder kam aus dem Haus, aber es war zu spät. Die Kutsche fuhr schon den Weg hinab. Brigitte verlor ihre Angst, als das Dorf vorbeiflog. Sie trug ihr bestes Kleid und hatte ihre langen Handschuhe an. Endlich hielt die Kutsche vor dem Schloß. Am Fenster sah sie den König!

Grammatik *Grammar*

Imperfekt-te/-ten, **aber** lernen Sie:

sein	er ist	er war
haben	er hat	er hatte
gehen	geht	ging
stehen	steht	stand
sehen	sieht	sah
fahren	fährt	fuhr
tragen	trägt	trug
fliegen	fliegt	flog
verlieren	verliert	verlor
verlassen	verläßt	verließ
halten	hält	hielt
steigen	steigt	stieg
bleiben	bleibt	blieb
schreiben	schreibt	schrieb
denken	denkt	dachte
bringen	bringt	brachte
kennen	kennt	kannte

When the perfect is irregular, usually habe/bin. . . ge– – –en, *the imperfect will also be irregular and must be learnt. A full list of irregular verbs (also called strong verbs) will be found on p. 241.*

kommen	ich kam	wir kamen
	du kamst	ihr kamt
	er/sie/es kam	Sie/sie kamen

Helga und ihr Kind

Der Bus hält an der Haltestelle, wo sie stehen. Sie steigen ein, und der Bus fährt ab. Helga trägt den Korb an einen freien Platz. Durch das Fenster sieht sie die Leute, die vorbeigehen. Die haben alle gemütliche Wohnungen mit warmen Betten. Der kleine Michael ist unglücklich. Er schreibt Fragezeichen in der Luft. Warum bleiben wir nicht bei Onkel Georg? denkt er.

Aufgabe A

Setzen Sie ins Imperfekt.

Beginnen Sie Der Bus hielt . . .

Österreich und die Schweiz

Im letzten Jahrhundert war Wien Hauptstadt eines weiten Reichs. Dann geschah etwas Erschütterndes. Im Jahre 1918 verloren die mitteleuropäischen Reiche den Weltkrieg, und Österreich wurde Republik. Vor dem Krieg war Wien eine der wichtigen Kulturstädte der Welt. Menschen aus allen Ländern saßen in den Cafés, tranken die vielen Sorten Kaffee, aßen die berühmten Torten, lasen die Zeitungen und diskutierten die Weltpolitik. Nach dem Krieg blieben nur noch die Österreicher in den kleinen Gassen der Altstadt und auf den breiteren neueren Straßen.

Als 1938 deutsche Truppen in Österreich einmarschierten, schloß sich das Land Deutschland an. Nach dem zweiten Weltkrieg dauerte es zehn Jahre, bis sich die Truppen der drei Westmächte und der Sowjetunion zurückzogen. Als das österreichische Volk 1955 beschloß, neutral zu werden, begann eine neue Epoche, aber die Burgen und Schlösser, die Theater und Museen, die Konzerthallen und Cafés, die vor hundert Jahren in Wien standen, laden heute noch Gäste ein. Liebespaare sehen immer noch eine blaue Donau, obwohl sie tatsächlich eine ganz andere Farbe hat.

Österreich ist jetzt einsprachig, aber in der Schweiz hört man nicht nur die drei Hauptsprachen, sondern auch die rätoromanische Sprache, die einige Schweizer schon zur Zeit der Römer sprachen. Die ersten Schweizer Kantone gewannen vor rund siebenhundert Jahren ihre Freiheit, aber man weiß nicht, ob der bekannte Wilhelm Tell damals wirklich lebte. Heute gibt es 25 Kantone. In den napoleonischen Kriegen fiel die Schweiz unter französische Herrschaft, aber seit 1815 ist das Land bis heute noch neutral geblieben.

In den beiden neutralen Alpenländern fehlten immer Rohstoffe für Industrie. Österreich besitzt Wälder und ein wenig Erdöl und andere Mineralien, aber die Schweiz ist daran noch ärmer. In diesem Land entwickelten sich trotzdem wichtige Maschinen- und Uhrenindustrien und später die Textilindustrie. Obst- und Milchprodukte aus der Schweiz sind auch bekannt. Nach dem letzten Krieg wußten die Österreicher, daß sie neue Industrien brauchten. Sie taten viel und fingen an, das Land wieder aufzubauen. Es gab immer Seen und Flüsse, und deshalb begann man, in den Bergen große Wasserkraftwerke zu bauen. Dafür muß die österreichische Elektroindustrie ihren schweizerischen und deutschen Partnern danken, die ihr in den sechziger Jahren dabei halfen.

Österreich ist, wie die BRD, ein Bund, hat aber nicht so viele Länder: Wien, Niederösterreich, Oberösterreich, Salzburg, Steiermark, Kärnten, Tirol, Vorarlberg und Burgenland. Österreich ist größer als die Schweiz und hat eine größere Bevölkerungszahl: siebeneinhalb Millionen, anderthalb Millionen mehr als in der Schweiz. Die Schweizer Berge sind vielleicht ein wenig höher, aber beide Länder sind beliebte Urlaubsländer.

Grammatik *Grammar*

. . . , obwohl . . . Verb ans Ende
vgl. wenn, bevor, nachdem, weil, daß, während, als

---

danken + **Dat:**   Ich danke Ihnen für Ihren Brief.
helfen + **Dat:**   Helfen Sie mir, bitte!

vgl. gehören, gefallen, schmecken

Aufgabe B

Geben Sie die Imperfektformen dieser Verben.

1	geschehen	es geschieht	es . . .
2	essen	sie ißt	sie . . .
3	lesen	sie liest	sie . . .
4	sprechen	spricht	. . .
5	geben	gibt	. . .
6	helfen	hilft	. . .
7	sitzen	sitzt	. . .
8	beginnen	beginnt	. . .
9	gewinnen	gewinnt	. . .
10	trinken	trinkt	. . .
11	fallen	fällt	. . .
12	anfangen	fängt an	. . .
13	schließen	schließt	. . .
14	beschließen	beschließt	. . .

15	ziehen	zieht	. . .
16	tun	tut	. . .
17	wissen	weiß	. . .

Aufgabe C

Antworten Sie.

1 Warum wurde Österreich Republik? . . .

2 Welches sind die Länder, die früher zu Österreich gehörten? . . .

3 In welchem Jahr wurde Österreich Teil von Deutschland? . . .

4 Wann verließen die russischen Truppen das Land? . . .

5 Warum gingen diese Truppen weg? . . .

6 Gegen wen kämpften die ersten Schweizer? . . .

7 Aus welchem Land kamen die Truppen, die vor fast zweihundert Jahren ins Land einmarschierten? . . .

8 Was versuchten die Österreicher nach dem letzten Krieg zu tun? . . .

9 Was bauten Schweizer und Deutsche in den 60er Jahren in Österreich? . . .

10 Wie viele Länder bilden den österreichischen Bund? . . .

11 Warum reisen so viele auf Urlaub nach Österreich oder in die Schweiz? . . .

12 Welche Schweizer Produkte kennen Sie? . . .

Aufgabe D

. . . , um . . . zu . . . Antworten Sie.

Beispiele Wozu kauft man eine Waschmaschine? Um Kleider zu waschen!
Wozu fährt man in den Urlaub? Um sich auszuruhen!

1 Wozu trägt man einen Regenmantel? Um trocken . . .

2 Wozu benutzt man einen Gasherd? Um . . .

3 Wozu braucht man einen Fotoapparat? Um . . .

4 Wozu braucht man ein Handtuch? . . .

5 Wozu lernt man eine Fremdsprache? . . .

6 Wozu fährt man ins Ausland? . . .

Aufgabe E

Ergänzen Sie.

1 Österreich ist größer als die Schweiz. Die Schweiz ist also . . . als Österreich.

2 Hugo ist 67, und Karen ist 41. Wer ist älter? . . . als . . . ; . . . ist also jünger . . .

3 Welche ist länger: eine Bratwurst oder eine Gurke? . . . als . . . . . . ist also kürzer . . .

4 Wer ist gefährlicher: der größere Mann mit dem Messer oder der kleinere Mann mit der Axt? . . . als . . . Der andere ist also nicht so gefährlich.

5 Welches ist besser: deutsches Bier oder französisches Bier? . . . als . . . Das andere ist also schlechter.

Grammatik *Grammar*

immer -er   manchmal ¨er + richtige Endungen!

alt	älter	kalt	kälter
arm	ärmer	kurz	kürzer
groß	größer	lang	länger
hoch	höher	nah	näher
jung	jünger	gut	besser

In German, the comparative form of the adjective (older, poorer, more dangerous etc.) always ends in -er, and sometimes adds an umlaut (¨). Some of the common examples of this are given above.

Aufgabe F

Stellen Sie Fragen.

1 . . . ? Die schwerere Maschine landete hier.

2 . . . ? Der dickere Herr antwortete.

3 . . . ? Er verkaufte die billigeren Untertassen.

4 . . . ? Die jüngere Schwester schrieb mir.

5 . . . ? Wir dankten dem freundlicheren Mann.

6 . . . ? Er gab dem älteren Mädchen die Eintrittskarte.

7 . . . ? Ich habe das interessantere Heft gelesen.

8 . . . ? Sie ist mit dem späteren Zug gekommen.

VIERZIGSTES KAPITEL

Aufgabe A

Antworten Sie.

Letztes Jahr waren wir in Deutschland.

1 Wir sahen im Zug das rote Zeichen „Raucher". Was durften wir machen? . . .

2 Ich half einer alten Dame, die einen schweren Koffer hatte. was konnte sie nicht machen? . . .

3 Ich wollte etwas Geld wechseln. Wohin mußte ich gehen? Sie . . .

4 Mir war in der Nacht kalt. Was mußte ich machen? Du . . .

5 Wir riefen ein Hotel an. Was wollten wir? Ihr . . .

6 Unsere Bekannten übernachteten in ihrem Auto. Was konnten sie nicht finden? Sie . . .

7 Was sollte man tun, wenn man erkältet ist? . . .

8 Was sollten Enkelkinder machen, wenn sie den Geburtstag ihres Großvaters vergessen? . . .

Grammatik *Grammar*

Heute kann ich . . .	Gestern konnte ich . . .
muß	mußte
will	wollte
darf	durfte

The imperfect is the most commonly used past tense of these verbs. Note that sollte(n) *has the meaning 'should'.*

Ein Geschäftsbrief

Fft/Main, den 19. Juni

Firma
Cantech-Europa
Am Tierpark 187
8000 München 5

Unser Zeichen Li/Do

Sehr geehrte Herren,
hiermit schicken wir Ihnen einen Prospekt über unser neuestes Modell, den Typ 811. Wir wissen, daß Ihre Vertreter, die jährlich über eine Million Kilometer fahren, nur zuverlässige Autos fahren wollen. Deshalb erlauben wir es uns, Ihnen unseren Typ 811 zu empfehlen.
Wir freuen uns darüber, daß Sie mit den Wagen zufrieden sind, die wir Ihnen im vergangenen Jahr geliefert haben. Sprechen Sie bitte mit uns, wenn es notwendig wird, sie zu ersetzen. Wir geben Ihnen gerne weitere Informationen

und verbleiben

mit freundlichen Grüßen

Otto Lindemann

Autohaus Hanag
Otto Lindemann
Verkaufsleiter

Aus dem Prospekt

Liebe Autofahrerinnen! Liebe Autofahrer!
Wir wollten das beste Auto seiner Klasse produzieren. Unsere Ingenieure wußten, daß sie ein zuverlässiges, bequemes Auto bauen mußten, das jedem Fahrer gefallen und auch kein Vermögen kosten würde. Mit dem Typ 811 haben sie es geschafft: er ist keineswegs das teuerste Auto der Welt, auch nicht das größte, aber bestimmt das sicherste, sparsamste und umweltfreundlichste seiner Klasse.
Ja, Sie konnten schon ein Auto von höchster Qualität kaufen: selbstverständlich unseren Typ 801. Um ihn zu ersetzen, mußten wir etwas Neues, etwas noch Besseres entwickeln. Und es ist uns gelungen! Mit der modernsten Technik konnten unsere Ingenieure einen Motor bauen, der so lange jung bleibt wie Sie. Der Typ 811 ist der bequemste, schönste, zuverlässigste Wagen, den wir kennen, und wir sind die Experten!
Sollten Sie sich den neuen 811 nicht einmal anschauen? Bitten Sie Ihren Händler um eine Probefahrt. Danach werden Sie unserem Ingenieur-Team bestimmt dankbar sein, denn es gibt nichts Schöneres als eine Fahrt im 811.
Stellen Sie sich diese Fragen:
Ist Ihr Auto so bequem wie der 811?

Fährt es so sicher?
Ist es so leicht zu fahren?
Sind die Wartungskosten so niedrig wie beim 811?
Wenn Sie „nein!" antworten müssen, rufen Sie mal Ihren Händler an. Er hilft Ihnen gerne.

Aufgabe B

Antworten Sie.

1 Stimmt das alles über den neuen Wagen? . . .

2 Wie würden Sie den Brief von Herrn Lindemann beantworten? . . .

3 Würden Sie um eine Probefahrt bitten? . . .

4 Wie ist es den Ingenieuren gelungen, ein besseres Auto zu bauen? . . .

5 Warum soll man den Ingenieuren der Firma danken? . . .

6 Sollten Sie wirklich ein neues Auto kaufen? . . .

7 Wann sind Sie geboren? . . .

8 Wie lange bleiben Sie noch jung? . . .

Groß/größer/der größte

Der Zeltplatz war dieses Jahr schlechter als letztes Jahr. Er war der schlechteste, den wir je besucht haben. Er war der schmutzigste, der kälteste und auch der teuerste.
Lore, die älteste Tochter, schenkt Lotte, der jüngsten, all ihre alten Kleider. Die arme Lotte!
Das Nashorn ist vielleicht das gefährlichste und wildeste Tier.
Wir haben das Glück, in den billigsten, saubersten und gemütlichsten Privatzimmern zu wohnen.

Grammatik *Grammar*

würde . . . machen
would . . . do

ich würde	wir würden
du würdest	ihr würdet
er ⎫	Sie ⎫
sie ⎬ würde	⎬ würden
es ⎭	sie ⎭

gelingen + Dat:
Es gelingt ihm, diese Autos loszuwerden.
He's succeeding in getting rid of these cars.
Es ist mir gelungen.
I've succeeded.
Es gelang uns, ihn zu erreichen.
We succeeded in getting through to him.

gut	besser	der/die/das beste
groß	größer	größte
alt	älter	älteste
hoch	höher	höchste
sicher	sicherer	sicherste
bequem	bequemer	bequemste

For the superlative (best, highest, most comfortable etc.) add (e) ste *+appropriate adjective ending. Note the umlauts as in the comparative.*

Aufgabe C

Antworten Sie.

1 Welcher Urlaub war Ihr schlechtester? . . .

2 Welche Zeitschrift ist die beste? . . .

3 Wo liegt Ihr nächstes Schwimmbad? . . .

4 Welches sind die ärmsten Länder der Welt? . . .

Es spricht der Bürgermeister

Meine Damen und Herren, im Namen unserer Stadt möchte ich unsere ausländischen Gäste begrüßen. Sie sind erst gestern angekommen, und ich weiß, daß sie heute schon die Chance gehabt haben, einen kleinen Rundgang durch die Stadt zu machen. Dabei haben sie hoffentlich einen guten Eindruck von unserer Stadt bekommen.

Meine lieben Gäste, Sie haben bestimmt bemerkt, daß hier Wein produziert wird. Guter Wein wird hier produziert, darf ich wohl sagen. Heute abend bemerken Sie, daß guter Wein auch getrunken wird. Ich kann ihn Ihnen empfehlen; denn ich bin sicher, daß mit gutem Wein und guter Stimmung die Freundschaft immer wächst, und natürlich wollen wir alle, daß unsere beiden Städte miteinander befreundet bleiben.

Vor fünfhundert Jahren baute hier ein König eine Stadtmauer gegen die Armeen von ausländischen und sogar von anderen deutschen Königen. Heute steht noch ein Stück dieser Mauer an der Ostseite des Rathauses; denn die Stadt ließ die Mauer bis vor hundertvierzig Jahren stehen. Seitdem liegt die Stadt allen offen, und wir wollen eine Mauer nie wieder aufbauen. Wir begrüßen unsere Gäste und wünschen ihnen alles Gute, während sie bei uns zu Gast sind. Wir hoffen, sie werden sich wie zu Hause fühlen.

Unsere Stadt ist nicht nur historisch, sie ist auch eine Stadt von heute. Land-wirtschftliche Maschinen werden hier produziert, Zucker wird raffiniert, Äpfel und Kirschen werden nach vielen Städten abgeschickt. Aber vor allem gibt es hier Wein, herben Wein, süßen Wein, guten Wein und noch besseren Wein. Als ich hörte, daß wir Sie erwarteten, meine lieben Freunde, habe ich mich mit den Winzern unserer Stadt in Verbindung gesetzt, und es macht mir jetzt viel Freude, Ihnen diese Kiste Wein zu schenken. Damit nehmen Sie ein kleines Stück von dieser Stadt mit nach Hause. Ich habe meinen ersten Besuch in Ihrem Heimatland nie vergessen. Liebe Gäste, wir hoffen, sie vergessen nie diesen Besuch bei uns. Wir heißen Sie herzlichst willkommen.

Gute Freunde sollten sich immer verstehen. Nun bitte ich also Herrn Ranker oder Frau Ranker, die hier an meiner Seite sitzen, das zu übersetzen, was ich gesagt habe.

Aufgabe D

1 Wann und wo spricht der Bürgermeister? . . .

2 Wie finden Sie seine Rede? . . .

3 Sie sind Herr oder Frau Ranker: können Sie das alles übersetzen? . . .

4 Wie würden Sie ihm antworten? . . .

5 Wie würde man ausländische Gäste in Ihrer Stadt begrüßen? . . .

6 Wie fanden Sie dieses ganze Buch? . . .

Grammatik *Grammar*

Adjektive ohne ein, kein, unser, dieser, jener, alle, der, die, das:

	der Wein	die Musik	das Essen	die Freunde
Nom	guter Wein	gute Musik	gutes Essen	gute Freunde
Akk	guten Wein	gute Musik	gutes Essen	gute Freunde
Gen	(guten Weins)	(guter Musik)	(guten Essens)	guter Freunde
Dat	gutem Wein	guter Musik	gutem Essen	guten Freunden

Adjectives without der/die/das, ein/eine/ein *etc. take slightly different endings, as though they replaced* der/die/das.

Aufgabe E

Richtige Endungen (oder keine): ergänzen Sie.

Jeder erkennt gleich Frau Volz. Lang. . .   grau. . .   Haar hängt unter einem
alt. . .   Filzhut herab. Groß. . .   rund. . .   Augen sieht man durch die dick . . .
Linsen ihrer schwer. . .   Brille. Darunter sitzt eine lang. . .   Nase in der Mitte eines
voll. . .   Gesichts. Mit schmutzig. . .   Händen grüßt sie alle, die vorbeigehen.
Viel. . .   älter. . .   Leute sprechen mit ihr oder geben ihr etwas Warm. . .   zum Essen.
Die jünger. . .   sind nicht so freundlich. . ., aber wenn sie lacht, scheint
offen. . .   Freundlichkeit aus ihren Augen.

Grammatik *Grammar*

Bei einem Fest wird viel Wein getrunken.
At a festival a lot of wine is drunk.

Viele Würste werden gekauft.
Many sausages are bought.

es wird ⎫
          ⎬ + ge——t
sie werden ⎭   ——iert
                 ge——en

Aufgabe F

Antworten Sie.

1 Was wird in Ihrer Gegend produziert? . . .

2 Wo werden wichtige Fragen diskutiert? . . .

3 Wann werden viele Postkarten geschrieben? . . .

4 Was wird im Moment bei Ihnen in der Nähe gebaut? . . .

Aufgabe G

Beantworten Sie diese Fragen über deutschsprachige Länder.

1 Welches Land hat die höchste Bevölkerungszahl? . . .

2 Was wird in Österreich produziert? . . .

3 Welche politische Partei regierte vor zehn Jahren in der DDR? . . .

4 Was ist diese Woche in der BRD geschehen? . . .

5 Welches der vier Länder ist kein Bund? . . .

6 Wo liegt die Grenze zwischen der DDR und Polen? . . .

7 Wann wurde das Saarland wieder Teil der BRD? . . .

8 Welches sind die Hauptsprachen der Schweiz? . . .

WIEDERHOLUNGEN

Aufgabe A   Was und wo?

1 Ein Herr nimmt einen Schlüssel aus der Tasche, öffnet eine kleine Tür und zieht einen Koffer heraus. Wo ist er?   . . .

2 Weit unter Ihren Füssen rollen die Weinberge langsam vorbei. Wo sind Sie?   . . .

3 Frau Claas verspricht, in zwei Tagen zurückzukommen, und steckt alles wieder in ihre Tasche. Was ist sie von Beruf?   . . .

4 Am Ende der Straße hörten wir Musik. Was war los?   . . .

5 Der Zug hielt. Was geschah dann?   . . .

6 Anton schenkte seiner Frau einen Staubsauger. Wozu benutzte sie den Apparat?   . . .

Aufgabe B   Mehrzahl

Briefträger bringen Brief. . . von Stadtamt. . . für Fabrik. . ., Geschäft. . ., Bauernhof. . . und Schul. . .. Sie bringen Scheck. . . zu den Bank. . ., Postkart. . . zu den Haus. . . und Rechnu. . . zu den Geschäftsführ. . . . Sie haben Schachte. . . für Kind. . . und Päckch. . . für die Mutt. . .

Aufgabe C   Reisen

1 Wann fährt der Mitternachtsexpreß ab? Um . . . Uhr.

2 Es ist Mittag. In 95 Minuten landet die Maschine aus Portugal. Wann ist das? Um . . .

3 Wie fährt man von Ihrer Stadt nach Bern?   . . .

4 Wie kommt man in Baden-Baden vom Bahnhof zum Festplatz?   . . .

5 Was sagen Sie, wenn Sie Ihre Fahrkarte nach Düsseldorf lösen?   . . .

Aufgabe D   Wortstellung

Schreiben Sie die Sätze richtig aus.

1   wird/dieses/uns/das Wetter/nicht/warm/bei/Jahr/noch   . . .

2   schon/Monaten/sie/gegangen/auf/Freund/ihrem/ist/fünf/mit/die Universität/
vor . . .

3   auf/wir/erst/stehen/um neun/meistens/obwohl/schlafen gehen/um zehn/wir
schon . . .

4   letzte/haben/Kaufhaus/uns/neuen/gekauft/Woche/einen/im/Fernseher/wir   . . .

5   aus/heraus/Angestellte/Haupteingang/der/dem/kommt/pünktlich   . . .

Aufgabe E   Genitiv: am Ende/an der Ecke/in der Nähe/in der Mitte

1   Wo befindet sich die Buchhandlung?   . . .

2   Wo findet man das Blumengeschäft?   . . .

3   Wo liegt der Zoo?   . . .

4   Wo steht der Brunnen?   . . .

Aufgabe F   Richtige Endungen

Das Skilaufen ist ein gefährlich. . . und schwierig. . . Sport. In welch. . . Land gibt
es heute keinen Skiklub? Im kalt. . . , dunkl. . . Winter bringen lang. . . Züge,
voll. . . Flugzeuge und viel. . . Autos die jung. . . Leute bis in die wild. . . Berge.
Auf jed. . . Auto sieht man die lang. . . Skier. Auf den niedrig. . . Bahnsteigen

stehen schwer. . . Rucksäcke. Weiß. . . Schnee liegt überall. Das ganz. . . Tal ist ein Winterspielplatz. Die Türen all. . . Gasthöfe bleiben geschlossen, aber hinter dies. . . Türen sitzen die Gäste in warm. . . Kleidung mit ihren freundlich. . . Gastwirten an den schwer. . . Holztischen gemütlich. . . Zimmer. Ihre nass. . . Schuhe lassen sie an der Tür. Sie bestellen sich einen warm. . . Glühwein oder ein groß. . . Kännchen Kaffee. Draußen auf dem tief. . . Schnee fliegen die gleich.· . . Menschen von den hoh. . . Bergen bis an die Talstationen der notwendig. . . Skilifte immer wieder hinab.

Aufgabe G

Bilden Sie einen Satz aus zwei Sätzen.

1 Du hast den Schraubenzieher vergessen. Ich brauche ihn. . . .

2 Hier ist noch eine schmutzige Gabel. Du mußt sie abspülen. . . .

3 Ich zeige Ihnen das Kriegerdenkmal. Es steht seit 1920 hier. . . .

4 Dort sitzt der faule Gepäckträger. Er ist nie da, wenn ein Zug ankommt. . . .

5 Jene Schallplatten können wir billig verkaufen. Sie sind ganz hinten im Geschäft. . . .

6 Mein Kollege kann Ihnen wahrscheinlich helfen. Ich rufe ihn gleich an. . . .

7 Dieses Lied finde ich sehr schön. Wir haben es in der Schule gelernt. . . .

8 Julia zieht eine hübsche Bluse an. Ihr Gatte schenkte sie ihr zum Geburtstag. . . .

Aufgabe H   mich/mir/dich/dir/ihn/ihm/sie/ihr/Sie/Ihnen

1 Hier ist eine Vase für Cäcilie. Morgen gebe ich . . . . . .

2 Ich bedanke . . . für Ihre Freundlichkeit. Bald schreibe ich . . . wieder.

3 Friedrich fehlt. Ohne . . . geht's nicht.

4 Der arme Mann kann nicht alles machen. Wollen wir . . . helfen?

5 Wo waren Sie? Ich habe . . . überall gesucht.

6 Was wünschst du . . . zu Weihnachten. Ich bitte . . . , es zu sagen.

7 Morgen kaufe ich . . . ein neues Bügeleisen.

Aufgabe I

Setzen Sie ins Perfekt.

Herr Schramm meldet sich bei einer Firma. Er sagt der Sekretärin guten Tag. Sie bittet ihn, im Vorzimmer zu warten. Er setzt sich, nimmt seine Pläne aus der Aktentasche und liest sie noch einmal durch. Bald kommt das Fräulein zurück und bringt ihn in den Konferenzsaal. Der Betriebsleiter grüßt ihn, und sie fangen an, die Pläne zu studieren. Herr Schramm beschreibt seine neue Maschine. Der andere sieht ihn an, aber verspricht nichts. Nach einer Weile ruft der Betriebsleiter seine Sekretärin an und bestellt ein paar Flaschen Bier und einige Butterbrote. Sie essen und trinken etwas, bevor sie die Pläne weiter studieren. Der Betriebsleiter geht ans Fenster und schaut auf den Hof. Er bleibt ein paar Minuten dort, dann stellt er Herrn Schramm noch einige Fragen. Endlich gibt er ihm die Hand. Herr Schramm verläßt den Saal, küßt die Sekretärin, läuft auf die Straße und springt in die Luft. Er ist sehr glücklich.

Aufgabe J

Setzen Sie ins Imperfekt.

Im 16. Jahrhundert kommt die Reformation. Das Kloster, das schon seit sechshundert Jahren am Ufer steht, fällt in die Hände der Protestanten. Die Klostergebäude werden Werkstätten für neue Industrien, und die Einwohner beginnen, ihre Waren im ganzen Reich zu verkaufen. Anfang des folgenden Jahrhunderts bauen die Bürger eine Mauer. Das nutzt nichts, denn im Dreißigjährigen Krieg brennt eine bayrische Armee die Stadt nieder. Viele Einwohner verlieren alles und verlassen die Stadt. Die Menschen, die zurückbleiben, müssen schwer arbeiten. Hundert Jahre später haben die Bürger wieder Glück, als der Kaiser ihnen erlaubt, einen Kanal durch seinen Wald zu graben. Jetzt können die Händler ihre Waren leichter transportieren. Bevor Napoleon in die Stadt einmarschiert, ist sie eine der reichsten Städte des Reichs. Danach wissen die Bürger kaum, was sie machen sollen. Dann geschieht ein Wunder. Josef Rieder gründet ein Stahlwerk, und die Stadt erlebt einen Wiederaufstieg. Bald vergessen die Einwohner die schlechten Zeiten und denken nur noch an die Zukunft.

Aufgabe K   lang/länger/der längste

1   Herr Ruprecht ist alt, aber sein Vater ist noch . . .

2   Februar ist der k. . . Monat des Jahres.

3   Wien ist die gr. . . Stadt Österreichs.

4   Dieser Kugelschreiber schreibt sehr schlecht. Sie brauchen einen b. . .

5   Doris ist 18, Erna ist 17, und Emmi ist 14. Erna ist. . . als Doris, aber Emmi ist. . .

Aufgabe L

Was sagen Sie, wenn . . .

1 Sie jemanden einladen? . . .

2 Sie einen Gast auf dem Bahnhof treffen? . . .

3 Sie keine Lust haben, eine Einladung anzunehmen? . . .

4 Sie um ein zweites Stück Kuchen bitten? . . .

5 Sie nach der Toilette fragen? . . .

6 Sie bei Bekannten gegessen haben und nach Hause gehen wollen? . . .

Aufgabe M   Allgemeine Fragen

1 Was machen Sie morgens und abends, wenn Sie aufstehen und ins Bett gehen? . . .

2 Wann muß man eine Zahlkarte ausfüllen? . . .

3 Wozu kauft man Briefmarken? . . .

4 Warum ist Österreich ein neutrales Land? . . .

5 Worauf wartet man an einer Landungsbrücke? . . .

6 Was tut man mit einem Handtuch? . . .

7 Wo wird Wein probiert? . . .

8 Wo werden Krankenscheine ausgegeben? . . .

9 Werden Sie nun ein deutschsprachiges Land besuchen? . . .

10 Wollen Sie die deutsche Sprache weiterlernen? . . .

GRAMMAR NOTES

1 Genders and cases

Each German noun has one of three genders. This is usually identified by the definite article ('the'): *der* (masculine), *die* (feminine) or *das* (neuter). *Die* is used for all plurals. The corresponding indefinite articles ('a') are *ein*, *eine* and *ein*. There is no plural of *ein*. These articles change according to how the noun is used in the sentence. Other words which can stand before a noun also change: *dieser, jener, jeder, welcher* and *alle* are similar to *der*; *mein, dein, sein, ihr, unser, Ihr, euer* and *kein* are similar to *ein*. The various forms, or 'cases' of these words are shown in tables on pages 126 and 208.

2 Use of cases

The nominative is used for the subject of the sentence.
> *Ein Zug fährt bald ab.*
> *Seine Frau wartet in der Halle.*
> *Das Haus steht immer offen.*
It is also used after *sein* (to be):
> *Wer sind Sie? Ich bin der Kellner.*
> *Wer ist da? Ich!*

The accusative is used for the direct object.
> *Der Kellner bringt den Wein.*
> *Haben Sie Ihre Bücher verkauft?*
It is also used after certain prepositions: see below.

The genitive is used to show possession, 'of the'.
> *Das Haus des Pfarrers ist ganz neu.*
> *Die Regierungen aller Länder diskutieren diese Frage.*
Note the construction with proper names: *Richards Schwester, Frau Schmidts Tochter.*
It is also used in phrases such as *am Ende der Straße.*

The dative is used for the indirect object.
> *Ich gebe jedem Kind fünf Mark.*
> *Er hat den Gästen den Wein gebracht.*
It is used after certain verbs: *gefallen, schmecken, gehören, helfen* and *danken*:
> *Wir haben dem Bauer geholfen.*
> *Das gefällt eurer Familie.*
and in expressions such as: *Wie geht's Ihrem Bruder?*
It is also used after certain prepositions: see below.

3   Prepositions

The following always take the accusative: *durch, für, gegen, ohne, um.*
The following always take the dative: *aus, außer, bei, gegenüber, mit, nach, seit, von, zu.*
Note that *gegenüber* can also be placed after the noun: *dem Gasthof gegenüber.*

The following take the accusative when movement from one place to a quite different one is implied, and the dative when there is no such movement: *an, auf, hinter, in, neben, über, unter, vor, zwischen.*

4   Rules of gender

Generally, the genders of nouns must be learnt individually, but the following rules will help.

a   Male persons are masculine (*der*); der Junge, der Bäcker.
b   Female persons are usually feminine (*die*): die Frau, die Kusine, but see (*e*) below.
c   Nouns ending in *-ung*, *-schaft*, *-erei* and *-in* are feminine.
d   Numbers are feminine: die Eins, die Zwei (as in a card game).
e   Nouns ending in *-chen* and *-lein* are neuter, including *das Mädchen* and *das Fräulein*.
f   Names of towns are neuter: **das schöne Tübingen; Wo liegt Bonn? Es liegt am Rhein.**
g   Letters of the alphabet are neuter: das A, das B.

5   Formation of plurals

The addition necessary to make each noun plural is shown in the Vocabulary, and must be learnt individually, but there are some rules.

a   With one exception (Gebäude), nouns ending in *-e* add *-n*.
b   Feminine nouns ending in *-schaft*, *-ung* and *-erei* add *-en*.
c   Feminine nouns ending in *-in* add *-nen*, giving *-innen*.
d   Nouns ending in *-chen* and *-lein* do not change.
e   Masculine and neuter nouns ending in *-el*, *-en* and *-er* either do not change or only add an umlaut.

Note that very occasionally masculine nouns add *-n* or *-en* in the accusative, genitive and dative singular: *der Junge/den Jungen, der Herr/den Herrn, der Mensch/den Menschen.*

6   Cases of pronouns

The pronouns *ich, du,* etc. have nominative, accusative and dative forms: see pp. 200 and 203. So also does *wer?*: see p. 210. Note that prepositions combine with *da-* or *dar-* to mean 'with it', 'on it', etc.: see p. 213. For reflexive pronouns see pp. 175, 221.

7 Adjective endings

a When an adjective stands after what it describes, it has no ending added: *Wir sind müde. Dieser Kuchen war **gut**.*

b Adjectives standing before a noun have endings which depend on the case of the noun and its article. Often the ending is -*en*. There is a table of endings on p. 194.

c Where there is no article, there may be a different ending: see p. 232.

d Note that *viel* and *wenig* have no endings in the singular, and *wenig* usually has none in the plural.

e Adjectives can also be used as adverbs without the addition of any ending.

f A few nouns have endings like adjectives. Thus *der Beamte/ein Beamter, der Deutsche, die Deutsche, der Angestellte, die Angestellte.*

8 Table of strong and irregular verbs

Separable prefixes and the inseparable prefixes *be-* and *ver-* are not generally shown in this list.

Infinitive	Present tense er/sie/es	Imperfect er/sie/es	Perfect tense er/sie/es
abheben	hebt ab	hob ab	hat abgehoben
anfangen	fängt an	fing an	hat angefangen
backen	bäckt	backte	hat gebacken
beginnen	beginnt	begann	hat begonnen
bekommen	bekommt	bekam	hat bekommen
bieten	bietet	bot	hat geboten
bitten	bittet	bat	hat gebeten
bleiben	bleibt	blieb	ist geblieben
braten	brät	briet	hat gebraten
brennen	brennt	brannte	hat gebrannt
bringen	bringt	brachte	hat gebracht
dürfen	darf	durfte	——
einladen	lädt ein	lud ein	hat eingeladen
empfehlen	empfiehlt	empfahl	hat empfohlen
essen	ißt	aß	hat gegessen
fahren	fährt	fuhr	ist gefahren hat gefahren (+ dir. obj.)
fallen	fällt	fiel	ist gefallen
finden	findet	fand	hat gefunden
fliegen	fliegt	flog	ist geflogen
frieren	friert	fror	hat gefroren

Infinitive	Present tense er/sie/es	Imperfect er/sie/es	Perfect tense er/sie/es
geben	gibt	gab	hat gegeben
gefallen	gefällt	gefiel	hat gefallen
gehen	geht	ging	ist gegangen
gelingen	gelingt	gelang	ist gelungen
geschehen	geschieht	geschah	ist geschehen
gewinnen	gewinnt	gewann	hat gewonnen
haben	hat	hatte	hat gehabt
halten	hält	hielt	hat gehalten
hängen	hängt	hing	hat gehangen
heißen	heißt	hieß	hat geheißen
helfen	hilft	half	hat geholfen
kennen	kennt	kannte	hat gekannt
können	kann	konnte	——
lassen	läßt	ließ	hat gelassen
leihen	leiht	lieh	hat geliehen
lesen	liest	las	hat gelesen
liegen	liegt	lag	hat gelegen
mögen	mag	mochte	hat gemocht
müssen	muß	mußte	——
nehmen	nimmt	nahm	hat genommen
rufen	ruft	rief	hat gerufen
scheinen	scheint	schien	hat geschienen
schlafen	schläft	schlief	hat geschlafen
schließen	schließt	schloß	hat geschlossen
schneiden	schneidet	schnitt	hat geschnitten
schreiben	schreibt	schrieb	hat geschrieben
schwimmen	schwimmt	schwamm	ist geschwommen
sehen	sieht	sah	hat gesehen
sein	ist	war	ist gewesen
senden	sendet	sandte	hat gesandt
singen	singt	sang	hat gesungen
sitzen	sitzt	saß	hat gesessen
sollen	soll	sollte	——
sprechen	spricht	sprach	hat gesprochen
springen	springt	sprang	ist gesprungen
stehen	steht	stand	hat gestanden
steigen	steigt	stieg	ist gestiegen
sterben	stirbt	starb	ist gestorben
tragen	trägt	trug	hat getragen
treffen	trifft	traf	hat getroffen
trinken	trinkt	trank	hat getrunken
tun	tut	tat	hat getan

Infinitive	Present tense er/sie/es	Imperfect er/sie/es	Perfect tense er/sie/es
überweisen	überweist	überwies	hat überwiesen
vergessen	vergißt	vergaß	hat vergessen
vergleichen	vergleicht	verglich	hat verglichen
verlieren	verliert	verlor	hat verloren
wachsen	wächst	wuchs	ist gewachsen
waschen	wäscht	wusch	hat gewaschen
werden	wird	wurde	ist geworden
werfen	wirft	warf	hat geworfen
wissen	weiß	wußte	hat gewußt
wollen	will	wollte	——
ziehen	zieht	zog	hat gezogen

9   Verbs in the future

The future tense is formed of *werden* + the infinitive.
> *Wann werdet ihr ankommen?*   When will you arrive?
> *Heute wird es wahrscheinlich regnen.*   It will probably rain today.

Note that the present tense can often be used with a future meaning:
> *Morgen essen wir bei Schindlers.*   Tomorrow we'll have lunch at the Schindlers'.
> *In einer Woche fahre ich nach Rom.*   In a week's time I'm going to Rome.

10   Auxiliary verbs

Können, müssen, sollen, wollen and *dürfen* are also used with the infinitive.
> *Du darfst kein Geld mehr haben.*   You may not have any more money.
> *Ich soll sie abholen.*   I'm supposed to be collecting her (or them).

Würde(n), möchte(n) and *sollte(n)* are used similarly:
> *An Ihrer Stelle würde ich nichts sagen.*   In your place I would say nothing.
> *Möchtest du mitkommen?*   Would you like to come too?
> *Ich sollte sie abholen.*   I ought to collect her (or them).

11   Verbs in the passive

The passive is formed of the verb *werden* + the past participle.
> *Kaffee wird produziert.*   Coffee is produced.
> *Lieder werden gesungen.*   Songs are sung.

12 Word order

a   In a simple sentence, the main verb must be the second item:

1   2

Es schneit oft im Winter.

or   *Im Winter schneit es oft.*

If there is also a past participle or an infinitive in the sentence, this is placed at the end:

1   2

*Dieses Jahr hat   es viel **geschneit***

*Es kann   auch im Herbst **schneien***

b   Expressions of time, manner and place are always in that order:
Die Gruppe ist/um neun Uhr/mit dem Schiff/nach England/abgefahren.
It is common for sentences to begin with an expression of time.

c   If there is more than one clause in a sentence, the clauses are separated by commas:
Wenn ich nächste Woche zurückkomme, bringe ich dir etwas mit.

d   If a clause is introduced by one of the following conjunctions, the main verb is moved from the second position to the very end of the clause: *als, bevor, daß, nachdem, obwohl, während, weil, wenn*:
*Obwohl wir schwer arbeiten **mußten**, machte es uns viel Spaß.*
After such a subordinate clause introduced by a conjunction, the main verb begins the next clause:
*. . . , **machte** es uns viel Spaß.*

e   The main verb is also placed at the end of the clause after relative pronouns (*der, die, das, die*) and in indirect questions.
*Die Waren, **die** hier produziert **werden**, sind von höchster Qualität.*
*Er fragt mich, **ob** wir ihn mitnehmen **können**.*

f   Four conjunctions have no effect on word order: *und, aber, oder, denn.*
*Sie hat an die Tür geklopft, **aber** niemand hat sie gehört.*
Note that when *und* joins two clauses that can stand as independent sentences, there is a comma. When both clauses have the same subject, and it is not repeated, there is no comma:
Der Polizist ruft den Arzt an, und er kommt sofort.
Der Arzt kommt sofort und macht eine Untersuchung.

g   Questions begin with the main verb or a question word:
Haben Sie heute die Zeitung gelesen?
Wann haben Sie heute die Zeitung gelesen?

PRONUNCIATION GUIDE

This list is for guidance only; it is best to copy the pronunciation you hear on cassette or in a class.

German letter(s)		English sound	Examples
a	short	Southern English *u* (as in *hut*); northern English *a* (as in *hat*)	Er hat alles andere.
a, aa, ah	long	*ah*	Wie war die Bahnfahrt, Frau Haarich?
ä	short	*e*	Ich hätte gerne elf Äpfel.
ä, äh	long	*eh*	Du fährst später.
e	short	*e*	Ich hätte gerne elf Äpfel.
e, ee, eh	long	*eh*	Er geht Tee trinken.
i	short	*i*	Ich bin im Film.
i, ih	long	*ee*	Ich sehe ihn im Kino.
o	short	*o*	Onkel Otto.
o, oo, oh	long	Northern English *oh*	Sie wohnt also in einem Bootshaus.
ö	short	Almost like unstressed *or* in *tea for two*	Wir möchten Röcke.
ö	long	*er*, but with lips rounded	Köln ist schön.
u	short	*u* as in *put*	Du und deine Uhr.
u, uh	long	*oo* as in *fool*	Du und deine Uhr.
ü	short	*i*, but with lips rounded	fünf Stühle
ü, üh	long	ditto, prolonged	über fünf Stühle
y		see *ü* above	ein typisches Haus
au		*ow*, as in *now*	ein neues Haus
eu, äu		*oy*, as in *boy*	neue Häuser
ei, ai		as in English *eye*	Im Mai ist eine Weinwoche.
ie, ieh		*ee*	Man sieht Spielfime im Kino.
b		*b*	Brot mit Butter
-b		*-p* at ends of words (which may be joined in compound words)	Sie fährt ab. Abfahrt und Ankunft
c		*k* before a, o, u; *ts* before e, i	Mein Cousin hat ein Café. Sie heißt Cäcilia.

German Letter(s)	English sound	Examples
ch	Scottish *ch* after a, o, u, au	Auch noch ein Buch, Frau Bach.
ch	*h*, as in *hue,* after e, i, ä, ö, ü and consonants	Welchen Becher Milch möchte ich?
f	*f*	fünf vor vier
g	hard *g*, as in *get*	Sie sind nach Gießen gegangen.
-g, -ig	at ends of words like German *ch* above	Frau Freitag ist dreißig.
h	*h*	Herr Happel hat Hunger.
j	*y*	Der junge Journalist ist aus Japan.
k	*k*	Kaffee und Kuchen.
l	*l* (but never pronounced like 'w')	Wir verlassen Zell am Ziller.
m	*m*	Mein Name
n	*n*	ist Minna.
p	*p*	Peter und Paul
qu	*kv*	Qualität und Quantität
r	*r* rolled in the throat, not on the tongue; almost like Scottish *ch*	Es regnet regelmäßig.
s	*z*	Sieht sie die Rosen?
-s, ss, ß, s before consonant	*s*	Du hast das Weißbrot vergessen.
sch	*sh*	Die Schule ist geschlossen.
sp-, st-	*shp, sht* at beginning of words	Sport macht stark.
t	*t*	Er hat Tee getrunken.
tion	*tsiohn*	nationale Traditionen
v	*f*	fünf vor vier
w	*v*	Wir wohnen in Worms.
x	*ks*	Ich brauche eine Axt.
z	*ts*	zehn nach zwölf

KEY TO SELECTED EXERCISES

The most important exercises from each chapter are included here, though the revision exercises are omitted. Answers are not given if there are many alternatives, or if they depend on a personal response by the learner. In some cases alternatives are suggested in brackets.

1. Kapitel

C 1 Wie heißen Sie?
2 Wo wohnen Sie?
3 Wo arbeiten Sie?
4 Haben Sie Kinder?
5 Haben Sie eine Wohnung oder ein Haus?
6 Sind Sie berufstätig?

2. Kapitel

B 3 Nein, ich trinke keinen Weißwein.
4 Nein, ich trinke kein Kännchen Kaffee.
5 Nein, ich habe keine Flasche Whisky.
6 Nein, ich möchte kein Glas Wein.
7 Nein, ich möchte keine Limonade.
8 Nein, ich trinke keinen Rotwein.

D 1 Was trinken Sie?
2 Wo arbeiten Sie?
3 Haben Sie ein Haus?
4 Wie heißen Sie?
5 Was möchten Sie?
6 Wo wohnen Sie?

3. Kapitel

A 1 ein Einzelzimmer mit Bad für eine Nacht.
2 ein Doppelzimmer mit Dusche und WC für vier Nächte.
3 ein Doppelzimmer mit Bad und Balkon für eine Woche.
4 ein Einzelzimmer mit Dusche und Telefon für drei Nächte.
5 Ich möchte ein Doppelzimmer für eine Nacht. (Haben Sie . . .?)
6 . . . ein Dreibettzimmer für zwei Nächte.

B *Sie*: Guten Tag.
Sie: Ich möchte (Haben Sie) ein Doppelzimmer für eine Nacht.
Sie: Mit (Ohne) Bad, bitte. Was macht das?
Sie: Ist das mit Frühstück?

Sie: Pro Person?
Sie: Ist das inklusive?
Sie: OK, ich nehme es./Es tut mir leid, . . .

4. Kapitel

B *Sie*: Guten Tag.
Sie: Ein Pfund Käse, bitte.
Sie: Ein Kilo Äpfel.
Verkäufer: Sonst noch etwas?
Sie: Eine Flasche Mineralwasser.
Sie: Und eine Cola.
Sie: Nein, danke. Das ist alles.

E 1 Er wohnt in Dresden.
2 Sie arbeitet in Zürich.
3 Er arbeitet in Salzburg.
4 Sie wohnt in Kiel.
5 Sie heißt Luise Schmidt.
6 Er heißt Karl Müller.

F 1 Was kostet das?
2 Was möchten Sie?
3 Was macht das?
4 Was sucht sie?
5 Was suchen Sie?
6 Was möchte er?
7 Hat das Hotel einen Garten?
8 Wo ist das Bad?
9 Gibt es eine Bar im Hotel?
10 Wie viele Zimmer hat das Hotel?
11 Wie viele Kinder haben Sie?
12 Ist er berufstätig?
13 Wo wohnt sie?
14 Was trinken Sie?
15 Haben Sie eine Wohnung?
16 Was möchten Sie?

5. Kapitel

C 1 . . . etwas Salz, bitte.
2 . . . etwas Pfeffer, bitte.
3 Geben Sie mir/Bringen Sie mir (uns)/Ich möchte etwas Milch, bitte.

4 ... etwas Zucker, bitte.
5 ... etwas Senf, bitte.
6 ... noch eine Tasse Kaffee, bitte.
7 ... noch einen Weißwein, bitte.
8 ... noch etwas Milch, bitte.
D 2 einmal Omelett mit Salat.
3 zweimal Eisbein.
4 dreimal Weißwein.

6. Kapitel

A 1 Es ist vier Uhr.
2 neun Uhr.
3 halb sieben.
4 elf Uhr.
5 ein Uhr.
6 halb zwölf.
7 sechs Uhr.
8 acht Uhr.
9 halb drei.
10 fünf Uhr.
11 halb eins.
12 halb zwei.

E 1 viertel nach acht.
2 viertel vor eins.
3 fünf nach drei.
4 zehn vor sechs.
5 zwanzig vor sieben.
6 zehn nach vier.
7 viertel nach zwölf.
8 fünf vor halb vier.
9 zwanzig nach zehn.
10 viertel vor zwei.
11 fünf nach halb sechs.
12 fünf vor halb zehn.

F 1 Es ist fast ein Uhr.
2 genau neun Uhr.
3 genau halb drei.
4 fast halb elf.

G 1 Wie spät ist es?
2 Wann (Um wieviel Uhr) fährt der Bus?
3 Wann gibt es Frühstück?
4 Haben Sie Erdbeerkuchen?
5 Mit Sahne?
6 Haben Sie gewählt?
7 Hat's geschmeckt?
8 Alles zusammen?

7. Kapitel

B 1 Der Zug fährt um zehn Uhr nach Mainz.
2 Die Straßenbahn fährt um viertel vor zwölf nach Dortmund.

3 Der Bus fährt um fünf vor halb vier nach Wien.
4 Die U-Bahn fährt um fünf vor acht nach Ruhleben.
5 Das Schiff fährt um viertel nach eins nach Bremerhaven.

C 1 Dreimal Freiburg bitte, einfach.
2 Zweimal Innsbruck bitte, hin und zurück.
3 Viermal Berlin bitte, hin und zurück.
4 Einmal Baden-Baden bitte, einfach.

D 1 Wann fährt der nächste Zug nach Halle? Um sieben Uhr (neunzehn Uhr).
2 Wann fährt die nächste Straßenbahn nach Wollishofen? Um elf Uhr (dreiundzwanzig Uhr).
3 Wann fährt der nächste Bus nach Trier? Um acht Uhr (zwanzig Uhr).
4 Wann fährt die nächste U-Bahn nach Tegel? Um drei Uhr (fünfzehn Uhr) fünfunddreißig.
5 Wann fährt das nächste Schiff nach Interlaken? Um ein Uhr (dreizehn Uhr) zehn.

F 1 fahren.
2 fährt.
3 fährt.
4 fahre.
5 fährt.
6 fährt.

G 1 Von Dienstag bis Samstag.
2 Von Montag bis Mittwoch.
3 Von Mittwoch bis Freitag.
4 Von zwölf (Uhr) bis vierzehn Uhr und von achtzehn (Uhr) bis dreiundzwanzig Uhr.
5 Von zwölf Uhr bis dreizehn Uhr fünfundvierzig.
6 Bis fünfzehn Uhr fünfundvierzig.

8. Kapitel

C 1 Wann ist das Abendessen? (Wann gibt es Abendessen?)
2 Hat das Hotel eine Garage?
3 Wo liegt der Parkplatz?
4 Wann fahre ich nach Wesel? (Wohin fahre ich um zehn nach zehn?)
5 Wie heißen Sie?
6 Was trinken Sie?
7 Was sucht sie?
8 Wie viele Zimmer gibt es (hier)?
9 Wo arbeiten Sie?
10 Wohin fährt die Straßenbahn?
11 Haben Sie ein Dreibettzimmer frei?

12 Wie lange bleiben Sie?

D 1 Ich fliege.
2 Ich fahre mit dem Zug nach Bern.
3 Ich fahre mit dem Auto nach Dresden.
4 Ich fahre mit der Straßenbahn nach Graz.
5 Ich fahre mit dem Schiff von B nach B.
6 Ich fahre mit dem Bus nach Bukarest.

9. Kapitel

A 1 Das Hotel ist in der Regenheimerstraße, neben der Tankstelle.
2 Die Schule ist hinter dem Gasthof.
3 Die Seilbahn ist in der Kreuzingerstraße, neben der Brücke.
4 Das Verkehrsamt ist in der Stadtmitte, neben dem Gasthof.
5 Ja, in der Stockstraße, gegenüber der Apotheke.
6 . . . ich weiß es nicht. (Ich bin hier fremd.)

D 1 Er liegt hinter dem Supermarkt.
2 Sie ist in der Regenheimerstraße, neben dem Hotel.
3 Es ist in der Südstraße, neben der Haltestelle.
4 Sie ist in der Stockstraße, gegenüber dem Supermarkt.
5 Es ist in der Theodor-Heuss-Straße, vor der Kirche.
6 Sie ist in der Stadtmitte, neben dem Rathaus.

E 1 Wo.
2 Wohin.
3 Wohin.
4 Wo.
5 Wo.
6 Wo.

10. Kapitel

A 1 Sie ist Lehrerin.
2 Er ist Fabrikarbeiter.
3 Er arbeitet im Rathaus.
4 Sie arbeiten in der Fabrik.
5 Sie ist Verkäuferin.
6 Er arbeitet im Kaufhaus.

C 1 Was ist Fräulein Romberg von Beruf?
2 Wo arbeitet Frau Kraft?
3 Was ist Herr Irmler von Beruf?
4 Wo arbeitet Herr Zoller (Herr Weber)?
5 *See No. 4.*
6 Wo arbeiten Herr Türküm und Frau Kraft?
7 Wo wohnt Herr. . .?

8 Wo wohnen Sie?

F 1 Frau Hansen fährt um elf (Uhr) zum Kaufhaus.
2 Herr Brenner fährt um zwanzig nach zehn zum Gasthof.
3 Ich fahre um ein Uhr (eins) zur Tankstelle.
4 Die Straßenbahn fährt um viertel vor vier zum Bahnhof.

11. Kapitel

B 1 Ist sie Deutsche?
2 Sind Sie verheiratet?
3 Wie geht es Ihnen?
4 Ist sie verheiratet (Witwe/ledig) oder geschieden?
5 Wo arbeiten Sie?
6 Was ist er von Beruf?
7 Ich verstehe nicht.
8 Guten Tag. Wörner.

C 1 Am Montag sind wir zu Hause.
2 Am Dienstag lesen wir einen Roman.
3 Am Mittwoch kaufen wir ein Geschenk . . .
4 Am Donnerstag besuchen wir Tante Ulla.
5 Am Freitag bleiben wir zu Hause.
6 Am Samstag fahren wir nach Siegen.
7 Am Sonntag arbeiten wir im Garten.

E 1 Am Montag spiele ich Karten mit Ulli.
2 Am Dienstag gehe ich zur Kneipe.
3 Am Mittwoch trinke ich mit Kai.
4 Am Donnerstag komme ich spät nach Hause.
5 Am Freitag sehe ich fern.
6 Am Samstag suche ich eine Wohnung.
7 Am Sonntag mache ich nichts Besonderes.

12. Kapitel

A 1 Ich gehe zur Bank.
2 Er geht zum Verkehrsamt (Hotel).
3 Sie gehen zum Supermarkt.
4 Ich gehe zum Postamt.
5 Wir (Sie) gehen zur Tankstelle.
6 Sie geht zum Bahnhof.
7 Ich gehe zur Haltestelle.
8 Wir (Sie) gehen zum Verkehrsamt.

B 1 zur. Geradeaus bis zum Krankenhaus und dort (dann) links.
2 Wie komme ich zur Lutherkirche? Mit dem Bus, Linie siebzehn.
3 . . . zum Rathaus? Das ist nur zehn Minuten zu Fuß.
4 zum. Geradeaus bis zum Markt.

5 Wie kommen wir zum Verkehrsamt? Geradeaus bis zum Bahnhof und dort rechts.
6 zum. Geradeaus bis zur Kirche und dort rechts.
7 zum. Mit der Straßenbahn, Linie fünf.
8 zur. Geradeaus bis zum Parkplatz und dort links.

E 1 Er hat kein Hemd. Er braucht ein Hemd.
2 Wir haben kein Handtuch. Wir brauchen ein Handtuch.
3 keinen. . . einen.
4 keine . . . eine.
5 kein . . . ein.
6 keinen . . . einen.
7 keine . . . eine.
8 keine . . . eine.

13. Kapitel

A 1 Ich möchte einen Koffer.
2 Ich hätte gerne eine Schachtel Zigaretten.
3 Ich möchte ein Paar Schuhe.
4 Wir hätten gerne eine Uhr.
5 Wir möchten einen Schlips.
6 Wir hätten gerne ein Ringbuch.

C 1 das ist zu wenig.
2 das ist zu viel.
3 das stimmt.

E 1 Ich kaufe (Wir kaufen) zwei Zeitungen.
2 Sie kauft drei Handtaschen.
3 Er kauft zwei Uhren.
4 Sie suchen drei Vasen.
5 Sie suchen vier Schallplatten.
6 Ich möchte (Wir möchten) sechs Flaschen.
7 Wir hätten gerne zwei Hemden.

F 2 Sie hat sechs Kleider.
5 Ich hätte gerne zwei Regenschirme.
6 Wir hätten gerne drei Ringbücher.
8 Es gibt fünfundzwanzig Zimmer im Hotel.

14. Kapitel

A 1 Es gibt Elektrowaren und Möbel.
3 Im Erdgeschoß.
6 Im dritten Stock (In der dritten Etage).
8 Im ersten Stock (In der ersten Etage).

C 1 Wie alt ist das Haus? (Ganz) alt.
2 die. (Nicht sehr) gut.
3 ist. (Sehr) hübsch.
4 sind die.
5 sind die.

6 sind die.
7 ist die.
8 ist der.
9 sind die.
10 sind die.
11 sind die.
12 sind.

D 1 Ihr.
2 Ihre.
3 Ihren.
4 Ihre.
5 Ihren.
6 Ihr.
7 Ihr.
8 Ihre.

E 1 Ich habe keinen Rock. Ich suche meinen Rock.
2 kein . . . mein.
3 kein . . . mein.
4 keinen . . . meinen.
5 kein . . . mein.
6 keine . . . meine.
7 keine . . . meine.
8 keine . . . meine.

15. Kapitel

A 1 Zwölf Personen wohnen im Haus.
2 Herr und Frau Meyer und Herr Hayn Senior (Herrn Hayns Vater) arbeiten nicht mehr.
3 Nein, sie ist Schülerin.
4 Richard Korte ist arbeitslos.
5 Frau Hayn arbeitet im Rathaus.
6 Die Ärztin heißt Anneliese Korte.
7 Nein, sie wohnt in Recklinghausen.
8 Sie arbeitet im Elektrogeschäft.
9 Nein, die Hayns haben keine Kinder.
10 Er ist neunundsechzig (einundsechzig).

B 1 Die Küche ist zwischen dem Bad und dem Schlafzimmer.
2 Das Wohnzimmer ist neben dem Schlafzimmer.
3 Das Schreibzimmer ist neben dem Bad.
4 Das Schlafzimmer ist zwischen der Küche und dem Wohnzimmer.
5 Das Telefon ist (im Wohnzimmer).
6 Die Dusche ist im Bad.
7 Wir lesen, schreiben Briefe, . . . (Sie lesen, . . .).

E 1 Unsere.
2 Ihr.

3 Sein.
4 Ihr.
5 Unser.
6 Seine.
7 Sein.
8 Unser.

G **1** Haben Sie meinen Mantel? Mein Mantel ist (lang).
2 meine . . . Meine (rot).
3 meinen . . . Mein (billig).
4 meine . . . Meine (weiß).
5 mein . . . Mein (braun).
6 meine . . . Meine (dick).
7 mein . . . Mein (teuer).
8 meinen . . . Mein (schön).

16. Kapitel

B **1** Ihre.
2 einen, meine.
3 einen.
4 seine.
5 meine.
6 Unser.
7 Ein.
8 Ihr.
9 meinen.
10 ein, Ihr.
11 unser.
12 Kein.
13 seinen.
14 mein.
15 unseren, einen.
16 Sein, eine.

C Ich arbeite . . . . Um sechs Uhr stehe ich auf. Dann esse ich . . . . Meine Frau steht . . . und wir trinken . . . . Mein Kollege . . . und wir fahren . . . . Unser Arbeitstag . . . . Ich nehme Butterbrote mit . . . esse ich mein zweites Frühstück. Mittags gehe ich . . . . Da esse ich etwas, und ich trinke ein Bier. Ich spiele . . . oder lese . . . . Mein Bruder . . . . In der Werkstatt rauche ich nicht, aber dort kaufe ich . . . . Nachmittags arbeite ich . . . mache ich Überstunden und bleibe . . . . Dann komme ich nach Hause. Abends essen wir um sieben. Unser Sohn . . . . Manchmal besucht meine Frau ihre Schwester. Vielleicht komme ich mit, manchmal auch unser Sohn. Wir wohnen . . . . Unsere Wohnung . . . .

D **1** Die ist in der Mailandstraße.

2 Das ist zwischen der Bank und dem Gasthof.
3 Der liegt hinter dem Schloß.
4 Das ist neben dem Rathaus.
5 Die sind in der Schloßallee.
6 Der liegt am Fluß (neben dem Café).
7 Die sind am Hauptbahnhof.
8 Das ist gegenüber dem Rathaus (zwischen dem Hotel und dem Polizeigebäude).
9 Der liegt hinter dem Verkehrsamt.
10 Die ist zwischen der Parkpromenade und der Leiningerstraße.

17. Kapitel

E **1** (Am Dienstag) können wir unseren Onkel besuchen.
2 (Im Frühling) gibt es viele Blumen.
3 (Meistens) ist ein Tisch frei.
4 (Oft) gibt es Hähnchen oder Gulasch.
5 (Vielleicht) fährt ein Bus früh zur Fabrik.
6 (Nachmittags) kann er die Schulaufgaben schreiben.
7 (Am Wochenende) bauen sie ihr Haus.
8 (Manchmal) bringt ein Briefträger Post für meine Tante.

F **1** Was machen Sie am Wochenende?
2 Wo essen Sie mittags?
3 Wann beginnt Ihr Arbeitstag?
4 Raucht Ihr Freund?
5 Was ist ihre Freundin von Beruf?
6 Wie alt ist ihre Puppe?
7 Wer wohnt auch hier?
8 Haben Sie etwas anderes?
9 Wohnen Sie (hier im Erdgeschoß)?
10 Ist er Deutscher?

G **1** kann. Sie können neben dem Bahnhof parken.
2 kann. Geld können Sie auf der Bank (in der Bank) wechseln.
3 können. Sie können im Supermarkt Kartoffeln kaufen.
4 kann. Sie können im Gasthof essen.
5 kann. Sie können mit dem Bus nach Niederbach fahren.
6 können. Mit der Seilbahn können Sie zum Naturpark fahren.
7 kann. Seine Freundin kann mitkommen.
8 kann. In der Küche kann sie nichts machen.
9 kann. Briefmarken können Sie im Büro kaufen.
10 kann. Sie können an der Kasse zahlen.

18. Kapitel

C 1 Vier Personen: Vater, Mutter, Tochter und Sohn.
2 Sie haben (Schokolade) gekauft.
3 Rüdesheim haben Sie um zehn vor elf erreicht.
4 Sie haben Fotos gemacht, und Sie haben auch zu Mittag gegessen.
5 Sie haben einen Nachtisch gekriegt.
6 Sie haben eine Rheinfahrt gemacht und ein paar Geschenke gekauft.
7 Sie haben (eine Vase) für Ihre Freundin gekauft.
8 Ja, er war sehr schön.
9 Sie können das Niederwalddenkmal besuchen, Geschenke kaufen und Restaurants und Cafés besuchen.
10 Vom Denkmal sind die Weinberge und der Rhein zu sehen.

D 1 Letzte Woche habe ich Handball gespielt.
2 Letzten Freitag haben wir in der Werkstatt gearbeitet.
3 Letzten Monat habe ich drei Paar Socken gekauft.
4 Gestern haben Sie die Kinder von der Schule geholt.
5 Am 1. Oktober hat er tausend Mark vom Fabrikdirektor gekriegt.
6 Gestern haben wir drei Flaschen Wein nach Schottland geschickt.
7 Letztes Jahr hat ihre Kollegin die Kongreßhalle gebucht.
8 Letzte Woche hat mein Chef keinen Hut gehabt.

F 1 vom.
2 Im.
3 in der.
4 an der.
5 zur (von der).
6 am.
7 von der (zur).
8 zum.

19. Kapitel

A 1 Entschuldigen Sie bitte, ist das der Zug nach Donaueschingen?
2 Wann fährt der nächste Zug nach Fulda?
3 Von welchem Gleis fährt der Zug nach Marburg?

4 Fährt der Zug (Nummer E1111) auch sonntags?
5 Hat der Zug auch zweite Klasse?
6 Ist hier frei?

B 1 Gestern haben wir nichts gesehen.
2 Gestern haben sie mittags zu Hause gegessen.
3 Letzten Frühling hat es kein Geld gegeben.
4 Gestern hat ihr Mann nur Zigarren geraucht.
5 Letzten Montag haben wir bequem im Gasthof gesessen.
6 Letzte Woche hat sie einen Brief bekommen.
7 Gestern um halb zwölf haben wir Chur erreicht.
8 Letztes Jahr hat die Haltestelle hier gestanden.
9 Am Wochenende hat Herr Adam nur Wasser getrunken.
10 Gestern hat er 80 Briefmarken genommen.
11 Wer hat mein Bier gebracht?
12 Haben Sie immer Glück gehabt?
13 Gestern hat sie gut geschlafen.
14 Wann hat er die USA verlassen?
15 Wo hat er ein Hemd gefunden?
16 Letzten Monat haben wir unser Buch geschrieben.

20. Kapitel

A 1 Eine Zeitung liegt auf dem Tisch.
2 Der Wandschrank und das Bücherregal sind an der Wand.
3 Die liegen auf dem Kaffeetisch.
4 Der ist auch an der Wand, neben dem Bücherregal.
5 Er ist in der Ecke.
6 Dort steht die Lampe.
7 Die ist zwischen dem Fernseher und dem Tisch.
8 Der Tisch (Der Eßtisch) steht am Fenster.
9 Da liegt ein Teppich.
10 Im Wandschrank sind Teller, Tassen, Kännchen, . . .

B 1 Auf dem Schreibtisch sind ein Telefon und eine Schreibmaschine.
2 Er hängt an der Wand neben dem Fenster.
3 Die Tür ist in der Ecke.
4 Er steht vor dem Schreibtisch.
5 Im Aktenschrank sind Akten.
6 Eine Sekretärin arbeitet im Büro.
7 Sie arbeitet sieben bis acht Stunden pro Tag.

8 Sie arbeitet vielleicht achtundvierzig Wochen im Jahr.

C 1 Am vierzehnten Mai verkauft er tausend Tonnen Stahl.
2 Am 15. wechselt er fünfhundert Mark.
3 Am 16. steht er früh auf und fliegt nach Schweden.
4 Am 17. kommt er von Schweden zurück.
5 Am 18. fährt er nach Solingen.
6 Am 19. geht er zum Konzert.
7 Am 20. bleibt er zu Hause.

F . . . gehabt. Meine Sekretärin hat ein Taxi bestellt. Ich habe mein Büro verlassen und bin zur Tür gegangen. Das Taxi ist nicht gekommen. Ich habe gewartet und eine Zigarette geraucht. Es war kalt. Ich bin zu Fuß zum Taxistand gegangen. Auch dort war kein Taxi frei. Ich habe ein paar Minuten auf der Straße gestanden, aber ich habe nichts gesehen, auch keinen Bus, und ich habe keine Straßenbahn gehört. Dann hat es gedonnert. Ich bin zum Büro zurückgegangen und habe einen Regenschirm geholt. Ich habe wieder ein Taxi gesucht und wieder nichts gefunden. Ich habe einen Kaffee in der Gaststätte an der Ecke getrunken, und 20 Minuten später habe ich Herrn Stocks Büro zu Fuß erreicht.
„ . . . "hat er gesagt. Wir sind zum Büro gegangen und haben . . . getrunken. „Haben Sie heute kein Taxi gekriegt?" hat er gefragt. „Nein," habe ich gesagt, „heute bin ich zu Fuß gekommen. Kein Taxi war frei." „Haben Sie es nicht in der Zeitung gesehen?" hat er gefragt. „Es hat einen . . . streik gegeben. Die Taxifahrer haben zu viel Arbeit gehabt. Heute haben es viele Arbeiter wohl nicht geschafft. Meine Sekretärin ist zu Hause geblieben, und mein Chef ist heute mit dem Rad gefahren. Seine Frau hat das Auto gebraucht. Er hat oben im 2. Stock gesessen und geschlafen: nach 10 km mit dem Rad war er etwas müde! Haben Sie die Akten gebracht?" hat Herr Stock dann gefragt. „Ja," habe ich gesagt. „Am 8. habe ich die Preislisten von M und Co. bekommen." „Gut. Und am 11. habe ich an R und H geschrieben," hat er gesagt. „Sie haben aber schnell gearbeitet!" habe ich gesagt. Ich bin aufgestanden und habe meine Aktentasche mitgenommen. Herr Stock hat bald seinen Brief an R und H geschickt, und wir haben die hunderttausend Mark gezahlt.

21. Kapitel

B 1 Nächsten Mittwoch kauft sie ein Geschenk für ihren Mann.
2 Nächsten Donnerstag schreibt sie einen Brief an W.F. Meyer.
3 Nächsten Freitag besucht sie das Kino.
4 Nächsten Samstag bucht sie einen Flugplatz nach Rio.

C 1 dienstags, mittwochs und freitags.
2 donnerstags und samstags.

G . . . Sie hat unseren Prospekt „ . . . " gesehen und hat ein paar Minuten da gestanden. Ich habe gesagt, „Ich bin nach London gefahren. Ich habe die Stadt sehr interessant gefunden." „Ja?" hat sie gefragt. „Ja," habe ich gesagt. Mein Mann ist mitgekommen. Wir sind mit der Bahn gefahren. Köln haben wir am Donnerstag abend verlassen, und am Freitag morgen haben wir London erreicht. Es hat keine Probleme gegeben. Wir haben Liegeplätze für die Zugreisen gehabt, und die Versicherung war nicht zu teuer. In O and D haben wir nicht gewartet, und auf dem Schiff haben wir bequem im Restaurant gegessen. Es hat nicht so viel gekostet: . . . „ . . . " hat das Fräulein gesagt. Sie hat unseren Prospekt mitgenommen, aber sie hat unser Geschäft nie wieder besucht.

H 1 Ich bin kein Deutscher/keine Deutsche.
2 Ich bin Ausländer(in).
3 Ich spreche nur ein wenig Deutsch.
4 Ich verstehe nicht alles (das nicht).
5 Sprechen Sie langsamer, bitte.

22. Kapitel

B 1 Er zeigt die Zunge.
2 den Mund.
3 das Bein.
4 die Hand.
5 den Arm.
6 den Fuß.
7 den Rücken.
8 den Oberkörper.

D 1 Ich gehe zum Augenarzt.
2 zum Kinderarzt.
3 zum Zahnarzt.
4 zum Arzt für innere Krankheiten.
5 zum Frauenarzt.
6 zum Arzt für allgemeine Medizin.
7 zur Krankenkasse.
8 zur Apotheke.

E 1 Ich habe Kopfschmerzen.
2 Mir ist schlecht.
3 Ich bin erkältet.
4 Mir ist kalt.
5 Ich habe Fieber.
6 Können Sie einen Arzt rufen?
7 Ich bin krank.
8 Es tut hier weh.
9 Mir ist warm.
10 Kann ich eine Quittung haben?

23. Kapitel

A 1 Kleidung, Möbel, Spielsachen,
Schreibwaren, . . .
2 Butter, Fleisch, Dosen . . .
3 Kleidung.
4 In einer Gemüsehandlung.
5 In der Schuhhandlung.
6 Brot und Brötchen.
7 Kuchen und Torten.
8 Fleisch.
9 Margarine, Eier, . . .
10 In einem Blumengeschäft.
11 Stühle, Betten, . . .
12 Zeitungen und Zeitschriften.
13 Zahnpasta, Seife, . . .
14 Ein Kaufhaus.
15 Zum Zeitungsstand, zum Möbelgeschäft,
zur Drogerie, zur Konfektionshandlung (oder
zum Kaufhaus), zur Bäckerei, zur Konditorei,
zur Blumenhandlung und zur Apotheke.

B 1 Ein Liter Milch, bitte.
2 Ein Pfund Margarine, bitte.
3 Zwei Kilo Kartoffeln, bitte.
4 Zweihundert Gramm Wurst, bitte.
5 Ein Pfund Käse, bitte.
6 Zwei Liter Wein, bitte.
7 Ein Pfund Tomaten, bitte.
8 Ein Kilo Zucker, bitte.

F 1 die, die.
2 die, die.
3 die Schachtel Zigaretten? die, die.
4 das Stück Hausmacher Wurst? das, das.
5 die, die.
6 der Becher Sahne? der, den.
7 die Tafel Schokolade? die, die.
8 die Dose Eintopf? die, die.
9 das Stück Kuchen? das, das.
10 das Glas Bohnen? das, das.
11 die Schachtel Streichhölzer? die, die.
12 die Kiste Bier (Limonade/Wein)? die, die.

24. Kapitel

A Guten Tag, wir brauchen Unterkunft
(Hotelzimmer). Für vier Personen. Fünf Tage
(Nächte). Halbpension, bitte. In einem Dorf.
Ein Gasthaus, bitte, und nicht zu teuer. (Name).
Ist das inklusive? Gibt es einen Gruppenpreis?
Danke schön, auf Wiedersehen.

B Gehen Sie hier geradeaus, und Sie nehmen
die dritte Straße rechts bis zum Schloß. Am
Schloß rechts, dann wieder rechts, die erste
Straße links, wieder rechts, und Ihr Hotel sehen
Sie gegenüber der Kirche. (*Other versions are
possible.*)

E 1 Man darf nicht parken.
2 Man muß ziehen.
3 Man darf nicht mit dem Auto durchfahren.
4 Man muß drücken.
5 Man muß hinten einsteigen.
6 Man kann auf der Autobahn nach
Braunschweig fahren.
7 Man darf keinen Hund mitnehmen.
8 Man darf nicht durchgehen.

F 1 Sie dürfen nicht rauchen.
2 Sie können fragen.
3 Montags können Sie hier nicht essen.
4 Sie können die Autobahn verlassen.
5 Sie dürfen nicht durchfahren.
6 Sie müssen aufpassen.
7 Sie können eine Wanderung machen.
8 Sie können (nur im Notfall) ausgehen.

25. Kapitel

C 1 Was suchst du?
2 Wo bist du?
3 Kannst du singen?
4 Wohin bist du geflogen?
5 Mußt du früh aufstehen?
6 Wann warst du in Australien?
7 Wann hast du Bern erreicht?
8 Wer hat deinen Schlüssel?

D 1 Was esst ihr?
2 Wo spielt ihr?
3 Was könnt ihr finden?
4 Wo habt ihr gestanden?
5 Seid ihr Studenten?
6 Wie heißt ihr?
7 Wo seid ihr geblieben?
8 Nehmt ihr euren Regenschirm?

E 1 hast du.
2 ihr geht.

3 haben Sie.
4 bastelst du.
5 gehst du.
6 Sie wünschen.
7 du mußt.
8 fahrt ihr.
9 Mögen Sie.
10 Warst du.

G 1 Essen Sie gerne (Ißt du gerne) . . . ?
2 *See No. 1.*
3 *See No. 1.*
4 Guten Appetit!
5 Hat's geschmeckt? Ja, ausgezeichnet (es war sehr gut).
6 Mögen Sie (Magst du) Leberwurst?

26. Kapitel

A Entschuldigen Sie bitte, wie komme ich am besten zur Pension? Gehen Sie die Straße entlang bis zur Brücke. Dort rechts den Fluß entlang, dann rechts den Steinweg hinauf, und die Pension W sehen Sie an der Ecke von der Obergasse.

B Entschuldigen Sie bitte, wo kann ich hier eine Zeitung kaufen? Gehen Sie die Treppe hinauf, und dann gehen Sie den Bahnsteig entlang, und den Zeitungsstand finden Sie neben der Gaststätte (auf der linken Seite).

G 1 Er ist aus Italien.
2 Es kommt aus Neuseeland.
3 Sie sind aus Straßburg.
4 Er kommt aus Dietrichsheim.
5 Er kommt aus Wien.
6 Ich bin aus . . .

I 1 Darf ich dich zu mir einladen?
2 Darf ich Ihnen (dir) Frau Barth vorstellen?
3 Darf ich dir Irmgard vorstellen.
4 Darf ich Ihnen noch ein Stück anbieten?
5 *See No. 4.*
6 Darf ich noch ein Gläschen trinken?
7 Darf ich dich (Sie) zum Kaffee einladen?
8 Darf ich mich verabschieden?

J 1 Kennen Sie.
2 Schlaf gut.
3 Ihren Gatten.
4 Ist dir.
5 Wiederhören.
6 Ihre Gattin.

27. Kapitel

A 1 Er ist ins Büro gefahren.

2 Sie gehen in den Garten.
3 Wir wollen in die Konditorei gehen.
4 Sie geht in den Dom.
5 Er fährt ins Dorf.
6 Sie sind in die Stadtmitte gefahren.
7 Wir können ins Kino gehen.
8 Wir gehen in den Schloßpark.

C . . . dem Zug, einem Hund, meinem Hut, unserem Koffer, der Lokomotive, der Straßenbahn, einer Tankstelle, unserer Reisetasche, meiner Hand, dem Gleis, einem Bürogebäude, unserem Auto und eurem Gepäck.

E 1 In die Schule.
2 In die Küche.
3 In die Werkstatt.
4 Ins Opernhaus (In die Oper/Ins Theater).
5 Ins Bett.
6 An den Zeitungsstand.

28. Kapitel

B Ein Schüler ist nach Schulschluß mit dem Rad aus dem Schulhof gefahren, ein Lkw ist aus einer Nebenstraße gefahren, und ein Krankenwagen ist zu schnell aus dem Krankenhaus gefahren. Und da hat es gekracht!

C . . . ist ein Arbeiter den Weg entlanggegangen. Er ist in die Fabrikhalle gegangen und zu seiner Maschine gekommen. Der Produktionsleiter ist auch an die Maschine gekommen. Der Arbeiter hat mit seinem Produktionsleiter gesprochen, die Maschine war an, und der Ärmel von seinem Mantel ist zwischen die Räder gekommen.

E Entschuldigen Sie bitte, wo gibt es hier eine (Autoreparatur)werkstatt? Ist die Werkstatt heute geöffnet? Wo gibt es ein Telefon? Danke schön. Ich habe eine Autopanne – können Sie mir helfen? Auf der . . . straße in Oggersheim, nicht weit von der Ampel. Ja. Ich weiß es nicht, mein Auto ist stehengeblieben. Ja Funktionieren die Lichter? Ist das schlimm? Können Sie das reparieren? Was ist los? Holen Sie bitte eine Batterie. Ich habe eine Autopanne. Ich habe einen Kurzschluß an der Lichtmaschine – Herr Schilling holt eine Batterie. Bitte schön. Ist die neu? Was macht das? Kann ich eine Quittung haben?

F 1 unserem, den, einem, einer.
2 dem, den, das.
3 die, einem.

4 deinem, dem, den.
5 dem, die, die, einer, seiner.
6 meiner, der.
7 der, der, dem.
8 einer, seinen, seiner, seinen, seine.

29. Kapitel

B 1 Es heißt Kalldorf.
2 Es hat zwei Kirchen.
3 Nein, nur ein Freibad.
4 Vielleicht ein Kilometer.
5 Man geht die Zillingerstraße entlang.
6 Auf dem Dorfplatz (vor der Kirche).
7 Man geht durch den Bauernhof.
8 eine Wanderhütte, eine Mühle, ein Kloster und einen Fernsehturm.

D 1 Hinter dem Freibad.
2 um das Freibad, in die Teufelstraße, um die evangelische Kirche, über den Dorfplatz, rechts um den Brunnen und die Zillingerstraße entlang.
3 Nein, er fährt durch die Dorfmitte.
4 Vor der Bank.
5 An einer Haltestelle.

F 1 Er sieht nicht mehr so gut.
2 Guten Tag, Herr Vogel. (Ich habe Sie lange nicht gesehen Es freut mich, Sie wiederzu-sehen.)
3 Er trinkt immer zu viel.
4 Bier und Schnaps.
5 Es gibt keine Pferde mehr.
6 Die Riegels.
7 Schon vor dem Krieg. (Von . . . bis . . .)
8 Wir haben viel bestellt.
9 Stammgäste.

G 1 der, unser.
2 deinem.
3 den, die.
4 die, der.
5 den, die.
6 die, der.
7 meinen.
8 dem, dem.
9 einer, dem, das.
10 dem, der.
11 das, die.
12 die, den.

30. Kapitel

D 1 Nein, sie ist aus Kanada.
2 Sie besucht ihre Großeltern.

3 Nein.
4 Zwei Tage.
5 Zweimal, im Schwarzwald und in Dortmund.
6 Nein.
7 In zwei Tagen hat er ein Interview.
8 Es ist nicht so gut.
9 Fast 300 km.

F 1 zum Kaffeetrinken.
2 Darf ich dich zu einem Glas Wein einladen?
3 Darf ich euch zu mir einladen?
4 Darf ich Sie zum Mittagessen (Abendessen) einladen?
5 Wollen wir ins Kino?
6 Darf ich dich zu mir einladen?

G 1 Frohe Weihnachten.
2 Hallo.
3 Herzlichen Glückwunsch zum Geburtstag.
4 Gute Reise.
5 Viel Spaß.
6 Tschüs.

H 1 a. **2** f. **3** b. **4** e. **5** c. **6** d.

31. Kapitel

B 1 Wir waschen uns, wir ziehen uns an, . . .
2 Er steht auf, geht ins Bad, wäscht sich, rasiert sich, geht aufs Klo, zieht sich an, . . .
3 Sie steht auf, wäscht sich, . . .

E . . . Er ist Buchhalter. Einmal im Monat muß er . . . abholen. Vor einer Woche ist er . . . aufgestanden. Er ist ins Bad gegangen und hat sich gewaschen. Er hat eine Weile . . . gestanden und sich angesehen. Er hat sich rasiert. Schnell hat er sich angezogen. Seine Frau . . . gebracht. Am Tisch haben sie . . . diskutiert. Sie freuen sich . . . Spanien. Er hat sich beeilt: . . . Er ist die Straße entlanggegan-gen, hat aber wenig Leute gesehen. Er hat sein Geschäft erreicht. . . . , also hat er geklingelt. Endlich hat er eine Stimme gehört. Er hat sich gemeldet. „ . . .‟ hat die Putzfrau . . .

F 1 Wir laden Sie heute ein. Wir haben Sie heute eingeladen.
2 Du schläfst sofort ein. Bist du sofort eingeschlafen?
3 Mutti kauft jeden Mittwoch ein. Diese Woche hat sie schon eingekauft.
4 Vati hört das Radio an. Haben Sie den Bürgermeister angehört?
5 Der Zug kommt in Neustadt an. Der Zug ist fast angekommen.

6 Sehen Sie das Bild an! Haben Sie das Bild angesehen?
7 Wann kommt ihr zurück? Seid ihr noch nicht zurückgekommen?
8 Wir lernen uns jetzt kennen. Wir haben uns gut kennengelernt.
9 Ich hole Sie morgen früh ab. Wer hat Sie abgeholt?
10 Die Bergbahnkabine fährt schon ab. Die Kabine ist schon abgefahren.

G 1 i) Morgens ziehe ich mich an. ii) Im Schwimmbad ziehe ich mich um. iii) Abends ziehe ich mich aus.
2 i) Wir steigen hier ein. ii) In New-York steigen wir um. iii) Wir steigen aus.
3 i) Heute packe ich ein. ii) Morgen packe ich aus.
4 i) Machen Sie bitte zu! ii) Machen Sie bitte auf!

I 3 Wenn man auf einem Flughafen landet, geht man durch die Zollkontrolle.
4 Wenn man krank ist, bleibt man im Bett.
5 Man braucht eine Sonnenbrille, wenn die Sonne scheint.
6 Ein Geschäftsmann unterzeichnet einen Vertrag, wenn er etwas verkauft (kauft).

J 1 i) Nachdem man den Hörer abgenommen hat, wirft man das Geld ein. ii) Man nimmt den Hörer ab, bevor man das Geld einwirft.
2 i) Nachdem man geklingelt hat, meldet man sich. ii) Man klingelt, bevor man sich meldet.
3 i) Nachdem man einen Platz gesucht hat, steigt man ein. ii) Man sucht einen Platz, bevor man einsteigt.
4 i) Nachdem man sich ausgezogen hat, schläft man ein. ii) Man zieht sich aus, bevor man einschläft.

32. Kapitel

A 1 Er liegt am Robert-Schumann-Platz.
2 Da steht ein Brunnen.
3 Der Waldsee liegt in der Mitte des Waldes.
4 In der Nähe des Theaters sind die Kunsthalle, das Kurhaus und die Trinkhalle.
5 Dort befindet sich das Verkehrsamt.
6 Bäume gibt es in der Sophienstraße.
7 Die liegen in der Nähe der Hotels, am Rande der Stadt.
8 Man kann auch reiten.

9 Die liegt am Rande der Stadt.
10 Die befindet sich neben dem Bahnhof, an der Seite des Robert-Schumann-Platzes.

B 1 Was ist am Ende des Waldsees?
2 Was befindet sich in der Nähe der Reithalle?
3 Was ist in der Nähe des Kurhauses?
4 Was ist am Ende der Sophienstraße?
5 Wie kommen wir zum Kloster?
6 Wo kann man hier reiten?

33. Kapitel

A 1 hineingehen.
2 heraus.
3 Er fährt hinab.
4 Sie fährt hinauf.
5 hindurch.
6 Kommen Sie hierher.
7 hinüber.

B 1 Das Schließfach, das dort offen steht, ist ein bißchen zu klein.
2 Die Birne, die kaputt ist, hängt in der Mitte des Zimmers.
3 Die Reparaturarbeiten, die schon zu Ende sind, waren ganz einfach.
4 Der Fahrer, der seinen Lkw rückwärts aus einer Nebenstraße herausgefahren hat, hat nicht aufgepaßt.
5 Das Flugzeug, das vor einigen Minuten gelandet ist, kommt aus Südafrika.
6 Dieser Holländer, der sich auf einen Besuch in unserem Kernkraftwerk freut, ist gerade angekommen.
7 Diese Sendung, die schon angefangen hat, gefällt mir nicht.
8 Die Dame, die gerade ins Vorzimmer hereinkommt, bringt Ihre Akte mit.

C 1 Die vier Mächte.
2 Rund 17 Millionen.
3 Weil es sich im Rheinland befindet, wo die Politiker sehr aktiv waren.
4 Weil die vier Mächte 1972 ein Abkommen unterzeichnet haben.
5 Er hat keinen Kontakt, findet keine Arbeit, versteht nichts, . . .
6 Alle paar Jahre, von Zeit zu Zeit.

34. Kapitel

B 1 Ein großes Stück Torte.
2 Lotte ißt ein kühles Eis.
3 Nein, er trägt seinen besten Anzug.
4 Eine salzige Brezel.

5 Einen langen.
6 Weil er keinen sauberen findet.
7 Ein leeres Glas.
8 Ein bekanntes altes Lied.

C 1 Der moderne.
2 Der altmodische steht an der Seite des Platzes.
3 Die schlanke ist arm, und die dicke Dame ist reich.
4 Das dicke (große) liegt auf dem Bücherregal.
5 Das andere liegt auf dem Boden.

G Letzten Freitag, unser kleines Theater. an der windigen Haltestelle, die erste Straßenbahn. dem alten Theater. die breite Straße. unsere billigen Karten, unsere dicken Mäntel. Das gemütliche Theater, bequem, einen roten Teppich auf der schmalen Treppe. in der achten Reihe des ersten Rangs. nicht so gut. An der offenen Tür, die weißen Karten, ein dickes Programm. Die schweren Vorhänge. Ein junger Mann, ein schöner Tag. die hübsche Schwester meines lieben Freundes. keine hübsche Schwester, eine schlanke junge Nachbarin. ein lustiges Stück, von den vielen Mißverständnissen zwischen der schönen Schwester und ihrer jungen Rivalin. In der kurzen Pause, ein kühles Glas, nach dem lustigen Stück, die letzte Straßenbahn.

35. Kapitel

B 1 Bemerken Sie den alten Schrank, den wir vor zehn Jahren gekauft haben?
2 Herr Happel hat gestern die Halskette gefunden, die sie verloren hat.
3 Die Großeltern lieben ihr australisches Enkelkind, das sie nie gesehen haben.
4 Der Kalender, den du jetzt benutzt, habe ich zu Weihnachten gekauft.
5 Das Brot, das du vergessen hast, brauchen wir.
6 Den Neuseeländer, der hier zu Besuch ist, kennst du nicht.
7 Sie beantworten eine Frage, die ich schon beantwortet habe.
8 Unser bester Wein, den wir servieren, gefällt Ihnen bestimmt auch.

C 1 Sie sind blau und gelb.
2 Weil es heiter und sonnig ist.
3 Weil sie zu Fuß gekommen sind.
4 Seit Mittwoch.
5 Einen langen.

6 Sie müssen sich anmelden.
7 Sie können ihr Zelt nicht aufstellen, weil ein Seil fehlt.

D *Heidi*: OK. (In Ordnung./Ich gehe schon.)
Gerd: Ich tue es später.
Gerd: Ich weiß es nicht.
Gerd: OK.
Heidi: Kann ich noch 'was tun?
Gerd: Ich gehe lieber an den Strand.
Heidi: Ja, schon gut.
G. und H.: Später.
Heidi: Es ist nicht so schlimm.
Gerd: Ich habe ihn eingepackt.
Gerd: Es ist nicht zu spät.
Heidi: Mach die Lampe an, Mutti.

E 1 Komm um zehn Uhr!
2 Werft das alles weg!
3 Fahr langsam!
4 Bereitet ein gutes Essen zu!
5 Trag deine besten Kleider!
6 Nimm deine Kusine mit!

F 1 ihn.
2 mich.
3 Sie.
4 sie.
5 dich.
6 es.
7 sie.
8 euch.

36. Kapitel

C 1 Ihm gehören das Auto, der Plattenspieler und das Bügeleisen. Ihr gehören die Kochtöpfe, der Staubsauger und die Bettwäsche.
2 Ihnen gehört der kleine moderne.
3 Ihnen gehört der große alte.

D 1 ihnen.
2 euch.
3 mir.
4 ihr.
5 ihm.
6 Ihnen.
7 dir.
8 uns.

F 1 dir.
2 ihm.
3 euch.
4 ihr (ihnen).
5 Ihnen.

6 sie ihnen (sie ihr).

H 3 Diesen.

4 Mit jenem.

5 Jene.

6 Mit dieser.

37. Kapitel

B 1 Können Sie mir sagen, wo ich Geld wechseln kann?

2 . . . , wann die Läden aufhaben?

3 . . . , welches Scheckheft Sie verloren haben?

4 . . . , bei wem Herr Albers wohnt.

5 . . . , ob Sie diesen Kreditbrief annehmen können?

6 . . . , ob ich hier telefonieren kann?

C 1 Wissen Sie, wann (der Laden aufmacht)?

2 Ich möchte wissen, wie Sie heißen.

3 Darf ich fragen, wer das unterzeichnet hat?

4 Sagen Sie mir bitte, wohin ich die Quittung bringe.

5 . . . , wie wir am besten zum Rheinufer kommen.

6 . . . , wo die . . . straße ist?

7 . . . , was ich machen muß?

8 . . . , wo wir unsere Fahrkarten lösen?

F 1 Wovon redet ihr?

2 Womit schreiben Sie?

3 Wozu (Wofür) brauchen Sie das?

4 Worüber ist die Sendung?

G 1 Darüber.

2 Darin.

3 Dazu.

4 Dagegen.

38. Kapitel

B 1 Wollen.

2 soll.

3 soll, werden.

4 sollen.

5 willst.

6 wird, werden.

7 wollen/sollen.

8 sollen.

C . . . , aber glaubten nicht, was sie sagten. Wir wünschten uns . . . und suchten . . . kämpfte. Ich wählte . . . hofftest . . . wähltest. Jeder arbeitete . . . machte . . . regierte . . . verdiente.

D 1 Am Rosenmontag.

2 Es war Fastnacht.

3 Auf den Umzug.

4 Weil sie hoffte, den Umzug zu sehen.

5 Als sie die Ecke der Kanalstraße erreichte.

6 Von Forstmanns Balkon.

7 Es waren maskierte Menschen (Menschen in Masken).

8 Sie spielten Trompete und trommelten.

9 Sie bemerkte ihre Freunde Ohlingers.

10 Weil ein zweiter Fanfarenzug in dem Moment laut donnerte.

E . . . habe ich auf die Straße hinabgeschaut. Pünktlich sind die ersten . . . um die Ecke marschiert, und die ersten Festwagen sind vorbeigerollt. Im ersten Fanfarenzug haben einige junge Leute Trompete gespielt, während andere getrommelt haben. Die Leute . . . haben den Kindern Süßigkeiten geschenkt: ich habe das Glück gehabt, einige zu kriegen. Frau Forstmann hat mir einen bunten Wagen gezeigt und mir ein Fernglas in die Hand gedrückt. Ich habe auf diesen Wagen aufgepaßt, und es hat mich gefreut, unter . . . zu erkennen. Ich habe sie gegrüßt, aber sie haben mich nicht bemerkt: ich habe Hallo! gesagt, aber in dem Moment ein zweiter . . . gedonnert. Frau Forstmann hat schnell ihren Fotoapparat geholt und von unseren Freunden eine Aufnahme gemacht, die sie . . . abgeschickt hat. Es hat mir viel Spaß gemacht, den Umzug zu sehen.

39. Kapitel

A hielt, standen, stiegen, fuhr. trug. sah, vorbeigingen. hatten. war. schrieb. blieben, dachte.

B *See p. 241.*

C 1 Weil das österreichisch-ungarische Reich den ersten Weltkrieg verlor.

2 Die Tschechoslowakei und Teile von Jugoslawien und Italien.

3 1938.

4 1955.

5 Weil Österreich beschloß, neutral zu werden.

6 Gegen den österreichischen Kaiser.

7 Aus Frankreich.

8 Sie versuchten, neue Industrien zu gründen.

9 Wasserkraftwerke.

10 Neun.

11 Weil beide Länder schöne Berge haben.

D 1 Um trocken zu bleiben.

2 Um das Essen zu kochen.

3 Um Fotos (Aufnahmen) zu machen.
4 Um sich abzutrocknen.

E 1 kleiner.
2 Hugo ist älter als Karen; Karen ist also jünger als Hugo.
3 Eine Gurke ist länger als eine Bratwurst; eine Bratwurst ist also kürzer als eine Gurke.

F 1 Welche Maschine landete hier?
2 Wer antwortete?
3 Welche Untertassen verkaufte er?
4 Welche Schwester schrieb dir?
5 Welchem Mann dankten Sie?
6 Welchem Mädchen gab er die Eintrittskarte?
7 Welches Heft hast du gelesen?
8 Mit welchem Zug ist sie gekommen?

40. Kapitel

A 1 Sie durften rauchen.
2 Sie konnte ihren Koffer nicht tragen.
3 Sie mußten zu einer Bank.
4 Du mußtest noch eine Wolldecke holen.
5 Ihr wolltet ein Zimmer reservieren.
6 Sie konnten kein Zimmer finden.
7 Man sollte im Bett bleiben.
8 Sie sollten sich entschuldigen.

E Langes graues Haar . . . unter einem alten Filzhut . . . Große runde Augen . . . die dicken Linsen ihrer schweren Brille. eine lange Nase . . . eines vollen Gesichts. Mit schmutzigen Händen . . . Viele ältere Leute . . . etwas Warmes . . . Die jüngeren . . . freundlich . . . offene Freundlichkeit.

THE GERMAN ALPHABET

You may need to spell names out, or to ask for a word to be spelt. The usual query is *Wie schreibt man das?* (How do you write that?), though you may also be asked to *buchstabieren* (to spell). The approximate English pronunciations of the letters of the German alphabet are given below.

A	*ah*	K	*kah*	U	*ooh*
B	*bay*	L	*ell*	V	*fow (rhymes with now)*
C	*tsay*	M	*em*	W	*vay*
D	*day*	N	*en*	X	*iks*
E	*ay*	O	*oh*	Y	*ipsilon*
F	*eff*	P	*pay*	Z	*tsett*
G	*gay*	Q	*kooh*	Ä	*ay (or A umlaut)*
H	*hah*	R	*air*	Ö	*er (or O umlaut)*
I	*ee*	S	*ess*	Ü	*ee, with rounded lips (or U umlaut)*
J	*yot*	T	*tay*	ß	*ess-tsett*

Note that ß only exists as a small letter, as it never begins a word. If you are writing in capitals, you may use SS.

If typing, you can use d o u b l e   s p a c i n g to stress a word.

GERMAN–ENGLISH VOCABULARY

The formation of plurals is shown in brackets.
Verbs are normally only given in the infinitive. For a list of strong and irregular verbs see p. 241.
Separable prefixes are shown in bold type.
Names of towns are given only where they differ significantly from the English.
Umlauts are disregarded for purposes of alphabetical order.
To find the meanings of some compound nouns, look up each constituent word.
Words used only in the advertisements in Chapter 23 are not included.

der Abend (-e): *evening*
das Abendbrot (-e): *evening meal, supper*
das Abendessen (–): *evening meal, dinner*
  abends: *in the evenings*
  aber: *but*
  abfahren: *to depart, leave*
die Abfahrt (-en): *departure*
der Abfalleimer (–): *waste bin*
der Abfalltonne (-n): *large refuse bin*
  abgeben: *to give up*
  abgetrennt: *separated*
  abheben: *to withdraw (money)*
  abholen: *to collect, fetch*
das Abkommen (–): *agreement*
  abnehmen: *to take off(sthg)*
  abschicken: *to send off*
der Abschleppdienst (-e): *vehicle recovery service*
  abschleppen: *to tow away*
der Absender (–): *sender*
  abspülen: *to wash up*
die Abteilung (-en): *department*
(sich) **ab**trocknen: *to dry (oneself)*
  ach so: *'Oh, I see'*
  acht: *eight*; achte, achten, etc: *eighth*
  Achtung!: *attention*
  achtzehn: *eighteen*; achtzig: *eighty*
der Adler (–): *eagle*
die Adresse (-n): *address*
der Advent (-e): *Advent*
  AG = die Aktiengesellschaft: *joint-stock company*

die Akte (-n): *document, file*
der Aktenschrank (¨e): *filing cabinet*
die Aktentasche (-n): *document case*
  aktiv: *active*
der Aktivist (-en): *activist*
die Aktivität (-en): *activity*
  aktuell: *current, topical*
  alle; der Kuchen ist alle: *all; the cake has all gone*
die Allee (-n): *avenue*
  allein: *alone*
vor allem: *above all*
  alles: *everything*
  alles zusammen: *all together*
  allgemein: *general*
der Alltag (no pl.): *everyday life*
die Alpenrose (-n): *Alpine rose*
  als: *when; than*
  also: *therefore, so*
  alt: *old*
das Alter (–): *age*
  altmodisch: *old-fashioned*
die Altstadt (¨e): *Old Town*
  am = an dem
der Amerikaner (–), die Amerikanerin (-nen): *American*
die Ampel (-n): *traffic light*
das Amt (¨er): *office*
  an: *at; to; on*
die Ananas (-se): *pineapple*
  anbieten: *to offer*
  ander, anderes, etc.: *other, different*

anderthalb: *one and a half*

der Anfang (⁼e): *beginning*

anfangen: *to begin*

der, die Angestellte (-n): *office worker, clerical officer*

die Angst (⁼e); Angst haben: *fear; to be afraid*

per Anhalter fahren: *to hitch-hike*

anhängen: *to hang up*

anhören: *to listen to*

anklopfen: *to knock*

ankommen (in + dat.): *to arrive (at)*

die Ankunft (no pl.): *arrival*

der Anlieger (–): *resident, frontager*

anmachen: *to put on, switch on*

sich **an**melden: *to register*

die Anmeldung (-en): *enrolment*

der Anmeldungsschein (-e): *registration form*

die Anmerkung (-en): *note*

anprobieren: *to try on (clothes)*

anrufen: *to ring up, telephone*

ans = an das:

anschauen: *to look at*

sich **an**schließen (an): *to join*

ansehen: *to look at*

Antwerpen: *Antwerp*

die Antwort (-en): *answer*

antworten: *to answer*

sich **an**ziehen: *to get dressed*

der Anzug (⁼e): *(man's) suit*

der Apfel (⁼): *apple*

der Apfelsaft (⁼e): *apple juice*

die Apotheke (–n): *chemist's, pharmacy*

der Apotheker (–), die Apothekerin (-nen): *chemist, pharmacist*

der Apparat (-e): *apparatus; camera; phone*

der Appetit (no pl.): *appetite*

der April: *April*

die Arbeit (-en): *work*

arbeiten: *to work*

der Arbeitskollege (-n), die Arbeitskollegin (-nen): *colleague, workmate*

arbeitslos: *unemployed*

der Arbeitslose (-n): *unemployed (person)*

der Arbeitsmarkt (⁼e): *labour market*

der Arbeitsplatz (⁼e): *place of work*

arm: *poor*

der Arm (-e): *arm*

die Armbanduhr (-en): *wrist watch*

die Armee (-n): *army*

der Ärmel (–): *sleeve*

arrangieren: *to arrange*

die Art (-en): *sort, type*

der Arzt (⁼e), die Ärztin (-nen): *doctor (med)*

der Aschenbecher (–): *ash-tray*

die Aspirintabletten (pl.): *aspirins*

der Astronaut (-en): *astronaut*

Athen: *Athens*

auch: *also, too*

auf; auf und ab: *on; up and down*

der Aufbau (no pl.): *construction, building-up*

aufbauen: *to build up*

die Aufgabe (-n): *exercise, task*

aufhaben: *to be open*

aufmachen: *to open*

die Aufnahme (-n): *photograph*

aufpassen: *to pay attention*

aufräumen: *to clear up*

aufs = auf das:

aufstehen: *to get up*

aufstellen: *to set up*

das Auge (-n): *eye*

der August: *August*

aus: *out of; from*

der Ausblick (-e): *view*

die Ausfahrt (-en): *(motorway) exit*

der Ausflug (⁼e): *excursion*

ausfüllen: *to fill in*

die Ausgabe (-n): *issue, distribution, dispatch*

der Ausgang (⁼e): *way out*

ausgezeichnet: *excellent*

die Auskunft (⁼e): *information*

das Ausland (no pl.): *abroad, foreign countries*

der Ausländer (–), die Ausländerin (-nen): *foreigner*

ausländisch: *foreign*

auspacken: *to unpack*

ausrechnen: *to work out*

sich **aus**ruhen: *to rest*

aussehen: *to appear, to look*
außer: *except, other than*
die Äußerung (-en): *utterance*
aussteigen: *to get out (of vehicle)*
Australien: *Australia*
der Australier (–), die Australierin (-nen): *Australian*
australisch: *Australian*
auszahlen: *to pay out*
sich ausziehen: *to get undressed*
der Auszug (–e): *(bank) statement*
das Auto (-s): *car*
die Autobahn (-en): *motorway*
automatisch: *automatic*
der Automechaniker (–): *car mechanic*
die Autopanne (-n): *car breakdown*
die Autoreparaturwerkstatt (–en): *car repair workshop*
die Autovermietung (-en): *car hire*
die Axt (–e): *axe*

backen: *to bake*
der Bäcker (–), die Bäckerin (-nen): *baker*
die Bäckerei (-en): *bakery*
das Bad (–er): *bathroom*
die Bahn (no pl.): *railway*
der & die Bahnangestellte (-n): *railway clerk*
der Bahnbus (-se): *bus (run by the railway)*
der Bahnhof (–e): *railway station*
der Bahnsteig (-e): *platform*
bald: *soon*
der Balkon (-e): *balcony*
der Ball (–e): *ball*
die Bank (-en): *bank*
der & die Bankangestellte (-n): *bank clerk*
die Bar (-s): *bar*
Basel: *Basle*
basteln: *to potter at making things*
die Batterie (-n): *battery*
der Bauch (–e): *belly, guts*
bauen: *to build*
der Bauer (-n): *farmer*
das Bauernbrot (-e): *coarse bread*
der Bauernhof (–e): *farm*
die Baufirma (. . .men): *building firm*
die Baugesellschaft (-en): *building company*

der Bauingenieur (-e): *civil engineer*
der Baum (–e): *tree*
die Baumwolle (-n): *cotton*
Bayern: *Bavaria*
der Beamte (-n), die Beamtin (-nen): *civil servant*
beantworten: *to answer (a question)*
der Becher (–): *tub, beaker*
sich bedanken: *to say thank you*
bedeuten: *to mean*
die Bedeutung (-en): *meaning, significance*
die Bedienung (no pl.): *service*
sich beeilen: *to hurry*
befreundet (mit): *friendly (with)*
die Begegnung (-en): *meeting, encounter*
beginnen: *to begin*
begrüßen: *to welcome; to greet*
bei: *at someone's house or shop; with*
beide: *both*
der Beifahrer (–), die Beifahrerin (-nen): *front-seat passenger*
beim = bei dem
das Bein (-e): *leg*
das Beispiel (-e): *example*
bekannt: *(well) known*
der & die Bekannte (-n): *acquaintance*
bekommen: *to receive, get*
belegt: *fully occupied*
beliebt: *popular*
bemalen: *to colour*
bemerken: *to notice*
benutzen: *to use*
das Benzin (-e): *petrol*
bequem: *comfortable*
der Berg (-e): *mountain*
die Bergbahnkabine (-n): *mountain railway car*
der Bericht (-e): (über + acc.): *report (about)*
der Beruf (-e): *profession, occupation*
die Berufsausbildung (-en): *vocational, professional training*
berufstätig: *in an occupation, at work*
berühmt: *famous*
beschließen: *to decide*
beschreiben: *to describe*
besetzt: *occupied*
besichtigen: *to visit, to view*

besitzen: *to possess*

der Besitzer (–), die Besitzerin (-nen): *owner*

besonders: *especially*

besser: *better*

beste, besten, etc.: *best*; wie komme
ich am besten zu: *what's the best
way to*

bestellen: *to order*

bestimmt: *definitely*

der Besuch (-e): *visit*

besuchen: *to visit, to attend*

der Besucher (–): *visitor*

der Betrag (¨e); *amount (of money)*

betragen: *to amount to*

der Betrieb (-e): *business, works*

der Betriebsleiter (–): *works manager*

das Bett (-en): *bed*

die Bettwäsche (no pl.): *bedclothes*

der Beutel (–): *bag, sachet*

die Bevölkerungszahl (-en): *(size of)
population*

bevor: *before*

das Bezirksamt (¨er): *borough council*

das Bier (no pl): *beer*

der Bierkrug (¨e): *tankard*

bieten: *to offer*

das Bild (-er): *picture*

bilden: *to form*

das Bildungssystem (-e): *educational
system*

billig: *cheap*

bin: *am*

die Birne (-n): *light-bulb; pear*

bis: *until; by*

bis zu: *as far as*

ein bißchen: *a little*

bitte: *please*

bitte schön: *'you're welcome'*

bitten (um + acc.): *to ask (for)*

blau: *blue*

bleiben: *to stay, remain*

der Bleistift (-e): *pencil*

der Blick (-e) (auf + acc.): *view (of)*

der Blickpunkt (-e): *viewpoint*

blitzen: *to flash (lightning)*

die Blume (-n): *flower*

der Blumenkohl (no pl.): *cauliflower*

der Blumenstrauß (¨e): *bouquet*

die Bluse (-n): *blouse*

die Blutwurst (¨e): *black pudding*

die Bockwurst (¨e): *large individual
sausage*

der Boden (no pl.): *ground*

die Bohne (-n): *bean*

das Bonbon (-s): *sweet*

brasilianisch: *Brazilian*

der Braten (–): *roast joint*

braten: *to roast, grill, fry*

das Brathähnchen (–): *roast chicken*

die Bratkartoffeln (pl.): *roast, sauté
potatoes*

die Bratwurst (¨e): *fried sausage*

brauchen: *to need*

braun: *brown*

Braunschweig: *Brunswick*

die BRD = Bundesrepublik Deutschland:
Federal Republic of Germany

breit: *wide, broad*

die Bremse (-n): *brake*

brennen: *to burn*

der Brennpunkt (-e): *focal point*

die Brezel (-n): *pretzel, bread-stick*

der Brief (-e): *letter*

der Briefkasten (¨): *post-box*

die Briefmarke (-n): *postage stamp*

die Brieftasche (-n): *wallet*

der Briefträger (–): *postman*

die Brille (-n): *pair of glasses*

bringen: *to bring; take*

der Brocken (no pl.): *name of mountain
in the Harz*

das Brot (-e): *(loaf of) bread*

die Brücke (-n): *bridge*

der Bruder (¨): *brother*

der Brunnen (–): *fountain*

die Brust (¨e): *chest*

das Buch (¨er): *book*

buchen: *to book*

die Bücherei (-en): *library*

das Bücherregal (-e): *set of book shelves*

der Buchhalter (–): *book-keeper*

der Buchstabe (-n): *letter (of alphabet)*

das Buffet (-s): *counter*

das Bügeleisen (–): *iron (for clothes)*

der Bund (¨e): *federation*

die Bundesbahn (no pl.): *federal railways*

der Bundesbürger (–): *citizen of the Federal Republic*
das Bundesgebiet (no pl.): *territory of the Federal Republic*
der Bundeskanzler (–): *Federal Chancellor*
die Bundesstraße (-n): *main road*
bunt: *multicoloured*
die Burg (-en): *castle*
der Bürger (–): *citizen*
der Bürgermeister (–): *mayor*
der Bürgersteig (-e): *pavement, sidewalk*
das Büro (-s): *office*
der Bus (-se): *bus*
die Butter (no pl.): *butter*
das Butterbrot (-e): *sandwich*
bzw = beziehungsweise: *or as the case may be*

ca = circa: *about, approx*
das Café (-s): *café*
der Campingplatz (–e): *camp site*
die CDU = Christlich-Demokratische Union: *Christian Democratic Union*
die Chance (-n): *chance*
der Champignon (-s): *button mushroom*
der Chef (-s): *head, boss*
die Cola (no pl.): *cola, 'coke'*
der Cousin (-s): *cousin (male)*
die CSU = Christlich-Soziale Union: *Christian Social Union*
die Currysoße (-n): *curry sauce*

da: *there*
das Dach (–er): *roof*
dafür: *for it*
die Dame (-n): *lady*
die Damenkleidung (no pl.): *ladies' clothing*
damit: *with it*
dankbar: *grateful*
danke (schön): *thank you*
dann: *then*
darauf: *on it*
darf; darf nicht: *may; must not*
das: *the, that, this one, which*
daß: *that*
das Datum (. . .ten): *date*

der Dauerauftrag (–e): *standing order*
dauern: *to last*
die DDR = Deutsche Demokratische Republik: *German Democratic Republic*
die Debatte (-n): *debate*
die Decke (-n): *ceiling*
dein, deine, etc: *your (familiar sing.)*
denken (an + acc.): *to think (about)*
das Denkmal (–er): *monument*
denn: *for; then*
der: *the, this one, he, who, which*
deshalb: *therefore*
deutsch: *German*
der & die Deutsche (-n): *German (person)*
Deutschland: *Germany*
deutschsprachig: *German speaking*
der Dezember: *December*
der Dialog (-e): *dialogue*
dich: *you (familiar sing.); yourself*
dick: *fat, stout*
die: *the, this one, she, they, who, which*
der Dienstag (-e): *Tuesday*
dieser, -e, -es: *this*
diesmal: *this time*
direkt: *direct*
das Dirndl (–): *national costume dress*
die Discothek (-en): *discotheque*
die Diskussion (-en): *discussion*
diskutieren: *to discuss*
doch: *but; on the contrary*
der Dom (-e): *cathedral*
die Donau: *Danube*
donnern: *to thunder*
der Donnerstag (-e): *Thursday*
das Doppelzimmer (–): *double room*
das Dorf (–er): *village*
dort: *there*
dorthin: *(to) there, thither*
die Dose (-n): *tin, can*
draußen: *outside*
drei: *three*; dreimal: *three times*
das Dreibettzimmer (–): *three-bedded room*
dreißig: *thirty*; dreizehn: *thirteen*
drinnen: *inside*
dritte, dritten, etc: *third*
die Drogerie (n): *pharmacy, drugstore*
der Drogist (-en): *pharmacist, druggist*

drücken: *to push, press*
du: *you (familiar sing.)*
dumm: *stupid*
durch: *through*
der Durchgang (⁼e): *way through*
dürfen: dürfen nicht: *may; must not*
der Durst (no pl.): *thirst*
die Dusche (-n): *shower*
das Dutzend (-e): *dozen*

die Ecke (-n): *corner*
das Edelweiß (no pl.): *edelweiss*
das Ehepaar (-e): *married couple*
das Ei (-er): *egg*
eigen: *own*
eigentlich: *actually*
der Eindruck (-e): *impression*
einfach: *simple; single*
die Einfahrt (-en): *drive (in)*
der Eingang (⁼e): *way in*
einige: *some*
der Einkauf (⁼e): *purchase*
einkaufen: *to go shopping*
einladen: *to invite*
die Einladung (-en): *invitation*
die Einlage (no pl.): *noodles, egg, etc.*
(in soup)
der Einlieferungsschein (-e): *paying-in receipt*
einlösen: *to cash (a cheque)*
einmal: *once*
einpacken: *to pack*
die Eins: *one*
eins: *one*
einschlafen: *to go to sleep*
einschließlich: *including*
einsetzen: *to use, to deploy*
einsprachig: *monolingual*
einsteigen: *to get in (a vehicle)*
der Eintopf (⁼e): *stew*
der Eintritt (-e): *entrance*
die Eintrittskarte (-n): *(entrance) ticket*
der Einwanderer (–): *immigrant*
einwerfen: *to insert*
der Einwohner (–): *inhabitant*
einzahlen: *to pay in*
das Einzelzimmer (–): *single room*
das Eis (no pl.): *ice, ice-cream*

der Eisbecher (–): *ice-cream sundae*
das Eisbein (no pl.): *knuckle of pork*
die Eisenbahn (-en): *railway*
der Eiskaffee (no pl.): *iced coffee*
elektrisch: *electrical*
das Elektrogeschäft (-e): *electrical shop*
die Elektronik (no pl.): *electronics*
die Elektrowaren (pl.): *electrical goods*
elf: *eleven;* elfte, elften, etc: *eleventh*
die Eltern (pl.): *parents*
der Empfängerabschnitt (-e): *payee's section*
empfehlen: *to recommend*
das Ende (-n): *end*
enden: *to end, finish*
endlich: *at last*
die Endung (-en): *ending*
eng: *narrow, tight*
der Engländer (–): *Englishman*
die Engländerin (-nen): *Englishwoman*
englisch: *English*
das Enkelkind (-er): *grandchild*
die Entfernung (-en): *distance*
entlang: *along*
(sich) entschuldigen: *excuse oneself*
die Entwässerung (-en): *drainage*
sich entwickeln: *to develop*
der Enzian (-e): *gentian*
die Epoche (-n): *epoch, era*
er: *he*
die Erbse (-n): *pea*
die Erdbeere (n); *strawberry*
die Erde (no pl.): *earth*
das Erdgeschoß (. . .sse): *ground floor*
das Erdöl (no pl.): *(crude) oil*
erforderlich: *necessary, required*
erfreut: *pleased*
ergänzen: *to complete*
erkältet: *suffering from a cold*
erklären: *to explain*
erlauben: *to allow*
erleben: *to experience*
eröffnen: *to open*
erreichen: *to reach, arrive at*
erschütternd: *shattering*
ersetzen: *to replace*
erst: *only, not until*
erste, ersten, etc: *first*

erteilen: *to make out, grant (an order)*

der & die Erwachsene (-n): *adult*

erwarten: *to expect*

erzählen: *to tell, recount*

es: *it*

essen: *to eat*

das Essen (–): *food, meal*

die Etage (-n): *upper floor*

das Etagenbad (¨er): *public bathroom*

etwa: *about, approximately*

etwas: *something; some*

euch: *you (familiar pl.), yourselves*

euer, eure, etc.: *your (familiar plural)*

evangelisch: *evangelical, Protestant*

das Export (no pl.): *type of beer*

der Expreß (no pl.): *express*

extremlink, extremrecht: *extreme left, right wing*

die Fabrik (-en): *factory*

der Fabrikarbeiter (–), die Fabrikarbeiterin (-nen): *factory worker*

der Fabrikdirektor (-en): *factory manager*

das Fach (¨er): *subject*

Fach-: *specialist . . .*

die Fähre (-n): *ferry*

fahren: *to travel, drive*

der Fahrer (–), die Fahrerin (-nen): *driver*

die Fahrkarte (-n): *(travel) ticket*

der Fahrplan (¨e): *timetable*

der Fahrzeugbau (no pl.): *vehicle-building, vehicle-body-builders*

fallen: *to fall*

falsch: *wrong, false*

die Familie (-n): *family*

der Fanfarenzug(¨e): *troupe of trumpeters*

die Farbe (-n): *colour*

das Faß (Fässer): *barrel*; Bier vom Faß: *draught beer*

fast: *almost*

die Fastnacht (no pl.): *Shrovetide (carnival)*

die F.D.P. = Freie Demokratische Partei: *Free Democratic Party*

der Februar: *February*

das Federbett (-en): *duvet*

fehlen: *to be missing*

der Fehler (–): *mistake*

der Feierabend (-e): *time after working hours*

der Feiertag (-e): *public holiday*

das Feld (-er): *field*

das Fenster (–): *window*

das Fensterlein (–): *little window*

die Ferien (pl): *holidays*

das Fernglas (¨er): *pair of binoculars*

fernsehen: *to watch TV*

der Fernseher (–): *television (receiver)*

das Fernsehprogramm (-e): *TV channel, schedule*

die Fernsehsendung (-en): *TV programme*

der Fernsehturm (¨e): *TV tower*

der Fernsprecher (–): *telephone*

fertig: *finished; ready*

das Fest (-e): *festival*

der Festplatz (¨e): *festival arena*

der Festtag (-e): *festival day*

der Festwagen (–): *float*

die Feuerwehr (-en): *Fire brigade*

das Fieber (–); Fieber haben: *fever; to have a temperature*

die Figur (-en): *figure*

der Film (-e): *film*

der Filzhut (¨e): *felt hat*

der Filzstift (-e): *felt-tipped pen*

das Finanzamt (¨er): *treasurer's department*

finden: *to find*

die Firma (-men): *firm, company*

der Fisch (-e): *fish*

das Fläschchen (–): *little bottle*

die Flasche (-n): *bottle*

das Fleisch (no pl.): *meat*

fliegen: *to fly*

der Flug (¨e): *flight*

der Fluggast (¨e): *airline passenger*

der Flughafen (¨): *airport*

der Flugplatz (¨e): *airfield*

das Flugzeug (-e): *aeroplane*

der Flur (-e): *hallway*

der Fluß (-üsse): *river*
die Forelle (-n): *trout*
das Foto (-s): *photo*
das Fotoalbum (-ben): *photo album*
der Fotoapparat (-e): *camera*
die Fotografie (-n): *photograph,*
photography
die Fotografin (-nen): *lady photographer*
die Frage (-n): *question*
fragen: *to ask*
das Fragezeichen: *question mark*
der Franken (–): (*Swiss*) *franc*
das Frankfurter Würstchen (–):
frankfurter
Frankreich: *France*
französisch: *French*
die Frau (-en): *woman, Mrs*
das Fräulein (–): *young lady, Miss*
frei: *vacant*
das Freibad (⁻er): *open-air swimming*
pool
im Freien: *in the open (air)*
die Freiheit (-en): *freedom, liberty*
der Freitag (-e): *Friday*
die Freizeit (no pl.): *free time*
fremd: *strange, foreign;* ich bin hier fremd:
I'm a stranger here
die Freude; es macht mir Freude: *joy; I find it*
a pleasure
sich freuen (auf + acc.): *to look forward (to)*
be pleased
sich freuen (über + acc.): *to be pleased (about)*
der Freund (-e): *friend, boyfriend*
die Freundin (-nen): *friend, girlfriend*
freundlich: *kind, pleasant*
die Freundschaft (-en): *friendship*
es freut mich: *I'm delighted*
frieren: *to freeze*
frisch: *fresh*
froh: *happy, pleased*
der Frosch (⁻e): *frog*
früh: *early*
das Frühjahrstrimester (–): *spring term*
der Frühling (-e): *spring*
das Frühstück (-e): *breakfast*
sich fühlen: *to feel*
der Führerschein (-e): *driving licence*
der Füller (–): *fountain pen*

fünf: *five;* fünfte, fünften, etc: *fifth*
fünfzehn: *fifteen;* fünfzig: *fifty*
funktionieren: *to work, function*
für: *for*
der Fuß (⁻e); zu Fuß: *foot; on foot*
der Fußball (⁻e): *football*
die Fußball-WM (= Weltmeisterschaft):
World Cup
der Fußgänger (–): *pedestrian*

die Gabel (-n): *fork*
ganz: *quite; whole*
die Garage (-n): *garage*
garantieren: *to guarantee*
die Garderobe (-n): *cloakroom*
der Garten (⁻): *garden*
die Gartenberegnung (no pl.): *garden*
sprinkling
die Gartenmöbel (pl.): *garden furniture*
der Gärtner (–): *gardener*
der Gasherd (-e): *gas stove*
die Gasse (-n): *alley, street*
der Gast (⁻): *guest*
die Gastfreundschaft (no pl.): *hospitality*
der Gastgeber (–), die Gastgeberin
(-nen): *host*
das Gasthaus (⁻er): *inn, small hotel*
der Gasthof (⁻e): *inn, hotel*
die Gaststätte (-n): *restaurant*
der Gastwirt (-e): *landlord (of inn)*
der Gatte (-n): *husband*
die Gattin (-nen): *wife*
das Gebäck (no pl.): *pastries*
das Gebäude (–): *building*
geben: *to give*
gebrauchen: *to use*
gebrochen: *broken*
geboren: ich bin geboren: *I was born*
die Gebühr (-en): *fee*
der Geburtstag (-e): *birthday*
geehrt: sehr geehrt . . . : *Dear . . .*
(formal letter)
gefährlich: *dangerous*
gefallen (es gefällt mir): *to please (I*
like it)
gegen: *against*
die Gegend (-en): *district*
gegenüber: *opposite*

das Gehalt (⁻er): *salary*
gehen: *to go*
geht's: Wie geht es Ihnen?: *'How are you?'*
gehören: *to belong*
die Geige (-n): *violin*
gelb: *yellow*
das Geld (-er): *money*
der Geldbeutel (–): *purse*
die Geldstrafe (-n): *fine*
gelingen: es gelingt mir: *to succeed; I succeed*
gemischt: *mixed*
das Gemüse (no pl.): *vegetables*
gemütlich: *cosy, homely*
genau: *exactly*
genug: *enough*
geöffnet: *open*
das Gepäck (no pl.): *luggage*
die Gepäckaufbewahrung (-en): *left luggage office*
die Gepäckausgabe (-n): *luggage collection point*
der Gepäckträger (–): *porter*
gerade: *just*
geradeaus: *straight on*
das Gericht (-e): *(law) court*
gerne; ich schwimme gerne: *with pleasure; I like swimming*
die Gesamtschule (-n): *comprehensive school*
das Geschäft (-e): *shop; business*
der Geschäftsführer (–): *manager*
der Geschäftsmann (pl.: Geschäftsleute): *business man*
die Geschäftsstelle (-n): *(main) office*
geschehen: *to happen*
das Geschenk (-e): *present*
die Geschichte (-n): *story; history*
geschieden: *divorced*
geschlossen: *closed*
geschmeckt: Hat's geschmeckt?: *'Did you enjoy your meal?'*
gesetzlich: *official*
das Gesicht (-er): *face*
gesperrt: *closed off*
das Gespräch (-e): *conversation*
gestern: *yesterday*

die Gesundheit (no pl.): *health; Bless you!*
das Getränk (-e): *drink*
getrennt: *separate*
gewinnen: *to win*
das Gewitter (–): *storm*
es gibt: *there is, are*
die Gitarre (-n): *guitar*
das Glas (⁻er): *glass; jar*
das Gläschen (–): *little glass*
das Glatteis (no pl.): *slippery ice*
glauben: *to believe, think*
gleich: *at once; same*
gleichfalls: *'and the same to you'*
das Gleis (-e): *track (platform)*
das Glück (no pl.): *luck; good fortune*
glücklich: *happy*
der Glückwunsch (⁻e): good wishes
der Glühwein (-e): *mulled wine*
golden: *gold(en)*
der Golfplatz (⁻e): *golf course*
der Gott (⁻er); mein Gott! *God, god; good heavens!*
graben: *to dig*
der Graben (⁻): *ditch, trench*
das Gramm (–): *gramme*
das Gras (⁻er): *grass*
gratis: *free*
grau: *grey*
die Grenze (-n): *border*
die Grilltomate (-n): *grilled tomato*
die Grippe (no pl.): *influenza, flu*
groß: *big, large, tall*
Großbritannien: *Great Britain*
die Größe (-n): *size*
die Großeltern (pl.): *grandparents*
die Großmutter (⁻): *grandmother*
die Großstadt (⁻e): *(major) city*
der Großvater (⁻): *grandfather*
grün: *green*
gründen: *to found*
die Grundschule (–n): *primary school*
die Gruppe (-n): *group*
der Gruß (⁻e): *greeting*
grüßen: *to greet, say hallo to*
der Gulasch (no pl.): *goulash*
der Gummistiefel (–): *Wellington boot*
die Gurke (-n): *cucumber*

gut: *good, well*
das Gymnasium (-ien): *grammar school*
die Gymnastik (no pl.): *gymnastics*

haben: *to have*
der Hafen (⁻): *port, harbour*
das Hähnchen (-): *chicken*
halb (neun): *half (past eight)*
die Halbpension (no pl.): *half-board*
die Hälfte (-n): *half*
das Hallenbad (⁻): *indoor swimming pool*
Hallo: *hallo, 'excuse me'*
der Hals (⁻e): *throat*
die Halskette (-n): *necklace*
halten: *to stop; to hold*
die Haltestelle (-n): *(bus or tram) stop*
die Hand (⁻e): *hand*
der Handball (no pl.): *handball (game)*
der Händler (-), die Händlerin (-nen): *dealer (shopkeeper)*
die Handlung (-en): *shop*
der Handschuh (-e): *glove*
die Handtasche (-n): *hand bag*
das Handtuch (⁻er): *towel*
hängen: *to hang*
hat: *has*
hätte(n) gerne: *would like*
der Hauptbahnhof (⁻e): *main station*
die Hauptschule (-n): *elementary secondary school*
der Hauptschulabschluß (-üsse): *secondary leaving certificate*
die Hauptstadt (⁻e): *capital city*
das Haus (⁻er): *house*
die Hausaufgabe (-n): *homework*
das Häuschen (-): *cottage, little house*
nach Hause: *(to) home*
zu Hause: *at home*
die Hausfrau (-en): *housewife*
die Haushaltswaren (pl.): *household goods*
die Hausmacher Wurst (⁻e): *home-made sausage*
die Haustür (-en): *front door*
das Heft (-e): *booklet, exercise book*
die Heimfahrt (-en): *journey home*
die Heimkehr (no pl.): *return home*

heiraten: *to marry*
heiß: *(very) hot*
heißen: *to be called*
heiter: *bright, fair*
heizen: *to heat*
die Heizung (-en): *heating*
helfen: *to help*
Helgoland: *Heligoland*
das Hemd (-en): *shirt*
herab: *down (here)*
herauf: *up (here)*
heraus: *out (here)*
herb: *dry (wine)*
der Herbst (-e): *autumn*
herein: *in (here), 'Come in!'*
der Herr (-en): *gentleman; Mr*
die Herrenkleidung (no pl.): *men's clothing*
herrlich: *splendid*
die Herrschaften (pl.) *lady and gentleman or ladies and gentlemen*
herum: *around*
herzlich: *heartfelt, warmest*
die Heuschnupfen (pl.) *hay fever*
heute: *today*
der Heuwagen (-): *hay cart*
hier: *here*
hierhin: *(to) here, hither*
hiermit: *herewith, with this*
die Hilfe (-n): *help, aid*
die Himbeere (-n): *raspberry*
der Himbeergeist (no pl.): *raspberry spirit*
hin und zurück: *return (ticket)*
hinab: *down (there)*
hinauf: *up (there)*
hindurch: *through (there)*
hinein: *in (there)*
hinter: *behind*
hinüber: *over, across (there)*
die H-Milch (no pl.): *long-life milk*
hoch, hohe, hohen, etc: *high*
die Hochschule (-n): *polytechnic, training college*
hoffen (auf + acc.): *to hope (for)*
hoffentlich: *'hopefully', let's hope*
holen: *to fetch*
der Holländer (-): *Dutchman*

Holland: *Holland*
das Holz (⁻er): *wood*
der Honig (no pl.): *honey*
hören: *to hear*
der Hörer (–): *(telephone) receiver*
die Hose (-n): *pair of trousers*
das Hotel (-s): *hotel*
der Hotelier (-s): *hotelier*
hübsch: *pretty*
der Hügel (–): *hill*
der Hund (-e): *dog*
hundert: *(one) hundred*
der Hunger (no pl.): *hunger*
die Hupe (-n): *(motor) horn*
der Hut (⁻e): *hat*
die Hütte (-n): *hut*

ich: *I*
die Idee (-n): *idea*
ihnen: *(to) them*
Ihnen: *(to) you*
ihr: *you (familiar pl.); (to) her*
ihr, ihre, etc: *her; their*
Ihr, Ihre, etc: *your*
im = in dem:
die Imbißstube (–n): *snack bar*
immer: *always*
in: *in; into*
inbegriffen: *included*
Indien: *India*
die Industrie (-n): *industry*
die Information (-en): *(piece of)*
                    information
der Ingenieur (-e): *engineer*
inklusive: *inclusive*
inner: *inner*
ins = in das:
das Inserat (-e): *advertisement*
die Installation (-en): *domestic appliance*
                    fitting
interessant: *interesting*
das Interesse (-n): *interest*
interessieren: *to interest*
Irland: *Ireland*
ist: *is*
Italien: *Italy*
italienisch: *Italian*

ja: *yes*
die Jacke (-n): *jacket*
das Jägerschnitzel (⁻): *veal cutlet chasseur*
das Jahr (-e): *year*
die Jahreszeit (-en): *season*
das Jahrhundert (-e): *century*
jährlich: *annual*
der Januar: *January*
jeder, -e, -es: *each, every*
jemand, jemanden: *someone*
jener, -e, -es: *that*
jetzt: *now*
der Joghurt (no pl.): *yoghurt*
die Jugendherberge (-n): *youth hostel*
Jugoslawien: *Yugoslavia*
der Juli: *July*
jung: *young*
der Junge (-n): *boy*
der Juni: *June*

das Kabel (–): *cable*
der Kaffee (no pl.): *coffee*
der Kaffeeautomat (-en): *coffee-maker*
die Kaffeekanne (-n): *coffee-pot*
der Kaiser (–): *kaiser, emperor*
das Kalb (⁻er): *calf, veal*
der Kalender (–): *calendar, diary*
kalt: *cold*
die Kamera (-s): *(cine) camera*
der Kamin (-e): *fireplace*
der Kampf (⁻e): *fight*
auf in den Kampf: *'let's get moving'*
kämpfen: *to fight*
der Kanal (⁻e): *canal, (English) Channel*
kann: *can*
das Kännchen (–): *pot, jug*
die Kantine (-n): *canteen*
der Kanton (-e): *canton*
das Kapitel (–): *chapter*
kaputt: *broken, bust*
der Karfreitag (-e): *Good Friday*
der Karnevalverein (-e): *carnival club*
die Karosserie (-n): *coachwork, car body*
der Karosseriebau (no pl.): *'crash repairs'*
die Karte (-n): *map; card; ticket*
die Kartoffel (-n): *potato*
die Kartoffelchips (pl.): *crisps*
der Käse (no pl.): *cheese*

das Käsebrot (no pl.): *bread and cheese*
der Käsekuchen (–): *cheesecake*
die Kasse (-n): *cash desk*
der Kasseler (Braten) (–): *smoked loin of pork*
der Kassettenrecorder (–): *cassette recorder*
die Kassiererin (-nen): *cashier (female)*
katholisch: *Catholic*
die Katze (-n): *cat*
kaufen: *to buy*
das Kaufhaus (¨er): *department store*
kaum: *hardly*
die Kegelbahn (-en): *bowling alley*
kein, keine, etc: *no, not a*
keineswegs: *not at all*
der Keks (-e): *biscuit*
der Keller (–): *cellar*
der Kellner (–): *waiter*
die Kellnerin (-nen): *waitress*
kennen: *to know (be acquainted with)*
kennenlernen: *to get to know, meet*
das Kernkraftwerk (-e): *atomic power station*
die Kerze (-n): *candle*
das Kilo (–): *kilo*
das Kilometer (–): *kilometre*
das Kind (-er): *child*
das Kino (-s): *cinema*
der Kiosk (-e): *kiosk*
die Kirche (-n): *church*
die Kirsche (-n): *cherry*
die Kiste (-n): *crate*
klappen: es klappt: *'it's OK, it works'*
die Klasse (-n): *class*
das Klassenzimmer (–): *classroom*
das Klavier (e): *piano*
der Klebstoff (-e): *glue*
das Kleid (-er): *dress*
die Kleider (pl.): *clothes*
der Kleiderbügel (–): *coat-hanger*
der Kleiderschrank (¨e): *wardrobe*
die Kleidung (-en): *clothing*
klein: *small, little*
das Kleingeld (no pl.): *change*
der Kleingolf (no pl.): *minigolf*
das Kleinkind (-er): *young child, toddler*
klingeln: *to ring*
die Klinik (-en): *clinic*

das Klo (-s): *lavatory, loo*
klopfen (an + acc.): *to knock (at)*
das Kloster (¨): *monastery, convent*
der Klub (-s): *club*
die Kneipe (-n): *pub*
der Knochen (–): *bone*
der Knödel (–): *dumpling*
der Knopf (¨e): *button, knob*
kochen: *to boil; to cook*
das Kochen (no pl.): *cooking*
der Kochkurs (-e): *cookery course*
der Kochtopf (¨e): *saucepan*
der Koffer (–): *suitcase*
der Kognak (-s): *cognac*
der Kohl (no pl.): *cabbage*
der Kollege (-n), die Kollegin (-nen): *colleague*
Köln: *Cologne*
das Kölnisch Wasser (no pl.): *eau-de-Cologne*
komisch: *funny*
das Komma (-s): *comma*
kommen: *to come*
es kommt darauf an: *it depends*
kommunistisch: *communist*
das Kompott (-e): *stewed fruit*
die Konditorei (-en): *confectioner's shop*
die Konferenz (-en): *conference*
der Konferenzsaal (-säle): *conference hall*
die Konfektionshandlung (-en): *dress shop*
die Konfitüre (-n): *jam, preserves*
die Kongreßhalle (-n): *conference hall*
der König (-e): *king*
die Königin (-nen): *queen*
königlich: *royal*
der Königskuchen (–): *fruit cake*
können: *can*
das Konto (-s): *account*
der Kontoinhaber (–): *account holder*
das Konzert (e): *concert*
Kopenhagen: *Copenhagen*
der Kopf (¨e): *head*
der Korb (¨e): *basket*
das Kornfeld (-er): *cornfield*
die Kosten (pl.) *costs*
kosten: *to cost*

kostenlos: *free*
das Kostüm (-e): *(lady's) suit*
das Kotelett (-s): *chop, cutlet*
krachen: *to crash, make a crash*
die Kraftbrühe (-n): *clear soup*
krank: *ill*
das Krankenhaus (-er): *hospital*
die Krankenkasse (-n): *public health insurance fund*
der Krankenpfleger (–): *male nurse*
der Krankenschein (-e): *medical card*
die Krankenschwester (-n): *nurse*
der Krankenwagen (–): *ambulance*
die Krankheit (-en): *illness*
der Kredit (-e): *credit*
der Kreditantrag (-e): *credit application*
der Kreditbrief (-e): *letter of credit*
der Krieg (-e): *war*
kriegen: *to get*
die Kriegsmarine (-n): *navy*
die Küche (-n): *kitchen*
der Kuchen (–): *cake, flan*
die Kuchenauswahl (-en): *selection of cakes*
die Kugel (-n): *sphere, scoop*
der Kugelschreiber (–), der Kuli (-s): *ballpoint pen*
kühl: *cool*
der Kühlschrank (-): *refrigerator*
das Kulturamt (-er): *education and libraries department*
die Kunst (-e): *art*
die Kunsthalle (-n): *art gallery*
das Kurhaus (-er): *spa casino*
das Kurhotel (-s): *spa hotel*
der Kurs (-e): *course*
kurz: *short*
der Kurzschluß (-üsse): *short circuit*
die Kusine (-n): *(female) cousin*
küssen: *to kiss*
die Küste (-n): *coast*
die Kutsche: *coach*

der Laden (-): *shop*
die Lampe (-n): *lamp, light*
das Land (-er): *country; German province*
landen: *to land*

die Landkarte (-n): *map*
die Landungsbrücke (-n): *jetty*
die Landwirtschaft (no pl.): *agriculture*
landwirtschaftlich: *agricultural*
lang, lange: *long*
langsam: *slow*
der Lärm (no pl.): *noise*
lassen: *to leave, let*
der Lastkraftwagen (–), der Lkw (-s): *lorry*
die Laterne (-n): *light, lantern*
lauter: *louder*
der Lautsprecher (–): *loudspeaker*
das Leben (–): *life*
leben: *to live, be alive*
das Lebensmittelgeschäft (-e): *food shop*
die Leber (-n): *liver*
der Leberknödel (–): *liver dumpling*
die Leberwurst (-e): *liver sausage*
der Lebkuchen (–): *gingerbread*
die Lederhosen (pl.): *leather shorts*
ledig: *single (unmarried)*
leer: *empty*
der Lehrer (–), die Lehrerin (-nen): *teacher*
der Lehrling (-e): *apprentice*
leicht: *easy; light*
leid: es tut mir leid: *I'm sorry*
leider: *unfortunately*
leihen: *to lend*
die Leine (-n): *lead*
das Lendchen (–): *cutlet*
lernen: *to learn*
lesen: *to read*
das Lesen (no pl.): *reading*
letzte, letzten, etc: *last*
die Leute (pl.): *people*
das Licht (-er): *light*
die Lichtmaschine (–n): *dynamo*
lieb: *dear*
lieber: *rather*
der Liebesbrief (-e): *love letter*
das Liebespaar (-e): *pair of lovers*
das Lied (-er): *song*
liefern: *to deliver*
liegen: *to lie*
der Liegeplatz (-e): *couchette*
der Lift (-e): *lift*
die Limonade (-n): *fizzy drink*
links: *(on the) left*

die Linse (-n): *lens*
die Liste (-n): *list*
das Liter (–): *litre*
der Lkw (-s): (Lastkraftwagen): *lorry, truck*
der Löffel (–): *spoon*
das Lokal (-e): *pub*
die Lokomotive (-n): *railway engine*
das Los (-e): *lottery ticket*
los: was ist los? *'what's up?'*
losfahren: *to set off*
lösen: *to buy (a ticket)*
loswerden: *to get rid of*
die Lotterie (-n): *lottery*
die Luft (–e): *air*
Lust haben: *to have an inclination, to want
(to do sthg)*
lustig: *amusing, jolly*

machen: *to do, make*
die Macht (–): *power*
das Mädchen (–): *girl*
der Magen (–): *stomach*
der Mai: *May*
der Maifeiertag (-e): *May Day*
Mailand: *Milan*
das Mal (-e): *time*
mal: *just; for once*
das Malzbier (no pl.): *malt beer*
man: *one*
manchmal: *sometimes*
der Mann (–er): *man*
der Mantel (–): *coat*
die Margarine (no pl.): *margarine*
die Mark (–): *Mark (currency)*
der Markt (–); *market*
der Marktplatz (–e): *market place*
die Marmelade (-n): *jam*
marschieren: *to march*
der März: *March*
die Maschine (-n): *machine; plane*
die Maske (-n): *mask*
die Mathe (no pl.): *maths*
das Matjesfilet (-s): *white herring fillet*
die Mauer (-n): *wall*
die Maus (–e): *mouse*
das Medikament (-e): *medicine, remedy*
die Medizin (no pl.): *medicine*
mehr; nicht mehr: *more; no longer*

die Mehrwertsteuer (no pl.): *value added
tax (VAT)*
die Mehrzahl (-en): *plural*
mein, meine, etc: *my*
meinen: *to think, be of the opinion*
meinetwegen: *as far as I am
concerned*
meistens: *usually, mostly*
sich melden: *to announce oneself*
die Meldung (-en): *announcement*
die Menge (-n): *crowd*
der Mensch (-en): *man, person*
das Messer (–): *knife*
das Metall (-e): *metal*
das Meter (–): *metre*
der Metzger (–): *butcher*
die Metzgerei (-en): *butcher's shop*
die Miete (-n): *rent*
mieten: *to rent, hire*
der Mietvertrag (–e): *rental agreement*
der Mietwagen (–): *rental car*
mich: *me; myself*
die Milch (no pl.): *milk*
die Million (-en): *million*
mindestens: *at least*
das Mineral (-ien): *mineral*
das Mineralwasser (no pl.): *mineral
water*
die Minute (-n): *minute*
mir: *(to) me*
das Mißverständnis (-se): *misunderstanding*
mit: *with*
miteinander: *with one another*
das Mitglied (-er): *member*
mitmachen: *to take part*
mitnehmen: *to take with one*
der Mittag (no pl.): *noon, mid-day*
das Mittagessen (–): *mid-day meal, lunch*
mittags: *at mid-day(s)*
die Mittagspause (-n): *lunch break*
der Mittagstisch (-e): *'lunch menu'*
die Mitte (-n): *middle, centre*
Mittelasien: *Central Asia*
mitteleuropäisch: *Central European*
die Mitternacht (no pl.): *midnight*
der Mittwoch: *Wednesday*
das Möbel (–): *(piece of) furniture*
möchte(n): *would like*

modern: *modern*
das Mofa (-s): *small moped*
mögen: *to like*
möglich: *possible*
das Mokkaeis (no pl.): *coffee ice*
der Moment (-e): *moment; just a moment*
der Monat (-e): *month*
das Monatsgehalt (ᵉer): *monthly salary*
der Mond (-e): *moon*
der Montag: *Monday*
der Morgen (–): *morning*
morgen (früh): *tomorrow (morning)*
morgens: *in the mornings*
Moskau: *Moscow*
der Motor (-en): *engine, motor*
der Motorraum (ᵉe): *engine compartment*
müde: *tired*
die Mühle (-n): *mill*
München: *Munich*
der Mund (ᵉer): *mouth*
das Museum (. . .seen): *museum*
die Musik (no pl.): *music*
muß, müssen: *must*
muß nicht, müssen nicht: *do not have to*
die Mutter (ᵉ): *mother*
Mutti: *mum*

na: *well, oh*
nach: *to (a town); after*
der Nachbar (-n), die Nachbarin (-nen): *neighbour*
nachdem: *after*
nachgießen: *to top up, pour another (drink)*
nachher: *afterwards*
der Nachkriegsstaat (-en): *post-war state*
der Nachmittag (-e): *afternoon*
nachmittags: *in the afternoons*
die Nachrichten (pl.): *news*
die Nachspeise (-n): *dessert*
nächste, nächsten, etc: *next, nearest*
die Nacht (ᵉ): *night*
der Nachtisch (-e): *dessert*
nachts: *at night*
der Nachttisch (-e): *bedside table*

die Nadel (-n): *needle*
nahe: *near, nearby*
in der Nähe: *near*
nähen: *to sew*
der Name (-n): *name*
die Nase (-n): *nose*
das Nashorn (ᵉer): *rhinoceros*
naß: *wet*
natürlich: *of course*
der Naturpark (-s): *nature park, reserve*
neblig: *foggy, misty*
neben: *next to*
die Nebenstraße (-n): *side-street*
der Neffe (-n): *nephew*
nehmen: *to take*
nein: *no*
nett: *kind, nice*
neu: *new*
das Neujahr (no pl.): *New Year's Day*
neun: *nine*; neunte, neunten, etc: *ninth*
neunzehn: *nineteen*; neunzig: *ninety*
Neuseeland: *New Zealand*
neunzig: *ninety*
Neuseeland: *New Zealand*
der Neuseeländer (–) die Neuseeländerin (-nen): *New Zealander*
neutral: *neutral*
nicht: *not*
die Nichte (-n): *niece*
nichts: *nothing*
nie: *never*
das Niederwalddenkmal: *monument in the Niederwald forest*
niedrig: *low*
niemand, niemanden: *no one*
niesen: *to sneeze*
noch; noch ein: *still, yet; another*
der Norden (no pl.): *north*
nördlich: *(to the) north*
Norwegen: *Norway*
der Notausgang (ᵉ): *emergency exit*
der Notfall (ᵉe): *emergency*
die Notrufnummer (-n): *emergency telephone number*
notwendig: *necessary*
der November: *November*
die Nudel (-n): *noodle*
die Nummer (-n): *number*

nun: *now*
nur: *only*
die Nuß (-üsse): *nut*
nutzen: *to be of use*

o. = oder
o.a. oben angegeben: *given above*
ob: *whether*
oben: *upstairs, at the top*
Herr Ober!: *waiter!*
der Oberkörper (–): *upper part of the body*
das Obst (no pl.): *fruit*
obwohl: *although*
oder: *or*
der Ofen (⁻): *stove*
offen: *open*
öffentlich: *public*
die Öffnungszeit (-en): *opening time*
oft: *often*
ohne: *without*
das Ohr (-en): *ear*
der Ohrring (-e) *ear-ring*
der Oktober: *October*
das Öl (no pl.): *oil*
die Oma (-s): *grandma*
das Omelett (-e): *omelet*
der Onkel (–): *uncle*
der Opa (-s): *grandad*
die Oper (-n): *opera*
in Ordnung: *all right*
der Ort (-e): *place, town*
der Ostblock (no pl.): *Communist bloc*
der Osten (no pl.): *east*
Ostende: *Ostend*
de Ostermontag, -sonntag: *Easter Monday, Sunday*
Ostern: *Easter*
Österreich: *Austria*
österreichisch: *Austrian*
östlich: *(to the) east*
die Ostsee (no pl.): *Baltic (Sea)*
die Ostzone (no pl.): *East Germany*
das Paar (-e): *pair*
ein paar: *a few*
das Päckchen (–): *packet*
die Packung (-en): *box, pack*
die Panne (-n): *breakdown*

die Pannenhilfe (-n): *breakdown service*
das Papier (-e): *paper*
die Pappe (-n): *cardboard*
das Parfüm (-e): *perfume, scent*
der Park (-s): *park*
parken: *to park*
das Parkett (no pl.): *stalls (theatre)*
der Parkplatz (⁻e): *car park*
die Parkuhr (-en): *parking meter*
das Parlament (-e): *parliament*
die Partei (-en): *(political) party*
die Party (-s): *(social) party*
passen (zu + dat.): *to fit, to suit*
passieren: *to happen*
die Paßkontrolle (-n): *passport control*
die Pause (-n): *interval, break*
die Pension (-en): *boarding-house*
die Pension Garni: *bed-and-breakfast hotel*
die Person (-en): *person*
das Personalamt (⁻er): *personnel department*
der Personaldirektor (-en): *personnel manager*
der Personalleiter (–): *personnel manager*
persönlich: *personal*
der Pfad (-e): *path*
der Pfanne (-n): *(frying) pan*
der Pfarrer (–): *vicar, minister*
der Pfeffer (no pl.): *pepper*
das Pferd (-e): *horse*
Pfingsten: *Whitsun*
der Pfingstmontag, -sonntag: *Whit Monday, Sunday*
der Pfirsich (-e): *peach*
das Pfund (–): *pound*
das Pils (no pl.): *type of light beer*
der Pilz (-e): *mushroom*
der Pkw (-s) (Personenkraftwagen): *car*
der Plan (⁻e): *plan*
planmäßig: *scheduled*
der Plastikbeutel (–): *plastic bag*
der Plattenspieler (–): *record player*
der Platz (⁻e): *room, space; seat; square*
die Politik (no pl.): *politics*
der Politiker (–): *politician*
die Polizei (no pl.): *police*
die Polizeiwache (-n): *police station*

der Polizist (-en): *policeman*
die Polster-Garnitur (-en): *suite of lounge furniture*
die Pommes frites (pl.): *French fries, chips*
die Portion (-en): *portion*
die Post (no pl.): *post (office)*
das Postamt (¨er): *post office*
der Postbus (-se): *post bus*
das Postcheckkonto (-s): *giro account*
praktisch: *in practice, practical, useful*
der praktische Arzt: *general practitioner*
die Prärie (-n): *prairie*
der Präsident (-en): *president, chairman*
der Preis (-e): *price; prize*
preiswert: *good value, cheap*
privat: *private*
pro: *per*
die Probefahrt (-en): *test drive*
probieren: *to try (out)*
das Problem (-e): *problem*
der Produktionsleiter (−), die Produktionsleiterin (-nen): *production manager*
produzieren: *to produce*
proklamieren: *to proclaim*
der Prokurist (-en), die Prokuristin (-nen): *chief clerk*
die Promenade (-en): *promenade*
der Prospekt (-e): *prospectus, leaflet*
Prost!: *cheers!*
das Prozent (-e): *per cent; percentage*
die Prüfung (-en): *examination*
der Pullover (−), der Pulli (-s): *sweater*
die Pumpe (n): *pump*
pünktlich: *punctual*
die Puppe (-n): *doll*
die Putzfrau (-en): *charwoman, cleaner*

der Qualitätswein (-e): *wine of superior quality*
die Quittung (-en): *receipt*

das Rad (¨er): *bicycle; wheel*
das Radio (-s): *radio*
raffinieren: *to refine*
der Rand (¨er): *edge*
der Rang (¨): *balcony, circle (theatre)*
der Rasierapparat (-e): *razor*

sich rasieren: *to shave*
das Rathaus (¨er): *town hall*
rätoromanisch: *Romansh*
rauchen: *to smoke*
die Realschule (-n): *technical school*
das Rechnen (no pl.): *arithmetic*
die Rechnung (-en): *bill*
das Recht (-e): *right*
rechts: *(on the) right*
reden: *to talk*
regelmäßig: *regular*
der Regen (no pl.): *rain*
der Regenmantel (¨): *raincoat*
der Regenschirm (-e): *umbrella*
regieren: *to govern*
die Regierung (-en): *government*
regnen: *to rain*
das Reh (-e): *deer; venison*
das Reich (-e): *empire*
reich: *rich*
reichen: *to reach; to be enough*
der Reifen (−): *tyre*
die Reihe (-n): *row*
der Reis (no pl.): *rice*
die Reise (-n): *journey*
das Reisebüro (-s): *travel agency*
reisen: *to travel*
der Reisescheck (-s): *traveller's cheque*
die Reisetasche (-n): *travelling bag*
die Reithalle (-n): *riding centre*
relativ: *relatively*
der Rentner (−), die Rentnerin (-nen): *pensioner*
die Reparatur (-en): *repair*
reparieren: *to repair*
die Republik (-en): *republic*
reservieren: *to reserve*
das Restaurant (-s): *restaurant*
das Rezept (-e): *prescription; recipe*
der Rhein: *Rhine*
die Rheinfahrt (en): *Rhine trip*
richtig: *right, correct*
die Richtung (-en): *direction*
das Rindfleisch (no pl.): *beef*
das Ringbuch (¨er): *loose-leaf binder*
die Rivalin (-nen): *(female) rival*
der Rock (¨e): *skirt*
der Rohstoff (-e): *raw material*

der Rolladen (̈-): *exterior roller blind*
das Röllchen (–): *roll (of food)*
rollen: *to roll*
der Römer (–): *Roman*
römisch: *Roman*
die Röntgenaufnahme (-n): *X-ray*
die Rose (-n): *rose*
der Rosenkohl (no pl.): *brussels sprout(s)*
Rosenmontag: *Monday before
                    Shrove Tuesday*
rot: *red*
der Rotkohl (no pl.): *red cabbage*
der Rotwein (-e): *red wine*
der Rücken (–): *back*
die Rückfahrt (-en): *return journey*
der Rucksack (̈-e): *rucksack*
rückwärts: *backwards*
der Ruf (-e): *call*
rufen: *to call*
im Ruhestand: *retired*
ruhig: *peaceful*
das Rührei (-er): *scrambled egg*
die Ruine (-n): *ruin*
Rumänien: *Rumania*
das Rumpsteak (no pl.): *steak*
rund: *round, around*
die Rundfahrt (-en): *round trip*
der Rundgang (̈-): *walk round*
russisch: *Russian*
Rußland: *Russia*

der Saal (Säle): *hall, room*
die Sache (-n): *thing, matter*
der Sack (̈-e): *sack*
der Saft (̈-e): *juice*
sagen: *to say, tell*
die Sahne (no pl.): *cream*
der Salat (-e): *salad (or lettuce)*
das Salz (no pl.): *salt*
salzig: *salty*
die Salzkartoffeln (pl.): *boiled potatoes*
die Sammelkarte (-n): *multiple ticket*
der Samstag (-e): *Saturday*
der Sandkuchen (–): *sand cake (like
                    madeira cake)*
der Sänger (–): *singer*
satt: *full (of food)*
der Satz (̈-e): *sentence*

sauber: *clean*
der Sauerkohl (no pl.): *sauerkraut*
das Sauerkraut (no pl.): *pickled cabbage*
die Schachtel (-n): *small box, packet*
schaffen: *to manage, achieve*
der Schal (-e): *scarf, shawl*
die Schallplatte (-n): *record*
die Schänke (-n): *pub, inn*
der Schatz (̈-): *treasure; darling*
schauen: *to look*
der Scheck (-s): *cheque*
das Scheckheft (-e): *cheque book*
die Scheibe (-n): *slice*
der Schein (-e): *certificate*
scheinen: *to shine; to seem*
schenken: *to give (as a present)*
schicken: *to send*
das Schiff (-e): *ship, boat*
die Schiffsfahrt (-en): *boat trip*
das Schild (-er): *sign, notice*
der Schilling (–): *shilling (Austrian)*
der Schinken (–): *ham*
das Schinkenbrot (no pl.): *bread and ham*
der Schlafanzug (̈-): *pair of pyjamas*
schlafen: *to sleep*
das Schlafzimmer (–): *bedroom*
schlank: *slim*
schlecht: *bad*
schließen: *to shut, close*
das Schließfach (̈-er): *(luggage) locker*
schlimm: *bad*
der Schlips (-e): *tie*
das Schloß (. . .össer): *palace, castle*
der Schlosser (–): *fitter*
der Schlüssel (–): *key*
schmal: *narrow*
schmecken; es schmeckt: *to taste; it
                    tastes good*
die Schmerzen (pl.): *pain, ache*
der Schmied (-e): *smith*
die Schmiede (·n): *forge*
sich schminken: *to make oneself up*
schmutzig: *dirty*
der Schnaps (no pl.): *schnaps, brandy*
der Schnee (no pl.): *snow*
schneiden: *to cut*
schneien: *to snow*
schnell: *fast*

der Schnellzug (⁻e): *express train*
der Schnittlauch (no pl.): *chives*
das Schnitzel (-): *cutlet*
der Schnurrbart (⁻e): *moustache*
die Schokolade (-n): *chocolate*
die Schokoladencreme (no pl.): *chocolate dessert*
    schon: *already*
    schön: *beautiful, lovely*
    Schottland: *Scotland*
der Schrank (⁻e): *cupboard*
der Schraubenzieher (−): *screwdriver*
    schrecklich: *awful, terrible*
    schreiben: *to write*
das Schreiben (no pl.): *writing*
die Schreibmaschine (-n): *typewriter*
der Schreibtisch (-e): *desk*
die Schreibwaren (pl.): *stationery*
das Schreibzimmer (−): *study*
der Schuh (-e): *shoe*
der Schulabschluß (-üsse): *school-leaving certificate*
die Schulaufgabe (-n): *homework*
die Schule (-n): *school*
der Schüler (−) *schoolboy*
die Schülerin (-nen): *schoolgirl*
der Schulhof (⁻e): *school yard, playground*
der Schulschluß (-üsse): *end of school*
    schunkeln: *to sway to music*
die Schürze (-n): *apron*
    schwanger: *pregnant*
    schwarz: *black*
der Schwarzwald: *Black Forest*
    Schweden: *Sweden*
    schwedisch: *Swedish*
das Schwein (-e): *pig; pork*
die Schweiz: *Switzerland*
    Schweizer, schweizerisch: *Swiss*
    schwer: *difficult; heavy*
die Schwester (-n): *sister*
die Schwiegereltern (pl.): *parents-in-law*
die Schwiegermutter (⁻): *mother-in-law*
der Schwiegervater (⁻): *father-in-law*
    schwierig: *difficult*
die Schwierigkeit (-en): *difficulty*
das Schwimmbad (⁻er): *swimming pool*

    schwimmen: *to swim*
    sechs: *six;* sechste, sechsten, etc: *sixth*
    sechzehn: *sixteen;* sechzig: *sixty*
die SED = Sozialistische Einheitspartei Deutschlands: *Socialist Unity Party of Germany*
der See (-n): *lake*
die See (-n): *sea*
    sehen: *to see*
    sehr: *very*
die Seide (-n): *silk*
die Seife (-n): *soap*
das Seil (-e): *rope*
die Seilbahn (-en); *cable railway*
    sein: *to be*
    sein, seine, etc: *his, its*
    seit (seit 5 Jahren): *since (for 5 years)*
die Seite (-n): *side; page*
die Sekretärin (-nen): *secretary (female)*
    selbst: *myself, oneself, etc*
    selbstverständlich: *of course, naturally*
das Selbstvertrauen (no pl.): *(self) confidence*
    senden: *to send*
der Sendeschluß (-üsse): *close-down (TV/radio)*
die Sendung (-en): *programme (TV/radio)*
der Senf (-e): *mustard*
der September: *September*
der Service (no pl.) *service*
    servieren: *to serve*
der Sessel (−): *easy chair*
sich setzen: *to sit down*
    sich: *onself, him/her/yourself, them/yourselves*
    sicher: *sure*
    sie: *she, her; they, them*
    Sie: *you*
    sieben: *seven;* siebte, siebten, etc: *seventh*
    siebzehn: *seventeen;* siebzig: *seventy*
    Silvester(abend): *New Year's Eve*
    sind: *are*
    singen: *to sing*
die Situation (-en): *situation*
    sitzen: *to sit*

der Ski (-er): *ski*
Ski fahren: *to ski*
das Skilaufen (no pl.): *skiing*
die Skulptur (-en): *sculpture*
so; so . . . wie: *so; as . . . as*
die Socke (-n): *sock*
das Sofa (-s): *sofa, settee*
sofort: *immediately*
sogar: *even*
der Sohn (⁻e): *son*
sollen: *to be (supposed) to*
sollte(n): *should, ought to*
der Sommer (–): *summer*
sondern: *but (after a negative)*
der Sonderpreis (-e): *special price*
der Sonderzug (⁻e): *special train*
der Sonnabend (-e): *Saturday*
die Sonne (-n): *sun*
sich sonnen: *to sunbathe*
die Sonnenbrille (-n): *(pair of)
        sunglasses*
sonnig: *sunny*
der Sonntag (-e): *Sunday*
sonst (noch etwas): *otherwise;
        (anything) else*
die Sorge (-n): *worry, care*
sich Sorgen machen: *to worry*
die Sorte (-n): *sort, type*
sowjetisch: *Soviet*
die Sowjetunion: *Soviet Union*
das Sozialamt (⁻er): *social services
        department*
sparen: *to save*
der Spargel (no pl.): *asparagus*
die Sparkasse (-n): *savings bank*
sparsam: *economical*
der Spaß (⁻e); viel Spaß: *fun, joke; 'have a
    good time'*
Spaß machen: *to be enjoyable*
spät: *late*
die Spätzle (pl.) *noodles (regional word)*
der Spaziergang (⁻e): *walk*
die SPD = Sozialdemokratische Partei
    Deutschlands: *Social Democratic
        Party of Germany*
die Speise (-n): *food*
die Speisekarte (-n): *menu*
die Spezialität (-en): *speciality*

der Spiegel (–): *mirror*
das Spiegelei (-er): *fried egg*
das Spiel (-e): *game*
spielen: *to play*
der Spielfilm (-e): *feature film*
der Spielplatz (⁻e): *playground*
die Spielsache (-n): *toy*
der Spinat (no pl.): *spinach*
der Sport (no. pl.): *sport*
die Sportschau (-en): *sports report*
die Sprache (-n): *language*
sprechen (über + acc.): *to speak,
        talk (about)*
die Sprechzeit (-en): *consulting hour*
springen: *to jump*
die Spritze (-n): *injection*
der Sprudel (–): *fizzy drink*
der Staat (-en): *state*
die Stadt (⁻e): *town, city*
das Stadtbauamt (⁻er): *municipal planning
        department*
die Stadtbeamtin (-nen): *local government
        officer (female)*
der Stadtbummel (–): *stroll round the
        town*
die Stadthauptkasse (-n): *main payment
        office*
die Stadtmauer (-n): *town wall*
der Stadtplan (⁻e) *town map*
die Stadtverwaltung (-en): *municipal
        authority*
der Stahl (-e): *steel*
der Stammgast (⁻e): *'regular'*
der Stammtisch (-e): *regulars' table*
stark: *strong*
die Station (-en): *station, stopping-
        place*
das Stativ (-e): *tripod*
der Status (no pl.): *status*
der Staubsauger (–): *vacuum cleaner*
das Staubtuch (⁻er): *duster*
stecken: *to put (into)*
stehen: *to stand*
stehenbleiben: *to stop*
der Stein (-e): *stone*
stellen: *to put*
die Stenotypistin (-nen): *shorthand-
        typist*

sterben: *to die*
die Steuer (-n): *tax*
die Stimme (-n): *voice*
 stimmen (es stimmt): *to be correct*
 (it's right)
der Stock (no pl.): *floor, storey*
der Strand (⁻e): *beach*
 Straßburg: *Strasbourg*
die Straße (-n): *street, road*
die Straßenbahn (-en): *tram*
die Straßenkreuzung (-en): *crossroads*
das Streichholz (⁻er): *match*
der Streik (-s): *strike*
 stricken: *to knit*
die Strickjacke (-n): *cardigan*
die Strumpfhose (-n): *pair of tights*
das Stück (-e): *piece*
der Student (-en), die Studentin (-nen): *student*
 studieren: *to study*
die Stufe (-n): *step*
der Stuhl (⁻e): *chair*
die Stunde (-n): *hour, school period*
 suchen: *to look for*
 Südafrika: *South Africa*
der Süden: *south*
 südlich: *(to the) south*
 Südostversicherungen: *'Southeast Insurance Co.'*
die Summe (-n): *sum, amount*
der Supermarkt (⁻e): *supermarket*
die Suppe (-n): *soup*
 süß: *sweet*
die Süßigkeit (-en): *sweet*

die Tablette (-n): *tablet*
die Tafel (-n): *bar (chocolate)*
der Tafelwein (-e): *ordinary wine*
der Tag (-e): *day*
das Tagebuch (⁻er): *diary*
 täglich: *daily*
 tagsüber: *during the day*
das Tal (⁻er): *valley*
der Tank (-s): *tank*
die Tankstelle (-n): *filling-station*
der Tankwart (-e): *pump attendant*
die Tante (-n): *aunt*
 tanzen: *to dance*
die Tasche (-n): *bag, pocket*

das Taschentuch (⁻er): *handkerchief*
die Tasse (-n): *cup*
 tatsächlich: *in fact*
 tausend: *(one) thousand*
das Taxi (-s): *taxi*
der Taxistand (⁻e): *taxi rank*
das Team (-s): *team*
die Technik (-en): *technology*
der Tee (no pl.): *tea*
der Teebeutel (-): *teabag*
der Teil (-e): *part*
der Teilnehmer (-): *participant*
das Telefon (-e): *telephone*
das Telefonbuch (⁻er): *telephone directory*
 telefonieren: *to telephone*
die Telefonzelle (-n): *telephone kiosk*
der Teller (-): *plate*
das Tempotaschentuch (⁻er): *paper handkerchief (trade name)*
der Tennisplatz (⁻e): *tennis court*
der Teppich (-e): *carpet*
der Termin (-e): *appointment*
die Terrasse (-n): *terrace*
der Terrorist (-en): *terrorist*
 teuer: *dear, expensive*
der Text (-e): *text*
das Theater (-): *theatre*
das Theaterstück (-e): *play*
 theoretisch: *theoretically*
das Tier (-e): *animal*
der Tierpark (-s): *zoo*
die Tinte (-n): *ink*
der Tisch (-e): *table*
das Tischtennis (no pl.): *table tennis*
 tja: *well!*
die Tochter (⁻): *daughter*
das Töchterlein (-): *little daughter*
die Toilette (-n): *toilet*
die Tomate (-n): *tomato*
die Tonne (-n): *(metric) ton*
der Topf (⁻e): *pot, pan*
die Torte (-n): *flan*
die Tour (-en): *tour*
der Tourist (-en): *tourist*
 tragen: *to carry; to wear*
die Tragetasche (-n): *carrier bag*
der Traubensaft (⁻e): *grape juice*

treffen, sich treffen: *to meet*
der Treffpunkt (-e): *meeting point*
die Treppe (-n): *stairs, steps*
der Trickfilm (-e): *cartoon film*
    trinken: *to drink*
die Trinkhalle (-n): *pumproom (spa)*
    trocken: *dry*
die Trommel (-n): *drum*
    trommeln: *to drum*
die Trompete (-n): *trumpet*
der Tropfen (–): *drop*
    trübe: *dismal*
die Truppe (-n): *troop*
die Tschechoslowakei: *Czechoslovakia*
    Tschüs: *' bye, so long*
das Tuch (⸚er): *cloth*
    tun: *to do; to put*
der Tunnel (–): *tunnel*
die Tür (-en): *door*
die Türkei: *Turkey (the country)*
die Tüte: (-n): *small bag*
der Typ (-en): *model*
    typisch: *typical*

die U-Bahn (-en): *underground (railway)*
    über: *over, across; about*
    überall: *everywhere*
der Überbringer (–): *bearer*
    übermorgen: *day after tomorrow*
    übernachten: *to stay the night*
die Übernachtung (-en): *overnight accommodation*
    übers = über das
    übersetzen: *to translate*
die Überstunden (pl.): *overtime*
    überweisen: *to transfer (money)*
    übrig: *remaining*
das Ufer (–): *(river) bank*
die Uhr (-en): zwei Uhr: *clock, watch; two o'clock*
die Uhrzeit (no pl.): *time*
    um; um . . . zu: *round, around; in order to*
die Umgebung (-en): *neighbourhood, surroundings*
der Umschlag (⸚e): *envelope*
    umsteigen: *to change (trains etc.)*

    umweltfreundlich: *environmentalist (adjective)*
sich **um**ziehen: *to change (clothes)*
der Umzug (⸚e): *procession*
    und: *and*
der Unfall (⸚e): *accident*
    unfreundlich: *unfriendly*
    Ungarn: *Hungary*
    unglücklich: *unhappy, unfortunate*
die Uniform (-en): *uniform*
    uninteressant: *uninteresting*
die Universität (-en): *university*
    unmöglich: *impossible*
    uns: *us; ourselves*
    unser, unsere, etc: *our*
    unten: *downstairs, at the bottom*
    unter: *under*
das Untergeschoß (-sse): *basement*
die Unterhaltung (-en): *entertainment*
die Unterkunft (no pl.): *accommodation*
der Unterrock (⸚e): *petticoat*
die Unterschrift (-en): *signature*
die Untersuchung (-en): *examination (med.)*
die Untertasse (-n): *saucer*
die Unterwäsche (no pl.): *underclothes*
    unterwegs: *on the way*
    unterzeichnen: *to sign*
der Urlaub (-e): *holiday*
    usw = und so weiter: *etc.*

das Vanilleeis (no pl.): *vanilla ice*
die Vase (-n): *vase*
der Vater (⸚): *father*
das Veilchen (–): *violet*
die Verabredung (-en): *appointment, agreement*
sich verabschieden: *to take one's leave*
die Verbindung; sich in Verbindung setzen (mit): *connection; to contact, to get in touch (with)*
    verbleiben: *to remain (formal letter)*
    verboten: *forbidden*
    verdienen: *to earn*
der Verein (-e): *club*
die Vereinbarung (-en): *arrangement*
die Vereinigten Staaten (pl.): *United States*

vergangen: *last*

die Vergangenheit (no pl.): *past*

vergessen: *to forget*

vergleichen: *to compare*

verheiratet: *married*

verkaufen: *to sell*

der Verkäufer (–): *salesman, seller*

die Verkäuferin (-nen): *salesgirl (lady)*

der Verkaufsleiter (–): *sales manager*

der Verkehr (no pl.): *traffic*

das Verkehrsamt (–̈er): *tourist information office*

das Verkehrsmittel (–): *means of transport*

verlassen: *to leave, quit*

verlieren: *to lose*

der Vermerk (-e): *note, remark*

das Vermögen (–): *fortune*

die Versicherung (-en): *insurance*

Verspätung haben: *to be late*

versprechen: *to promise*

verstehen: *to understand*

versuchen: *to try*

der Vertrag (–̈e): *contract*

der Vertreter (–): *representative*

der Verwendungszweck (-e): *purpose of use*

vgl = vergleiche: *cf, compare*

die Videokamera (-s): *video camera*

viel; viele: *much; many, a lot*

vielleicht: *perhaps*

vier: *four*; viermal: *four times*; vierte, vierten etc: *fourth*

das Viertel; viertel: *quarter*

vierzehn: *fourteen*; vierzig: *forty*

der Vogel (–̈): *bird*

das Volk (–̈er): *people*

die Volkshochschule (-n): *adult education centre*

der Volkstrauertag (-e): *Remembrance Day*

die Volkswanderung (-en): *public walk*

voll: *full*

der Vollbart (–̈e): *beard*

die Vollpension (no pl.): *full board*

vom = von dem

von: *from; of*

von . . . bis . . . : *from . . . till . . .*

vor (vor 2 Jahren): *in front of, before, (2 years ago)*

vorbeikommen: *to come by, to drop in*

vorbei(rollen): *(to roll) past*

die Vorderseite (–n): *front*

vorgestern: *day before yesterday*

der Vorhang (–̈e): *curtain*

vorher: *before(hand)*

der Vormittag (-e): *morning*

vormittags: *in the mornings*

vorne: *at the front*

der Vorort (-e): *suburb*

vorschlagen: *to suggest*

Vorsicht!: *watch out!*

die Vorspeise (-n): *hors d'œuvre, starter*

vorstellen: *to introduce*

vorzeigen: *to show (a ticket)*

das Vorzimmer (–): *ante-room*

wachsen: *to grow (to get bigger)*

der Wagen (–): *car, vehicle*

wählen: *to dial, to vote, to choose*

während: *while*

wahrscheinlich: *probably*

die Währung (-en): *currency*

der Wald (–̈er): *wood, forest*

die Wand (–̈e): *wall*

die Wanderhütte (-n): *walkers' hut*

die Wanderkarte (-n): *walking map*

wandern: *to walk, hike*

die Wanduhr (-en): *(wall) clock*

wann: *when?*

wär: Wie wär's mit . . . ?: *'How about. . ?'*

war, waren: *was, were*

die Waren (pl.): *goods*

warm: *hot, warm*

die Wartehalle (-n): *waiting-room*

warten (auf + acc.): *to wait (for)*

die Wartungskosten (pl.): *maintenance costs*

warum: *why*

'was = etwas

was: *what*

das Waschbecken (–): *basin*

die Wäsche (no pl.): *washing*

(sich) waschen: *to wash (oneself)*

die Waschmaschine (-n): *washing machine*

das Waschmittel (–): *detergent*

das Wasser (no pl.): *water*

der Wasserhahn (–̈e): *tap*

die Wasserkanone (-n): *water cannon*

das Wasserkraftwerk (-e): *hydroelectric power station*

die Wasserversorgung (no pl.): *water supply*

die Wasserumwälzung (no pl.): *water circulation*

das WC (die WCs): *toilet, WC*

wechseln: *to change (money)*

die Wechselstube (-n): *exchange office*

der Weg (-e): *way, path, road*

weg: *away*

weh: es tut weh: *it hurts*

Weihnachten: *Christmas*

der erste, zweite Weihnachtstag: *Christmas, Boxing Day*

weil: *because*

die Weile (-n): *while*

der Wein (-e): *wine*

der Weinberg (-e): *vineyard*

der Weinkeller (–): *wine cellar*

die Weinprobe (-n): *wine-tasting*

weiß: *white*

ich weiß es nicht: *I don't know*

der Weißwein (-e): *white wine*

weit: *far*

weiter: *further*

weiterfahren: *to go on driving*

welcher, -e, -es: *which?*

die Welt (-en): *world*

der Weltkrieg (-e): *world war*

wem, wen: *whom*

wenig: *few, little*

ein wenig: *a little*

weniger: *fewer, less*

wenn: *if; when, whenever*

wer: *who?*

werden: *shall, will; to become*

werfen: *to throw*

das Werk (-e): *works*

die Werkstatt (no pl.): *workshop*

der Werktag (-e): *working day (Mon.–Sat.)*

werktags: *from Monday to Saturday*

der Westen: *west*

westlich: *(to the) west*

die Westmacht (–e): *western power*

das Wetter (no pl.): *weather*

der Wetterbericht (-e): *weather report*

wichtig: *important*

wie; Wie ist Ihr Name?: *how; What is your name?*

wieder: *again*

der Wiederaufstieg: *resurgence*

die Wiederholung (-en): *repetition, revision*

auf Wiederhören: *goodbye (on telephone)*

auf Wiedersehen: *goodbye*

Wien: *Vienna*

das Wiener Schnitzel (–): *veal or pork cutlet in breadcrumbs*

wieviel: *how much*

der wievielte?: *'What date?'*

wild: *wild*

das Wildschwein (-e): *wild boar*

willkommen heißen: *to bid welcome*

windig: *windy*

der Winter (–): *winter*

der Winzer (–): *vintner, wine-grower*

wir: *we*

wirklich: *really*

die Wirtschaft (-en): *pub*

wissen: *to know (a fact)*

die Witwe (-n): *widow*

der Witwer (–): *widower*

wo: *where*

die Woche (-n): *week*

das Wochenende (-n): *weekend*

der Wochenmarkt (–e): *(weekly) market*

wochentags: *on weekdays*

der Wodka (no pl.): *vodka*

woher: *where from, whence*

wohin: *where to, whither*

wohl: *presumably*

zum Wohl: *cheers, good health!*

womit: *with what*

wohnen: *to live, reside*

die Wohnung (-en): *flat, apartment*

der Wohnwagen (–): *caravan*

das Wohnzimmer (–): *living room*

wolkig: *cloudy*

die Wolldecke (-n): *(woollen) blanket*

die Wolle (-n): *wool*

wollen, wollen wir: *to want, wish, intend (to); let's*

worauf: *on what*

das Wort (–er): *(individual) word*

die Worte (pl.): *words (= speech)*

die Wortstellung (-en): *word order*
worüber: *about what*
wozu: *what for, to what end*
das Wunder (–): *miracle*
wunderschön: *beautiful, magnificent*
(sich) wünschen: *to wish (for oneself)*
die Wurst (–e): *sausage*

zahlen: *to pay*
die Zahlkarte (-n): *giro credit slip*
der Zahn (–e): *tooth*
der Zahnarzt (–e): *dentist*
die Zahnbürste (-n): *toothbrush*
die Zahnpasta (-ten): *toothpaste*
das Zäpfchen (–): *suppository*
z.B. = zum Beispiel: *e.g., for example*
zehn: *ten*
zehnte, zehnten, etc: *tenth*
das Zeichen (–): *sign*
die Zeichenerklärung (-en): *legend, key (table or plan)*
zeigen: *to show, point out*
die Zeit (-en): *time*
die Zeitschrift (-en): *magazine, periodical*
die Zeitung (-en): *newspaper*
der Zeitungsstand (–e): *news-stand*
das Zelt (-e): *tent*
das Zentiliter (–): *hundredth of a litre*
das Zentimeter (–): *centimetre*
zentraleuropäisch: *Central European*
die Zentralheizung (no pl.): *central heating*
ziehen: *to pull*
ziemlich: *rather, quite*
die Zigarette (-n): *cigarette*

die Zigarre (-n): *cigar*
das Zimmer (–): *room*
das Zimmermädchen (–): *chambermaid*
der Zirkus (-se): *circus*
die Zitrone (-n): *lemon*
die Zollhalle (-n): *customs hall*
die Zollkontrolle (-n): *customs examination*
die Zone (-n): *zone*
der Zoo (-s): *zoo*
zu: *to; too*
zubereiten: *to prepare (food)*
der Zucker (no pl.): *sugar*
zuerst: *at first*
zufrieden: *content, pleased*
der Zug (–e): *train*
der Zukunft (no pl.): *future*
zum = zu dem:
zumachen: *to close*
die Zunge (-n): *tongue*
zur = zu der:
zurück: *back*
zurückkehren: *to return*
zurücklassen: *to leave behind*
zusammen: *together*
zusammenkleben: *to stick, glue together*
der Zuschlag (–e): *supplement, surcharge*
zuverlässig: *reliable*
zwanzig: *twenty*
zwei: *two*; zweimal: *twice*; zweite, zweiten, etc: *second*
die Zwiebel (-n): *onion*
zwischen: *between*
zwölf: *twelve*; zwölfte, zwölften, etc: *twelfth*

APPENDIX: CASSETTE TRANSCRIPT

The extracts from each chapter of the book are indicated below, followed by the full transcript of the live recordings. Learners will not understand every word of the live recordings, and may be puzzled by some unfamiliar grammar, but it is hoped that they will be able to pick out the points they have learnt and so to gather the gist. This is, after all, what would happen in reality during a brief stay in a German-speaking country. Words used only in live recordings are not included in the Vocabulary.

The author is particularly grateful to Ruth Püls for her help in making the live recordings.

1. Kapitel *Ich heiße Else Krämer . . . ; Ich heiße Ulrike Bauer . . . ; Live-Aufnahmen*

KLAUS	Wie heißen Sie?
FRAU SPOOR	Ich heiße Lisa Spoor.
KLAUS	Wo wohnen Sie?
FRAU SPOOR	Ich wohne in Frankenthal, Lückstraße 4.
KLAUS	Haben Sie Kinder?
FRAU SPOOR	Ja, ich habe eine Tochter, Susanna.
KLAUS	Sind Sie berustätig?
FRAU SPOOR	Ja, ich arbeite als kaufmännische Angestellte.

GERHARD	Wie heißen Sie, bitte?
FRL. PETRI	Cornelia Petri.
GERHARD	Und wo wohnen Sie?
FRL. PETRI	In Roxheim.
GERHARD	In welcher Straße?
FRL. PETRI	In der Otto-Karl-Straße.
GERHARD	Haben Sie Kinder?
FRL. PETRI	Nein.
GERHARD	Sind Sie berufstätig?
FRL. PETRI	Ja.

2. Kapitel *In der Bar; Aufgabe C; Live-Aufnahme*

URSULA	Guten Morgen.
KELLNERIN	Guten Morgen.
URSULA	Ich hätte gerne zwei Tassen Kaffee, bitte. Kein Kännchen, zwei Tassen, bitte.
KELLNERIN	Möchten Sie noch was zu essen?
URSULA	Nein, danke, nur der Kaffee, und darf ich gleich bezahlen, bitte? Was kostet das?
KELLNERIN	Vier Mark achtzig, bitte.
URSULA	Ja, bitte. Fünf Mark. Vielen Dank.

3. Kapitel *Im Hotel; Was kostet das?; Live-Aufnahme*

GERHARD	Guten Tag.
EMPFANGSDAME	Guten Tag.
GERHARD	Ich möchte bitte ein Doppelzimmer mit Dusche und mit Telefon.
EMPFANGSDAME	Ja, wir haben alle Zimmer mit Dusche, Bad, WC ausgestattet. Es ist auch ein Farbfernseher drauf mit Kabelfernsehen. Es kostet 244 Mark mit Frühstück: Frühstücksbuffet ist beinhaltet.
GERHARD	Mhm, danke. Ich hätte das Zimmer gern für drei Nächte.
EMPFANGSDAME	Ja, das ist möglich. Es kostet pro Nacht 244 Mark, dann.
GERHARD	Gut, okay, ich nehme das Zimmer. Hat das Hotel einen Parkplatz?
EMPFANGSDAME	Das haben wir leider nicht. Wir haben eine öffentliche Tiefgarage, also die ist direkt unter dem Hotel gebaut.
GERHARD	Und haben Sie ein Schwimmbad?

EMPFANGSDAME | Das haben wir auch. Das ist im fünften Stock. Da ist auch Sauna oben und Solarium.
GERHARD | Gut, vielen Dank.
EMPFANGSDAME | Bitte schön.

4. Kapitel *Im Geschäft*

5. Kapitel *Haben Sie einen Tisch . . .; Im Restaurant; Live-Aufnahme*

KELLNERIN | Was möchten Sie, bitte?
GERD | Ich nehme den großen Salatteller, bitte.
KELLNERIN | Mit Toast oder Brötchen?
GERD | Mit Brötchen.
KELLNERIN | Brötchen.
URSULA | Und ich hätte gerne einmal Schweizer Wurstsalat nur mit Brötchen oder Brot.
KELLNERIN | Und möchten Sie etwas trinken?
URSULA | Einen Tomatensaft.
KELLNERIN | Tomatensaft.
GERD | Und ich trinke ein Pils, bitte.
KELLNERIN | Fürstenberg oder Ureich?
GERD | Fürstenberg.
KELLNERIN | Danke. Gut.

6. Kapitel *Aufgabe B; Verkehrsmittel; Wie spät ist es?*

7. Kapitel *Der Zug fährt nach K; Fahrkarten; Wann fährt der nächste . . . ; Wie lange bleiben Sie?; Das Verkehrsamt ist geöffnet . . .*

8. Kapitel *Aufgabe B; Wie fahren Sie?*

9. Kapitel *Ent . . . , wo ist hier das Rathaus?; Live-Aufnahmen*

RUTH | Entschuldigen Sie bitte, wie weit ist der Bahnhof von hier?
FRAU GÖSS | Augenblick, bitte. Ungefähr 500 Meter.
URSULA | Entschuldigen Sie bitte, wo ist das Rathaus in Mannheim?

DER HERR | Das Rathaus in Mannheim ist in E5.*
URSULA | Ist das weit von hier?
DER HERR | Nein, das sind etwa so 500 Meter. Sie können mit der Straßenbahn fahren, oder Sie können auch laufen, aber wenn Sie laufen, sind Sie etwa in 5 bis 10 Minuten dort.
URSULA | Entschuldigen Sie bitte, wo ist das Rathaus in Mannheim?
ZWEITER HERR | Das ist eine gute Frage.

* The centre of post-war Mannheim is built on a grid pattern, and addresses are expressed by block numbers.

10. Kapitel *Guten Tag, mein Name ist Krämer; Herr Fernandez . . .; Live-Aufnahme*

KLAUS | Was sind Sie von Beruf?
FRAU SPOOR | Kaufmännische Angestellte bei einer Bank.
KLAUS | Wo arbeiten Sie?
FRAU SPOOR | Bei . . . Ich arbeite bei einer Bank in Worms.
KLAUS | Wo wohnen Sie?
FRAU SPOOR | Ich wohne in Frankenthal.

11. Kapitel *Guten Tag, mein Name ist Schön; Sind Sie Deutscher?; Sprechen Sie Deutsch?; Verstehen Sie?; Live-Aufnahmen*

CORNELIA | Bitte, wie heißen Sie?
HERR HOLLSTEIN | Ich heiße Wernher Hollstein.
CORNELIA | Und wo wohnen Sie hier?
HERR HOLLSTEIN | Ich wohne in Frankenthal.
CORNELIA | Haben Sie Kinder?
HERR HOLLSTEIN | Ja, sogar drei Kinder, im Alter von 3, 5 und 7.
CORNELIA | Ah, das ist schön.
HERR HOLLSTEIN | Ein Mädchen ist sogar auch dabei.
CORNELIA | Ah, das finde ich schön.
CORNELIA | Sind Sie berufstätig?
HERR WETZEL | Ich bin Lehrer, ja. Ich leite eine Schule, eine Grundschule.
CORNELIA | Und sind Sie Deutscher?

HERR WETZEL	Das bin ich.
CORNELIA	Ja. Und sprechen Sie Englisch?
HERR WETZEL	Ein wenig.
CORNELIA	Und wie ist Ihr Name?
HERR WETZEL	Wetzel.

12. Kapitel *Ent . . ., wie komme ich zum Strand?; wie kommen wir am besten zur Marienkirche?; Live-Aufnahmen*

KLAUS	Entschuldigen Sie bitte, wie komme ich zur Post?
FRAU SPOOR	Sie gehen geradeaus bis zur Ampel. Links gegenüber ist dann die Post.
RUTH	Und können . . . Bitte, sag. . . Wo ist die Post?
ERSTE DAME	Die Post. Da müssen Sie jetzt links 'runter, und dann gleich wieder links und die Straße überqueren, dann sind Sie an der Post.
RUTH	Oh, vielen Dank.
RUTH	Entschuldigung bitte, wo, können Sie mir sagen, wo ist der Bahnhof?
ZWEITE DAME	Der Bahnhof ist gar nicht weit von hier, da Sie ja schon in der Bahnhofstraße sind. Brauchen Sie nur rechts weiterzulaufen bis an die Ecke vor, und dann sehen Sie schon den Bahnhof. Also, Sie sind vielleicht so 300 Meter davon.
RUTH	Oh, danke.

13. Kapitel *Guten Tag, haben Sie eine Schallplatte. . .; Zu groß und zu klein; Farben; Live-Aufnahme*

RUTH	Guten Morgen.
VERKÄUFER	Guten Morgen.
RUTH	Wir hätten gerne ein Hemd.
VERKÄUFER	Ja, zeige ich Ihnen gerne. Haben Sie bestimmte Vorstellungen: Halsweite, Farbe?
RUTH	Bitte ein blaues.
VERKÄUFER	Ein blaues Hemd. Zeige ich. . .
RUTH	Ein dunkelblaues Hemd.
VERKÄUFER	Zeige ich Ihnen gerne. Welche Halsweite brauchen Sie?
RUTH	Größe 52.
VERKÄUFER	Oder Größe 52, ja, können Sie haben. So, lege ich Ihnen vor. Soll ich das jetzt. . .?
RUTH	Ja, danke.
RUTH	Bitte, was kostet das Hemd?
VERKÄUFER	Das Hemd kostet 75 Mark.
RUTH	Oh, das ist sehr teuer. Haben Sie etwas anderes?
VERKÄUFER	Ja, wir haben auch Preislagen, die günstiger sind. Das kann ich Ihnen also auch gerne zeigen.
RUTH	Ja, danke.
VERKÄUFER	Bitte schön.
RUTH	Ich möchte bitte eine Geschenkpackung.
VERKÄUFER	Das packe ich Ihnen gerne schön ein, daß Sie es als Geschenk fertig mitbringen können.
RUTH	Ja, das ist nett von Ihnen.
VERKÄUFER	Mache ich gerne.

14. Kapitel *Live-Aufnahmen*

RUTH	Guten Morgen.
VERKÄUFERIN	Guten Morgen.
RUTH	Ich hätte gerne Tempotaschentücher.
VERKÄUFERIN	Ja, was hätten Sie gerne? Mit oder ohne Menthol? Und welche Größe hätten Sie gerne?
RUTH	Ich möchte bitte mit Menthol. Eine Kleinpackung.

VERKÄUFERIN Ja, Moment bitte. So, die kleine Packung kostet DM 1,55.

RUTH Danke, ja.

RUTH Guten Morgen, Frau Fischer.

FRAU FISCHER Guten Morgen.

RUTH Wir haben Besuch aus England, und wir hätten gerne zwei Handtücher.

FRAU FISCHER Ja, und die Farben (Ihnen) etwa? Ist das (ein) Bad, wo es 'rein soll?

RUTH Zwei dunkelblaue, bitte.

FRAU FISCHER Dunkelblau, ja. Ja, da haben wir die mit dem dunkleren Blau oder mit Blumen.

RUTH Mit Blumen.

FRAU FISCHER Ja, in der Preislage von etwa 15 bis 25 Mark.

RUTH Bitte, nicht so teuer.

FRAU FISCHER Ja, dann können Sie sich die für 15 Mark anschauen.

RUTH Vielen Dank. Schauen wir's uns mal an.

FRAU FISCHER Jawohl.

RUTH Danke schön.

15. Kapitel *Unser Haus; Eine Familie; Live-Aufnahme*

RUTH Herr Wetzel, wo wohnen Sie?

HERR WETZEL Ich wohne in der Wingertstraße. Das liegt etwa südwestlich von Frankenthal, am Stadtrand.

RUTH Ist das eine Wohnung oder ein Haus?

HERR WETZEL Das ist ein Eigenheim, ein Familienhaus, Einfamilienhaus.

RUTH Ein Einfamilienhaus.

HERR WETZEL So ist es.

RUTH Und hat das Haus einen Keller?

HERR WETZEL Ja, wir haben einen aus-gebauten Keller.

RUTH Denn englische Häuser haben oft keinen Keller. Was machen Sie am Wochenende?

HERR WETZEL Tja, meistens wandre ich aus gesundheitlichen Gründen, das

heißt da unternehme ich mit einem älteren Kollegen Wanderungen im Pfälzer Wald.

RUTH Das ist schön, weil der Wald hier ist, und nicht so weit.

HERR WETZEL So ist es.

RUTH Und abends, was machen Sie abends? Schauen Sie fern, oder lesen Sie?

HERR WETZEL Wenn interessante Sendungen sind. Ansonsten lese ich gerne, ja.

RUTH Ja, das tue ich auch gerne.

16. Kapitel *Der Alltag; Live-Aufnahme*

RUTH Wir möchten bitte zwei Briefmarken für Postkarten nach England.

POSTBEAMTIN Siebzig Pfennig kostet die Karte.

RUTH Pro Karte Pf 70?

POSTBEAMTIN Pro Karte Pf 70.

RUTH Und was kostet ein Brief nach England?

POSTBEAMTIN Eine Mark.

RUTH Ja, wir hätten gerne zwei Briefmarken für Postkarten nach England.

POSTBEAMTIN Mhm.

17. Kapitel *Aufgabe B; Aufgabe D*

18. Kapitel *Ausflug mit der Bahn*

19. Kapitel *Im Bahnhof; Sie können aber auch fragen; Ausflug nach Rüdesheim II*

An Gleis 3. Bitte einsteigen. Türen schließen selbsttätig. Vorsicht bei der Abfahrt.

290 Seite zweihundertneunzig

20. Kapitel *Aufgabe F; Live-Aufnahme*

KLAUS — Dienstag war ganz normal, wie die meisten Tage in der Woche. Da gibt es viel zu tun. Der Dienst geht bis nach 15 Uhr, da ist kaum eine Minute freier Zeit. Dazwischen ist dann Zeit für ein Tässchen Kaffee, um sich zu erholen und in die Zeitung zu schauen. Nach dieser Kaffeepause habe ich meine Tochter wieder abgeholt, aber nur um sie kurze Zeit später zum Hallenbad zu fahren. Abends bin ich herübergegangen zur Lutherkirche, um bei der Chorprobe zu sein.

21. Kapitel *Im Reisebüro; Live-Aufnahme*

RUTH — Ich hätte gerne einen Flug nach Venedig.
ANGESTELLTER — Wann möchten Sie denn fliegen?
RUTH — Montag oder Dienstag nachmittag.
ANGESTELLTER — Ab Frankfurt?
RUTH — Ja bitte, wenn möglich.
ANGESTELLTER — Moment, bitte. Hmm, ha, Sie können jeden Tag mit der Lufthansa fliegen, 16.25 Uhr Abflug ab Frankfurt, dann sind Sie 17.45 Uhr in Venedig.
RUTH — Das ist sehr schön. Und wie teuer ist es, bitte?
ANGESTELLTER — Hin und zurück?
RUTH — Ja.
ANGESTELLTER — Wie lange bleiben Sie, denn?
RUTH — Drei Tage.
ANGESTELLTER — Schließt die Reise einen Sonntag ein?
RUTH — Nein. Ist das preiswerter?
ANGESTELLTER — Ja, wenn Sie über 'n Sonntag bleiben, ist es wesentlich preiswerter. Dann kostet's von Frankfurt hin und zurück, Moment, DM 550. Wenn Sie keinen Sonntag einschließen, kostet's DM 1000.

RUTH — Oh, das ist sehr teuer. Aber leider kann ich nicht am Wochenende. So . . . Ich hätte gern den Flug gebucht von Montag bis Donnerstag.
ANGESTELLTER — Ja, dann kostet der Flug hin und zurück DM 1000. Ich brauche noch Ihren Namen und Vornamen.
RUTH — Ja. Mein Name ist Ruth Püls.
ANGESTELLTER — Gut. Dann buche ich Ihnen den Flug ein.
RUTH — Ja, danke. Kann ich warten?
ANGESTELLTER — Sie können so lange warten.
RUTH — Ja. Danke.
ANGESTELLTER — Bitte schön.

22. Kapitel *Sind Sie krank?; Live-Aufnahmen*

RUTH — Können Sie mir sagen, wie komme ich am besten zur Apotheke?
DIE DAME — Die nächste Apotheke, ja, da müßte eine in der Nähe sein. Gleich hier vorne, das grüne Haus, und da ist eine Apotheke.
RUTH — Muß ich ein Rezept haben, oder kann ich auch ohne Rezept Tabletten bekommen— Schmerztabletten?
DIE DAME — Es kommt darauf an. Ja, die gibt's auch ohne Rezept.
RUTH — Danke schön. Dann probiere ich. . .

RUTH — Ja, ich hätte gerne noch Tabletten gegen Kopfschmerzen.
VERKÄUFERIN — Ja, wollten Sie eine bestimmte Sorte haben gegen Kopfschmerzen?
RUTH — Nein, das weiß ich nicht.
VERKÄUFERIN — Also, ich gebe Ihnen ein gut verträgliches Mittel, Tomaperin zum Beispiel.
RUTH — Ja, danke.

VERKÄUFERIN	Und da gibt es zehn oder zwanzig.
RUTH	Zehn, bitte.
VERKÄUFERIN	Zehn Stück. Ja, gut.
RUTH	Danke.
VERKÄUFERIN	Bitte schön.

23. Kapitel *Der Mietvertrag*

24. Kapitel *Wie kommen wir zu dem Hotel?; Live-Aufnahme*

RUTH	Guten Tag. Wir hätten gerne eine Unterkunft für zwei Personen. Haben Sie einen Prospekt von Hotels oder Gasthäusern?
ANGESTELLTE	Ja, wir haben einen Prospekt, den wir auch verschicken auf Anfragen, wo Hotels und Gasthäuser drauf sind, mit Preisen und was dabei ist, also diverse Aufzählungen.
RUTH	Gibt es in Frankenthal Gasthäuser?
ANGESTELLTE	Es gibt genügend Gasthäuser, ja.
RUTH	Wissen Sie, was kostet ungefähr ein Gasthaus? Eine Übernachtung.
ANGESTELLTE	Eine Übernachtung. Im Schnitt ist es zwischen 30 bis 45 Mark, auch aufwärts dann, bis über 100 Mark.
RUTH	Ist das Halbpension oder Vollpensionspreis?
ANGESTELLTE	Das ist mit Frühstück.
RUTH	Mit Frühstück. Danke, und könnte ich bitte einen Prospekt von Frankenthal haben?
ANGESTELLTE	Sehr gerne.
RUTH	Danke.

25. Kapitel *Jetzt ist Feierabend; Live-Aufnahme*

KLAUS	Wie heißt du?
SUSANNA	Susanna Luisa Spoor.
KLAUS	Und wo wohnst du?
SUSANNA	Ich wohne in Frankenthal in der Lückstraße, im Südwesten der Stadt.
KLAUS	Wie alt bist du?
SUSANNA	Ich bin gerade 13 geworden.
KLAUS	Wo ist deine Schule?
SUSANNA	Meine Schule ist in Frankenthal. Ich kann mit dem Fahrrad hinfahren.
KLAUS	Was machst du heute nachmittag?
SUSANNA	Ich mach' Hausaufgaben und üb' Klavier. Heute abend gehe ich auf den Frühjahrsmarkt.
KLAUS	Was hast du letzten Sonntag gemacht?
SUSANNA	Am Sonntag hatte meine Oma Geburtstag. Da haben wir zusammen gefeiert, und sind mit Sonntags spazierengegangen.
KLAUS	Was machst du meistens am Wochenende?
SUSANNA	Meistens fahren wir nach Kaiserslautern zu meinen Omas und helfen ihnen.

26. Kapitel *Aufgabe E; Aufgabe F; Live-Aufnahmen*

GERHARD	Guten Tag.
AUSKUNFTSDAME	Guten Tag.
GERHARD	Wir möchten gerne zwei, drei Handtücher.
AUSKUNFTSDAME	Hier im Haupthaus haben wir keine Handtücher, aber drüben im Sporthaus. Wenn Sie also den Hinterausgang benutzen und nach links herunterlaufen, kommen Sie zum Sporthaus.
GERHARD	Gut, vielen Dank.
AUSKUNFTSDAME	Bitte.
RUTH	Wo ist das nächste Restaurant? Wir haben Appetit.
DIE DAME	Das nächste Restaurant, wo Sie angenehm speisen können, ist gegenüber vom Bahnhof,

das Bahnhofshotel, das ist dann einfach zu finden, nicht weit weg, oder Sie müßten in die entgegengesetzte Richtung laufen, in die Innenstadt, dann ist es für Sie wieder vielleicht etwas weiter, und Sie finden vielleicht sich nicht ganz so zurecht.

RUTH   Fein. Vielen Dank für die Auskunft.

DIE DAME   Bitte schön, bitte.

27. Kapitel   *Auf in den Kampf; Eine Winterszene*

28. Kapitel   *Aufgabe E*

29. Kapitel   *Aufgabe A; Eine Weinprobe; In der Wirtschaft; Live-Aufnahme*

RUTH   Mögen Sie Zwiebeln?

HERR WETZEL   Nun, Zwiebeln esse ich gerne, ja. Vor allem liebe ich sie als Gewürz, als Beigabe bei Speisen, Fleisch. Bei einer schönen Soße darf eine Zwiebel nicht fehlen.

RUTH   Roh und gekocht? Roh oder gekocht?

HERR WETZEL   Beides.

RUTH   Beides.

HERR WETZEL   Jawohl.

RUTH   Ja. Und als Nachtisch: schmecken Ihnen Himbeeren?

HERR WETZEL   Himbeeren sind recht lecker, vor allem Eis mit warmen, mit heißen Himbeeren.

RUTH   Sie wissen, was schmeckt. Sie wissen, was gut schmeckt.

HERR WETZEL   Finde ich das ganz lecker, ja.

RUTH   Und abends: schmeckt Ihnen Leberwurst?

HERR WETZEL   Ja, vor allem eine gute Pfälzer Hausmacher Leberwurst. Die schmeckt mir gut.

RUTH   Ja.

30. Kapitel   *Die Heimkehr*

31. Kapitel   *Rohrbachs; Aufgabe D; Herr Sanders*

32. Kapitel   *Live-Aufnahme*

RUTH   Guten Morgen, Frau Krenkel.

FRAU KRENKEL   Guten Morgen.

RUTH   Sie sind im Sekretariat der Volkshochschule. Was kann man hier alles lernen?

FRAU KRENKEL   Oh, wir haben zur Zeit über 130 Kurse laufen. Von Sprachen über Maschinenschreiben, Stenografie, Berufsausbildung, Gesundheitserziehung, Kochen, Nähen. Seit neuestem haben wir sogar Klöppeln dabei, eine alte Handwerkskunst. Wir haben Keramikkurse, Seidenmalerei, dann haben wir für Kinder einige Kurse, auch Kochen für Kinder oder Backen für Kinder, Gymnastik für Mutter und Kind.

RUTH   Sehr schön, sehr schön. Man müßte mehr Freizeit haben, um das alles zu lernen.

FRAU KRENKEL   Genau. Wir haben an Sprachkursen Deutsch, Deutsch für Ausländer, Rhetorik. Des weiteren eine Menge Englischkurse, Französischkurse bis zu Konversation, Spanisch, Italienisch, und seit einigen Jahren, seitdem wir diese Räume haben, auch Englisch und Französisch für Senioren am Nachmittag.

RUTH   Ah, das wollte ich fragen. Kurse, haben Sie auch Kurse für Arbeitslose oder Ausländer?

FRAU KRENKEL	Ja, alle Kurse sind bei uns . . . Alle Kurse können auch von Arbeitslosen oder Rentnern belegt werden.
RUTH	Ja, und das ist gegen Bezahlung?
FRAU KRENKEL	Gegen Bezahlung, ja, aber die Kursgebühren sind gering. Wenn man überlegt, daß das ein halbes Jahr läuft und ein Sprachkurs kostet entweder DM 68,50 oder DM 46.
RUTH	Ja, das ist sehr wenig für das, was man lernen kann.
FRAU KRENKEL	Für viele Stunden, ja.

33. Kapitel *Die BRD und die DDR*

34. Kapitel *Beim Fest*

35. Kapitel *Aufgabe D; Aufgabe G*

36. Kapitel *Aufgabe B; Live-Aufnahmen*

KLAUS Sonntags hoffe ich, ein gutes Frühstück zu haben zusammen mit der Familie. Da ist im Gegensatz zur Woche viel Zeit. Danach will ich die Kirche besuchen. Es wird der Pfarrer selbst predigen, und man wird Bekannte sehen. Das Essen am Sonntag wird wegen des Geburtstags der Großmutter auswärts sein. Wir haben da an die nächste Umgebung gedacht mit einer Bowlingbahn, die ein sehr gutes Restaurant hat. Mittags allerdings muß ich sehen, daß ich rechtzeitig am Hauptbahnhof bin, um meinen Onkel zu treffen. Er wird mit mir im Auto zu seiner Schwester fahren, um möglichst bei gutem Wetter das beginnende Frühjahr im Pfälzer Wald zu erleben. Sie haben vor, zu wandern.

HERR WETZEL	Nun, was willst du in diesem Sommer machen?
GUDRUN	Ja, ich möchte etwas für die Uni arbeiten, und ich möchte auch mit einer Jugendgruppe wegfahren, mit einer Kindergruppe.
HERR WETZEL	Ich verstehe. Du sagtest mir, Uni, nachdem muß ich annehmen, daß du schon einige Zeit an der Universität studierst.
GUDRUN	Ja, ich studiere schon zwölf Semester Theologie und Germanistik. Also, ich möchte Lehrer werden.
HERR WETZEL	Das heißt, also, du wirst etwa in diesem Bereich versuchen, einen Abschluß zu machen.
GUDRUN	Ja.

37. Kapitel *Auf der Bank*

38. Kapitel *Fastnacht*

39. Kapitel *Helga; Österreich und die Schweiz; Live-Aufnahme*

KLAUS Der Donnerstag ist ein harter Tag. Da gibt es viel zu tun. Der Dienst geht bis nach 15 Uhr. Da ist kaum eine Minute freier Zeit. Komme ich nach Hause, wird die Tochter zum Musikunterricht gefahren. Sie braucht da einen Chauffeur. Dazwischen ist dann Zeit für ein Tässchen Kaffee, um sich zu erholen und in die Zeitung zu schauen. Nach dieser Kaffeepause habe ich meine Tochter wieder abgeholt, aber nur um sie kurze Zeit später zum Hallenbad zu fahren, denn donnerstags ist der Schwimmkurs, wo sie trainiert. Ich bin wieder zurück, denn zu Hause erwartete mich ein Mitarbeiter. Am Freitag war das Programm für mich sehr angenehm. Nach der Dienstzeit hatte ich ab 14 Uhr etwas Gelegenheit, mich um meine Dinge zu kümmern. Ich fuhr in den Nachbarort, um ein Objektiv,

. das ich für meine neue Kamera
brauche, abzuholen. Da die Sonne
so schön schien, habe ich auf dem
Rückweg mehrmals haltgemacht,
um Probeaufnahmen der Landschaft
zu machen.

40. Kapitel   *Aus dem Prospekt; Es spricht
der Bürgermeister; Live-Aufnahme*

HERR WETZEL   Ja, Gudrun, du wohnst hier
in einer Industriestadt.
Kannst du mir die Stadt
etwas beschreiben? Wie groß
ist die Stadt, wo ist die Lage?

GUDRUN   Ja, die Stadt liegt in der
Nähe vom Rhein und hat
etwa 45 000 Einwohner, und
sie hat schon seit über 400
Jahren das Stadtrecht. Also,
es ist schon eine sehr alte
Stadt. Es gibt direkt im
Stadtzentrum eine Ruine. Da
haben Augustinermönche ein

Kloster errichtet, und da
stehen noch ein paar
Mauern davon.

HERR WETZEL   Das ist interessant. Und wir
haben gesagt, Industriestadt.
Was wird in dieser Gegend
produziert? Vor allem, was
wird hier in Frankenthal
hergestellt?

GUDRUN   In Frankenthal werden
Teppiche hergestellt bei der
Firma Pegulan, und dann ist
es noch sehr bekannt für
Pumpen und Maschinen,
Armaturen, und in der Nähe
in Ludwigshafen ist eine sehr
bekannte Firma, die BASF.

HERR WETZEL   Was wird da hergestellt?

GUDRUN   Da wird alles Mögliche hergestellt, sehr viele
Chemieprodukte, und die
meisten werden die
Kassetten von der BASF
kennen, Musicassetten.

HERR WETZEL   Gut.